Journal of the Study of Premodern Multilingual Textbooks

譯學과 譯學書

第 7 號

2016. 12

國 際 譯 學 書 學 會

譯學과 譯學書　·第7號·

目　次

훈민정음 제정에 대한 再考* **
-졸저 <한글의 발명>에 대한 비판을 돌아보면서-

정광

(韓國, 高麗大)

<Abstract>

How the Creation and Proclamation of Hangul were Done?
: A Review of the Criticism against <The Invention of Hangul>

This paper was intended to review the criticism of academia against <The Invention of Hangul>(Gimm-Young Publishers, July, 2015) and provide an answer to it as the author of the book. In this book, the presenter reconsidered established academic theories on the enactment of Hangul in many respects and pointed out four important points.

First, it was argued in the book that Hunmin-jeongeum was created as phonetic symbols to transcribe the pronunciation of Chinese characters. The artificial modification of the pronunciations of Chinese characters was made so that they would match the Hànéryányu(漢兒言語) pronunciation of Chinese Characters in Yuán era, this modification led to the establishment of *Tongguk-jeongun*(東國正韻) style pronunciation of Chinese characters in the beginning of Joseon dynasty, and this pronunciation of Chinese characters was viewed as the correct one to be taught to the populace, so it was named Hunmin-jeongeum('the correct pronunciation which should be taught to the general public'). For this reason, it can be said that

---

* 이 논문은 부산대학교 인문학 담론모임의 초청발표(일시: 2016년 5월 19일(목) 17:30~ 19:00, 장소: 부산대학교 인문대학 교수연구동 209)에서 구두로 발표한 것을 수정 보완한 것이다.
** 이 논문은 2011년 정부(교육부)의 재원으로 한국학중앙연구원의 지원을 받아 수행된 연구임(AKS-2011-AAA-2101)

the Korean alphabet was created as a means to transcribe the pronunciation.

Second, the author denied the view that the proclamation of the new letters was done by the publishment of *Hunmin-jeongeum Haerye*('Explanations and Examples of new characters') or the Haerye Edition of Hunmin-jeongeum and argued that it was done through the official publication of the *Hunmin-jeongeum-eonhaebon* or its Hangul version, which was attached to the beginning of *Wolin-seokbo*(月印釋 譜, Shining Moonlight and Buddha's Genealogy). Therefore, it was argued that *Wolin-seokbo* was published during the reign of King Sejong, in contrast with the widely accepted view that it was published in the 5th year(1459) of the reign of King Sejo. This claim was based on the research results of the author which showed that since the Jade Book of Wolin-seokbo with the colophon of the 12th year((1447) of the Zheng-tŏng(正統) was discovered, *Wolin-seokbo* was estimated to be published at least one or two years earlier than that.

Third, it was argued that the new letters were invented on the basis of the Vyākaraṇa(毘伽羅論) of Buddhist and thus it was published in the Buddhist literature such as *Wolin-seokbo*. To be specific, it was claimed that the theory of half character(半字論) of ancient India and Vyākaraṇa had been transmitted to the Korean Peninsula through the Tripitaka Koreana, and the new letters were invented on the basis of the theories in the early period of the Joseon Dynasty. Many learned priests of Buddhism at that time participated in the creation of Hunmin-jeongeum, and especially, the brothers of Buddhist priest Shinmi(信眉) and Kim Su-on(金守溫) greatly contributed to it. Therefore, after Hangul was enacted, the transcription and translation of Buddhist literature in the new letters were first attempted.

Fourth, it was claimed that Hunmin-jeongeum was influenced by enactment of the 'Phags-pa script of the Yuan Dynasty of China. The rationale of the creation of Hunmin-jeongeum was based on Vyākaraṇa(毘伽羅論) of ancient India, and the letters were created on the basis of the theory of articulatory phonetics of Panini's Aṣṭādhyāyi or Eight Chapters. The Aṣṭādhyāyi was already employed in the creation of Xīzang(西藏) letters of Tibet and also served as the theoretical basis of the 'Phags-pa script of the Yuan Dynasty.

The 'Phags-pa script was the letters created to record the pronunciation of Chinese characters and the medieval Mongolian and had a great effect on the enactment of Hunmin-jeongeum. For example, it was due to its influence that when vowel letters were used alone without any consonant, 'ㅇ' or the letter of yok-mo(欲

母)('non-consonantal onset') was used as in /아, 어, 우, 오(a, ʌ, u, o)/ and that /ㆅ/ was made by repeating the 'ㆆ' letter twice, which is the letter for an aspirated sound.

This paper reconsiders the validity of these claims once again, and reviews how the enactment of Hangul was carried out.

Key Words : The Invention of Hangul, Hànéryányu(漢兒言語), the correct pronunciation which should be taught to the general public(訓民正音), the Jade Book of Wolin-seokbo, the theory of half character(半字論), Vyāaraṇ(毘伽羅論)

1. 문제의 제기

1.0

졸저 <한글의 발명>(서울: 김영사, 2015, 이하 졸저, 2015로 약칭)을 간행한 다음에 국어학자들로부터 많은 비판을 받았다. 그러나 아직 논저를 통한 제대로 된 비판은 없고 주로 匿名의 심사평에서 악의적인 평가를 했을 뿐이다. 이러한 비판은 대부분은 자신이 지금까지 알고 있거나 주장했던 것이 뿌리 채 흔들린 것에 대한 반발이었다. 또 이 책에서 제기한 새로운 주장의 근거들이 자신의 빈약한 지식으로 이해할 수 없었기 때문에 이 주장은 잘못된 것이라고 보는 것이다. 그도 그럴 것이 이 책에서는 기존의 定說로 알려진 것에 대하여 다음의 네 가지 사실을 정면으로 부인하였기 때문이다.[1]

1.1

첫째는 이 책에서 훈민정음의 창제가 한자음의 발음 轉寫를 위한 것이라고 본 것이다. 이러한 주장은 종래 어리석은 백성들을 도아주려고 알기 쉬운 문자를 제정했다는 세종대왕의 愛民정신을 훼손한다는 것이다. 세종은 새 문자로 백성들의 문자생활을 영위하게 할 생각은 없었고 한자를 제대로 교육시키려는

---

1) 이에 대하여는 졸저(2015) 및 졸고(2016c)에서 구체적으로 고찰하였다.

목적으로 훈민정음을 만들었다고 본 졸저(2015)의 주장을 비판한 것이다. 세종이 새 문자를 제정한 다음에도 계속해서 한자와 한문을 사용한 것은 전혀 돌아보지 않았다.

1.2

둘째로는 새 문자의 반포가 오늘날 우리가 생각하는 것처럼 훈민정음의 <解例本>에 의한 것이 아니고 <月印釋譜>의 권두에 붙은 <世宗御製訓民正音>, 즉 <諺解本>에 의한 것이며 <월인석보>는 세종의 생존 시에 간행되었다고 주장한 것이다. 이것은 正統 12년, 세종 29년(1447)의 간기를 가진 <월인석보>의 玉冊에 근거한 것인데 필자는 이 옥책을 발굴하여 학계에 소개하였다. 그러나 많은 국어학자들은 이 옥책이 僞作이라고 하면서 이 주장을 부정하였다. 세조 5년(1459), 天順 3년에 <월인석보>의 초간이 간행되었다는 것은 이미 중, 고교 교과서에도 실려 있는 정설이라 이를 부인하는 것은 역사를 바꾸는 것이라면서 용납할 수가 없다는 것이다.

1.3

셋째는 한글이 불교의 毘伽羅論에 의거하여 제정된 것이고 佛家의 學僧들이 주도하였으며 儒學者들은 후일 우리말 표기에도 쓰이도록 설명한 <해례본>의 편찬에서 도움을 주었을 뿐이라고 주장하였다. 그리하여 세종은 당대 최고의 유학자인 崔萬理를 상대로 "또 너희들이 운서를 아는가? 四聲, 七音으로 구분되는 字母가 몇 개 있는가?(且汝知韻書乎? 四聲七音字母有幾乎?)"(『세종실록』권102의 세종 26년 2월 庚子조)라고 호통을 친 것이다. 훈민정음의 제정에 이용된 성명기론, 즉 毘伽羅論은 佛家의 것이지 儒學에서 공부한 것은 아니기 때문이다.

1.4

넷째로 이 책에서는 훈민정음이 元代 파스파 문자의 제정 원리에 입각한 것으로 보았는데 이것이 아마 국어학자들의 심기를 가장 크게 건드린 것 같다.

세종대왕이 사상 유례가 없는 글자를 독창적으로 만들었다는 그동안의 통념에 재를 뿌렸기 때문이다. 필자는 훈민정음이 파스파 문자의 영향을 많이 받았음을 오랫동안 여러 편의 논문에서 강조하였고 이 책에서도 같은 주장을 폈던 것이다. 다만 훈민정음의 字形은 누가 뭐라고 해도 독창적임을 인정하였다.

1.5

이러한 파격적인 내용을 담은 졸저는 국어학자들로부터 용납할 수 없어서 批判를 넘어 指彈의 대상이 됐지만 다른 분야의 연구자들로부터는 상당한 호응을 얻었다. 필자가 익명의 댓글이나 심사평으로 고통을 당하는 것을 보다 못한 한국 대학의 수학자 한 분은 물리학의 거장 막스 프랑크(Max Planck)의 글을 보내 주면서 언젠가는 이 학설에 모두 따를 것이라고 필자를 위로 하였다.[2] 一面識도 없는 젊은 학자의 고마운 배려에 그저 감사할 따름이다.

본고에서는 <한글의 발명>에서 새롭게 주장한 내용에 대하여 다시 한 번 전거를 들어 확인하고 이러한 주장이 결코 억지 주장이 아님을 강조하고자 한다.

2. 한글은 발음기호로 만든 것인가?

2.0

졸저 <한글의 발명>에서 한글은 한자음의 표기를 위하여 제정된 것이며 그 명칭이 원래 정음, 훈민정음이라고 부른 것은 이것이 올바른 한자음, 또는 백성들에게 가르쳐야 하는 바른 한자음이란 의미를 갖기 때문이며 이러한 한자음의 표음을 위한 기호로 제정된 것이라고 주장하였다. 이것을 뒷받침할 것

---

2) 메일로 보내온 막스 프랑크의 말은 "A new scientific truth does not triumph by convincing its opponents and making them see the light, but rather its opponents eventually die, and a new generation grows up that is familiar with it."이었다. 아마도 필자의 사후에나 있을 일이다.

으로는 元代의 北京 말을 학습하기 위하여 몽고인들과 다른 색목인들이 한자의 발음을 표음하기 위하여 제정된 파스파 문자가 있었음을 예로 들었다. 한글의 발명에 지대한 영향을 끼친 元代 파스파 문자의 제정 목표를 살펴보면서 훈민정음의 사용과 비교하여 고찰한 것이다.

파스파 문자를 고안할 때에 중세 몽고어의 음운을 분석하고 추출된 음운 하나하나에 문자를 대응시키는 문자의 제정은 그 이론적 배경에 티베트 吐蕃 왕국의 <八論>을 통하여 고대 인도의 <八章>으로 소급되며 이 책에는 고도로 발달한 조음음성학이 들어 있었다. 고려대장경에 포함된 <팔장>을 살펴보면서 佛家에서 毘伽羅論이라 불리는 聲明記論이 어떻게 훈민정음의 제정에 도움을 주었는지 고찰해야 한다. 그저 "영명하신 세종대왕이 사상 유례가 없는 문자를 독창적으로 만드셨다"로 보아야 할 것인가? 이런 신화나 전설과 같은 설명으로서는 한글의 발명에 대한 과학적인 증명이 불가능하다.

다음으로는 한자음의 올바른 발음을 표음하기 위하여 제정된 새 문자가 우리말 표기에 사용된 경위를 추적하기로 한다. 그동안 학계에서 미궁으로 알려진 '變音吐着'이 과연 무엇이며 이것이 어떻게 새로 제정된 훈민정음을 우리말 표기에 전용하도록 하였는가를 살펴본다. 여기에는 그동안 학계가 해명하지 못한 여러 사실들이 연대별로 분명해질 것이다.

2.1

<한글의 발명>에서는 이 문자의 명칭이 그동안 분명하게 定立되지 못했다는 사실을 문제로 삼았다. 우리는 한글이라고 통일해서 부르지만 북한에서는 이 명칭을 거부한다. 실제로 '한글'이란 명칭이 만들어진 과정을 보면 선뜻 이 명칭을 받아드리기 어렵다. '한글'이란 이름은 1930년대 일제 강점기에 우리글의 고유한 명칭으로 조선어학회 관계자들에 의해서 근래에 만들어진 것이다.

애초에 세종은 이 문자를 제정하고 '訓民正音'이라고 부르고자 하였으나 당시의 많은 자료에서 '正音'으로만 부른 경우가 많다. 또 <실록> 등의 官撰 기록에서는 '諺文'이 공식적인 명칭이었으며 경우에 따라서는 '諺書'로도 불렸다. 아녀자들의 글이라 하여 '안글'이란 명칭도 있었다. 大韓帝國 때에는 '國文'으로 불린 적이 있다. 그러나 대한제국이 日帝에 倂呑되면서 國語는 일본어가

되었고 國文은 일본의 가나문자가 되었다. 그래서 식민지 치하에서 다시 언문으로 돌아갔다. 이 시대에 독립운동의 일환으로 돌아온 諺文을 버리고 새롭게 만든 이름이 한글이다. 나라를 잃은 亡國의 恨이 서린 명칭이다.

이렇게 다양한 명칭을 가진 것은 무슨 이유일까? 이 문자가 단순히 어리석은 백성들의 문자생활을 편하게 하려고 한 것이 아님을 알 수 있다. 본고에서는 이를 검토하고 표기 대상에 따라서 그 명칭을 달리 부른 것으로 보고자 한다. 즉, 한자음 표기에 쓰일 때와 중국의 표준 발음을 적을 때에는 '正音'이고 東國正韻식 우리 한자음을 적을 때는 '訓民正音'이었으며 이 문자로 우리말을 적을 때에는 諺文, 諺書라고 한 것이다.

2.2

세종이 새 문자를 제정하려고 했을 때에는 중국에서 공용어가 매우 혼란스럽게 사용될 때였다. 북방의 이민족인 몽고의 元이 망하고 長江 이남에서 발흥한 吳兒의 明이 中原을 차지하면서 漢兒의 언어가 중심이었던 중국의 공용어가 크게 요동을 치는 시대였다. 明이 건국하고 수도를 錦陵으로 정하면서 일시적으로 이곳의 南京官話가 明의 공용어가 되었으나 제3대 황제가 된 永樂大帝가 首都를 北京으로 옮겨 중국 동북지역의 漢兒言語는 다시 세력을 갖게 된다. 이런 시점에서 훈민정음. 즉 한글은 탄생하게 된다.

중국어의 역사는 다음과 같이 요약할 수 있다. 東周가 망하고 春秋戰國시대를 거쳐 秦으로 통일된 중국은 그동안 유교 經典의 언어이며 學問의 언어였던 先秦시대의 洛陽의 雅言으로부터 서북방언으로 알려진 長安, 지금의 西安의 通語가 오래 동안 통용어로 사용되었다. 四書五經의 언어였던 洛陽의 雅言은 유교 경전의 언어로서 권위를 가졌다. 그러나 漢 이후 오래 동안 정치·경제·문화의 중심이었던 長安의 언어는 漢 이후 隋, 唐代의 科擧시험의 표준어로서 그 위치가 확고해졌다. 通語라고 불리는 이 중국어의 한자음은 隋의 <切韻>, 唐의 <唐韻>, 그리고 北宋의 <廣韻>에서 정리되어 科擧의 표준어로 定立되었다.[3]

---

3) 여기에서 언급한 雅言을 Archaic Chinese(上古語), 通語를 Ancient Chinese(中古語)라

그러나 몽고의 元이 중원을 차지하고 大都, 즉 北京에 首都를 정하자 이 지방의 언어, 즉 중국어의 東北방언이 元 帝國의 공용어가 되었다. 필자가 漢兒言語(이하 漢語로 약칭)라고 부르는 이 중국어는 앞에서 언급한 洛陽의 雅言이나 長安의 通語와는 의사소통이 불가능할 정도의 서로 다른 언어였다. 문법도 달랐지만 어휘에서 많은 차이가 있었고 발음은 거의 알아들을 수 없을 정도로 달랐다. 이 漢語는 오늘날의 중국의 普通話와 오히려 유사하다.4)

고려 후기에는 元과의 접촉에서 이 새로운 漢語를 배우지 않을 수 없게 되었다. 그리하여 漢語都監, 漢文都監 등을 설치하여 새로운 중국어를 교육하였고 급기야 通文館, 후일 司譯院을 설치하여 한어와 몽고어를 교육하기에 이른다.5) 그 이전에는 四書五經을 통해서 배운 중국어로 의사소통이 가능했었다. 따라서 고려에서는 元의 漢語를 학습하기 위하여 많은 노력을 기우렸으며 결국은 역관들을 元의 大都로 파견하여 이 말을 현지에서 배우게 하였다.6)

고려의 儒臣들은 儒經의 雅言에 통달하였기 때문에 이러한 새 중국어를 매우 賤視하였다. 따라서 그들은 이 언어를 배울 생각을 하지 않았을 뿐만 아니라 口語인 漢語를 한자로 적은 文語의 吏文도 매우 차별하였다.7) 그러나 조선시대에 들어와서 이러한 차별의식은 많이 퇴색하게 된다. 그리하여 조선초기

고 한다.

4) 元代 漢兒言語의 존재는 그동안 문헌에서 자주 발견되었으나 실제로 그런 언어가 元代에 사용되었다는 사실은 필자가 찾아 학계에 소개한 <원본노걸대>에 의해서 증명되었다. 고려 역관들이 학습한 이 책은 당시 元의 공용어인 漢語를 확실하게 보여준다. 漢兒言語에 대하여는 정광·남권희·양오진(1998)을 비롯하여 졸고(1999), 졸저(2004, 2010)를 참조할 것.

5) 고려시대의 漢語 교육에 대하여는 司譯院 漢學의 교육제도를 소개한 졸저(2014)에서 상세하게 논의되었다.

6) 새로운 漢語 학습을 위하여 편찬된 교재로 가장 유명한 것은 <老乞大>와 <朴通事>이다. 후자는 고려 역관들이 元의 서울인 大都, 지금의 北京에서 사는데 필요한 일상 회화를 배우는 교재이며 전자는 고려 상인들이 北京으로 가는 여행 중에 일어나는 대화를 교재로 한 것이다. 고려의 역관들은 元과의 交易에서도 활약하였다. 이에 대하여는 졸저(2004, 2010)를 참고할 것.

7) 조선시대의 吏文이 元의 한어를 한자로 적은 吏文으로부터 발달한 것이라는 주장에 대하여는 졸고(2006a)을 참고할 것. 元代의 漢語를 그대로 한자로 적은 이문을 漢吏文이라 하고 이로부터 영향을 받은 조선의 것을 朝鮮吏文이라 구별하였다. 모두 정통 漢文과는 상당한 차이를 보인다.

에는 많은 儒臣들이 이 언어를 학습하여 상당한 수준의 漢語를 구사한 것으로 보인다. 이미 四書五經의 교육을 통하여 중국의 上古語, 즉 雅言을 배우고 唐代의 많은 詩文과 宋代의 문헌을 涉歷하여 中古語, 즉 通語에 익숙한 조선 초기의 유신들은 漢語의 학습이 그렇게 생소하거나 어렵지 않았을 것이다.

실제로 申叔舟와 成三問이 세종 32년(1450)에 明의 勅使로 조선에 온 翰林侍講 倪謙을 맞이하여 韻學에 대하여 논의하면서 교분을 쌓은 것은 모두 漢語에 능통하여 그와의 의사소통이 원활하였기 때문이다. 특히 성삼문은 '直解童子習序'에서 [전략] 於是譯洪武正韻, 以正華音, 又以直解童子習譯訓評話, 乃學華語之門戶. -이에 『홍무정운』을 번역하여 중국어 발음을 바르게 하고 또 『직해동자습』, 『역훈평화』로서 중국어 학습의 입문서로 하였다"라고 하여 스스로 한어 학습의 교재까지 마련하였음을 알 수 있다.

2.3

앞에서 든 인용문에 보이는 '譯洪武正韻'은 명 太祖의 欽撰韻書인 『홍무정운』을 번역한 것인데 여기서 '飜譯'은 의미를 풀이하는 것(translation)이 아니라 그 발음을 한글로 표음하는 것(transcription)이므로 용어 사용에 주의를 요한다. 『洪武正韻』은 韻書이기 때문에 이것의 의미를 풀이하는 일은 중요하지 않다. 오히려 이 운서의 표준음을 정확하게 한글로 표음하는 것이 중요하다. 따라서 새로 제정된 훈민정음으로 운서를 번역한다는 것은 바로 운서에서 제시한 한자의 발음을 표음한다는 것이고 의미를 번역하는 것은 '諺解'라고 불렸다.

조선 중종 때에 최세진은 <노걸대>와 <박통사>를 번역하고 그 번역의 범례를 「飜譯老乞大朴通事凡例」라는 제목을 붙여 그의 『四聲通解』의 말미에 첨부하였다. 졸고(1995)에 의하면 이 범례는 모두 <노걸대>와 <박통사>의 각 한자 하나하나에 발음을 어떻게 달았는지를 설명한 것이어서 '飜譯凡例'의 '번역'이 바로 새 문자로 발음을 표기 하는 작업임을 분명하게 보여준다. 따라서 유교 경전이나 불경을 우리말로 풀이한 것은 모두 '諺解'라는 이름을 붙였고 간혹 발음표기를 함께 시도한 경우에는 '譯訓', '譯解'로 불렸다.8)

---

8) 모든 유교 경전과 佛經의 우리말 풀이는 모두 언해라는 이름을 붙였다. 다만 중종 때에

2.4

훈민정음이 제정되고 가장 먼저 이 문자로 시도한 작업은 <韻會>의 번역이 었다. 즉, 졸저(2015)에서는 한글을 만들어 가는 과정을 <조선왕조실록> 등의 기사에 의거하여 다음과 같이 정리할 수 있다.

세종 2년(1419)--좌의정 朴訔의 계청으로 집현전 설치.
세종 13년(1431)--偰循이 어명을 받아 《三綱行實圖》(한문본) 편찬.
세종 16년(1434)--《三綱行實圖》 간행.
세종 24년(1442) 3월--《龍飛御天歌》의 편찬을 위한 준비.
세종 25년(1443) 12월--세종이 훈민정음 28자를 친제함.
세종 26년(1444) 2월 16일(丙申)--**韻會**의 번역을 명함.
세종 26년(1444) 2월 20일(庚子)--최만리의 반대 상소문
세종 27년(1445) 1월--신숙주·성삼문 등이 운서를 질문하려고 요동에 유배된 유
　　　　　　　　학자 黃瓚에게 감.
세종 27년(1445) 4월--《용비어천가》(한문본) 製進
세종 28년(1446) 3월--昭憲王后 昇遐. 《**釋譜詳節**》과 《**月印千江之曲**》 편찬
　　　　　　　　시작
세종 28년(1446) 9월--해례본 《訓民正音》 완성.
세종 28년(1446) 10월 - 《月印**釋譜**》 간행, 훈민정음 <언해본> 附載.9)

졸저(2015:226)

앞에 정리한 바와 같이 한글의 제정은 『세종실록』(권102) 세종 25년(1443) 12월 庚戌조에 "是月, 上親制諺文二十八字。其字倣古篆, 分爲初中終聲, 合之 然後, 乃成字。凡于文字及本國俚語, 皆可得而書。字雖簡要, 轉換無窮, 是謂訓 民正音。"이라는 기사로 갑자기 나타난다.10) 그리고 2개월이 좀 지난 시점에 서 '韻會'의 번역을 명했다는 기사가 역시 실록에 보인다. 새 문자를 제정하고

<翻譯小學>이 보이는데 이것은 당시 최세진의 <번역노걸대>와 <번역박통사>가 매우
인기를 얻고 세인의 관심을 끌었기 때문에 최세진과 동시대의 인물이던 金銓·崔叔生
등이 <소학>의 언해를 <번역소학>이라고 이름을 붙였던 것이다. 물론 후에 <소학언
해>도 간행되어 <번역소학>의 오류를 수정한다.
9) 이러한 새 문자의 제정 경위는 본고의 7.3에서 다시 정리되고 보완된다.
10) 이러한 갑작스런 한글 제정의 기사에 대하여 많은 臆測이 있다. 심지어 임홍빈(2006)에
서는 이 기사가 세종의 사후에 만들어져서 조작된 것이라고 보기도 하였다.

첫 번째 사업이 바로 운회의 飜譯이었던 것이다.

즉, 『세종실록』(권103) 세종 26년 2월 丙申조의 첫 번째 기사에 "○丙申/命集賢殿校理崔恒、副校理朴彭年、副修撰申叔舟、李善老、李塏、敦寧府注簿姜希顏等, 詣議事廳, 以諺文譯韻會, 東宮與晉陽大君琈、安平大君瑢, 監掌其事。皆稟睿斷, 賞賜稠重, 供億優厚矣。- 병신일에 집현전 교리 최항·부교리 박팽년·부수찬 신숙주·이선로·이개·돈녕부 주부 강희안 등에게 명하여 의사청(議事廳)에 나아가 언문으로 운회(韻會)를 번역하게 하고, 동궁과 진양 대군 이유·안평 대군 이용으로 하여금 그 일을 관장하여 모두 성상의 판단에 품의하도록 하였으므로 상을 거듭 내려 주고 물품 지급을 넉넉하고 후하게 하였다."이라 하여 <운회>를 언문으로 번역하였다고 하였다. 훈민정음이 세종의 친제로 만들었다는 기사가 나온 2개월 후의 일이다.

여기서 '韻會'는 元代 黃公紹가 당시 北京音에 맞추어 通語의 한자음을 수정하여 만든 『古今韻會』를 말하는 것으로 당시 한자의 발음을 수정하여 정리한 韻書다.[11] 따라서 '以諺文譯韻會'은 이 운서를 언문으로 번역하였음을 말하는 것이다. 그런데 여기서 말하는 '飜譯'은 오늘날의 의미와 좀 다르다.

예를 들면 『釋譜詳節』의 首陽大君 서문에 "又以正音으로 就加譯解ᄒ노니 - 또 正音으로ᄡᅥ 곧 因ᄒ야 더 飜譯ᄒ야 사기노니"라고 한 것에 대한 '飜譯'의 夾註에서 "譯은 飜譯이니 ᄂᆡ 나랏 그를 제 나랏 글로 고텨 쓸 씨라"라 하여 한자를 새 문자로 적는 것을 말하는 것이라 하였다. 따라서 '譯解'는 "번역하고 새기는 것", 즉 발음을 전사하고 언해하는 것을 말한다고 한 것이다.[12] 韻書의 번역이란 것은 언해(translation)가 아니라 새 문자에 의한 발음의 轉寫(transcription)하고 보아야 한다.

이러한 번역의 의미를 보면 <운회>의 번역은 새 문자로 그 발음을 적는

---

11) 元代 黃公紹가 편찬한 『古今韻會』는 간행이 되지 않은 것 같다. 다만 그의 제장 熊忠이 이를 刪改한 『古今韻會擧要』가 간행되어 여러 異本이 현전하다.

12) '飜譯'은 宋代 法雲의 『飜譯名義集』에 의하면 "譯은 易이어서 飜譯은 梵字를 漢字로 바꾸는 것이다"라 하여 원래의 뜻은 梵語를 한자로 표음하는 것을 말한다. 또 『龍龕手鏡』의 권두에 있는 釋 智光의 서문에 "[전략] 矧復釋氏之敎, 演於印度, 譯布支那, 轉梵從唐 [하략]"이라 하여 '譯'이 "轉梵從唐 -범어를 바꾸어 당나라 말에 따르다"와 같은 뜻이다 (졸고, 2012c).

것이고 이때의 새 문자는 바로 발음기호의 역할을 한 것이다. 명칭도 正音, 訓民正音이어서 이 문자가 표음의 기호임을 말한다. 훈민정음의 <언해본>으로 알려진 <세종어제훈민정음>이 『월인석보』의 권두에 실려 있다. 이 <언해본>의 판심서명은 「正音」이어서 이때의 문자 명칭이 正音이었음을 알 수 있다. 여기서 '正音'이란 한자의 중국 표준음을 말한다. <언해본>의 새 문자들은 '正音'이란 이름을 가졌음을 알 수 있다. 한동안 우리 학계에서는 이것을 한글의 공식 명칭으로 사용한 일이 있다. 그에 비하여 훈민정음은 동국정운식 한자음을 기록한 것이다.

2.5

앞에서 元의 건국과 北京에로의 都邑은 중국에서 공용어의 혼란을 가져왔음을 살펴보았다. 따라서 고려 후기와 조선 전기에 儒臣들이 四書五經으로 학습한 중고중국어가 무용지물이 된 것이다. 그 결과로 元의 漢語에서는 같은 한자의 발음이 매우 달라졌다. 훈민정음의 어제 서문에서 세종은 "國之語音, 異乎中國, 與文字不相流通"의 상태에 빠진 것이다.

우리 한자음, 즉 東音은 唐代의 長安音을 기반으로 한 것이다(졸고, 2003a). 따라서 唐代나 그 후의 北宋 때까지는 한자의 발음이 크기 다르지 않았고 儒臣들은 四書五經으로 배운 중고중국어, 즉 通語로 그들과 대화가 가능하였다. 그러나 元代의 漢語는 한자의 발음이 전혀 다르게 되었다. 중종 때에 최세진이 <노걸대>와 <박통사>를 飜譯하여 각 한자의 아래 左右에 正音과 俗音을 훈민정음으로 표음하였는데 이 발음은 우리 東音과 전혀 달랐다.

세종은 이를 고민하고 우리의 한자음을 고치려고 하였다. 소위 東國正韻식 한자음이란 바로 새로운 한어 발음에 맞추려고 우리 한자음을 개정한 것이다. 세종은 이 한자음을 백성들에게 가르쳐야 하는 올바른 발음으로 생각하고 이를 표음하는 문자, 즉 발음기호를 '訓民正音'이라고 한 것이다. 훈민정음은 『東國正韻』의 한자음을 기록하기 위한 것임을 그 문자 명칭에서 분명하게 한 것이다. 정음이나 훈민정음의 '音'은 발음이지 문자가 아니다.

2.6

『訓蒙字會』의 「諺文字母」에서 말한 '俗所謂反切二十七字 – 속되게 소위 말하는 반절 27자'는 훈민정음의 초성 17자에 『동국정운』의 한자음 표기를 위하여 추가된 全濁字 6개에다가 脣輕音 4개를 더 한 27자를 말한다. 우리말과 동국정운식 한자음을 표기하는데 필요한 어두 자음의 숫자는 모두 27개라는 것이다.

다만 훈민정음의 <언해본>에서 漢音의 표기를 위한 것이라는 齒頭音과 正齒音을 구별하는 10자 /ᄼ, ᄾ, ᅎ, ᅐ, ᅔ, ᅕ, ᄍ, ᅑ/는 인정하지 않았다. 즉, 「諺文字母」에서는 이 치두와 정치의 구별을 위한 글자들은 인정하지 않고 훈민정음의 초성 17자와 여기에 全濁字 6개를 더한 동국정운 23자모에다가 脣輕音字 4개를 더 하여 27자로 한 것이 '俗所謂反切二十七字'의 초성자를 말한다.

실제로 동국정운식 한자음에서는 齒頭와 正齒의 구별을 하지 않았다. 그러나 全濁音 표기의 6개 雙書字들과 脣輕音 표음의 4자는 동국정운식 한자음에서 사용되었다. 그리고 우리말 표기에도 더러 雙書字와 脣輕音字가 사용되었다. 이것을 보면 『훈몽자회』의 「諺文字母」는 실제로 우리 한자음과 우리말을 표기하는 자음 표기자로 27자를 인정한 것이고 이것은 反切의 上字로 인식하는 음절 초 자음(onset), 즉 聲母를 말한 것임을 알 수 있다.

특히 강조하고 싶은 것은 「諺文字母」의 '俗所謂反切二十七字'는 언문 자모, 즉 한글이 반절과 같이 한자음의 표음에 사용되는 것임을 완곡하게 표현한 것이다. 쉽게 풀어 말하면 諺文은 反切이어서 한자음의 표음에 사용되는 文字, 즉 발음기호라는 의미를 속되게 가졌다는 뜻이다(졸고, 2016c).

3. 훈민정음의 <언해본>은 언제 만들어졌나?

3.0

『월인석보』의 권두에 붙은 <세종어제훈민정음>은 훈민정음의 <언해본>으로 알려졌다. 필자는 훈민정음의 <해례본>보다 <언해본>의 公刊이 새 문

자 반포에 해당한다고 보아왔다. 왜냐하면 <해례본>은 어리석은 백성들이 이
해하기 어려운 聲韻學과 性理學의 이론으로 설명되었기 때문이다. 그 보다는
간략하게 御製 序文과 例義 부분만 우리말로 풀어서 소개한 <언해본>이 새
글자 반포에 알맞기 때문이다.

그런데 <월인석보>는 世祖 때에 간행된 것이다. 그렇다면 이 <언해본>은
과연 世祖 때의 것인가? 졸고(2005, 2013)와 졸저(2015)에서는 『월인석보』가
세종 생존 시에 간행되었고 이 책의 권두에 <언해본>을 붙인 것은 세종이 스스
로 새 문자의 반포를 대신한 것이라고 주장하였다.13) 과연 그 근거는 무엇인가?

3.1

현재 우리 학계는 훈민정음의 <해례본>이 완성된 것을 한글이 공표된 날로
보고 이 책이 간행된 正統 11年 9月 上澣(1일~9일)을 양력으로 환산하여 10월
9일을 '한글날'로 지정하여 기념한다. 그러나 <해례본>을 읽어 본 사람들은
누구나 이 책이 너무 전문적이라 어리석은 백성들이 이를 통하여 새 문자를
배우기는 어려울 것으로 생각하지 않을 수 없다. 따라서 이 책의 간행을 새
문자의 공표로 보기가 어렵다.

즉 <해례본>은 새 문자에 대한 性理學과 聲韻學의 심오한 이론으로 이 문
자의 制字와 初聲, 中聲, 終聲, 그리고 合字를 해설한 것이어서 보통 사람들은
이를 이해하기가 매우 어렵다. 그리고 모두 난해한 한문으로 되어서 吏讀文이
나 吏文으로 문자생활을 하던 백성들이 이를 읽고 새 문자를 배웠다고 보기
어렵다. 여기서 우리는 당연히 새 문자의 공표와 보급은 훈민정음의 <언해본>
의 몫으로 생각하게 된다. <해례본>의 앞부분, 세종의 어제 서문과 例義 부분
의 석 장반을 우리말로 풀이한 <언해본>은 <월인석보>의 권두에 첨부되어
간행되었다.

---

13) 훈민정음이란 이름의 文獻은 세 가지가 있다. 첫째는 正統 11년, 즉 세종 28년 九月
上澣에 '훈민정음'이란 이름으로 간행된 <해례본>이 있고 『세종실록』(권113) 세종 28
년 9월 甲午조에 실려 있는 <한문본>이 있고 『월인석보』(권1) 권두에 실린 <언해본>
이 있다. 이 가운데 세종의 어제서문, 例義, 解例, 鄭麟趾의 後序를 모두 갖춘 것은 <해례
본>이고 <실록본>이라고도 불리는 <한문본>에는 解例 부분이 빠졌다. <언해본>은
어세서문과 例義만을 언해한 것이다.

그러나 『月印釋譜』(이하 <월석>으로 약칭)는 喜方寺 복각본을 비롯하여 초간본으로 알려진 서강대학교 도서관 소장의 권1, 2의 권두에 부재된 世祖의 '御製月印釋譜序'가 있고 서문 末尾에 "天順 三年 己卯 七月 七日 序"란 간기가 있어 이 책은 天順 3년, 즉 세조 5년(1459)에 처음으로 간행된 것으로 알려졌다. 이것은 서강대학교 소장본이 초간본으로 확인되어 더욱 확실한 사실로 학계에 서는 인정하였다.

3.2

이에 대하여 필자는 세조 5년, 즉 天順 3년에 간행된 <월석>은 新編이고 세종 생존 시에 편찬된 <월석>의 舊卷이 있었음을 졸고(2005)에서 처음으로 주장하였다. 즉, 초간본 <월석>으로 알려진 서강대 소장본의 권두에 부재된 世祖의 '御製月印釋譜序'에

念此月印釋譜는 先考所製시니 依然霜露애 慨增悽愴ᄒ노라— 念ᄒ더 이 月印釋譜 는 先考지스샨 거시니 依然ᄒ야 霜露애 애와텨 더욱 슬허ᄒ노라--

라는 구절이 있어 <월석>이 세조의 先考, 즉 세종의 편찬임을 분명히 말하였 다. 또 이 서문에 이어서

乃講麿研精於舊卷ᄒ며 硫括更添於新編ᄒ야— 녯 글워레 講論ᄒ야 ᄀ다ᄃ마 다ᄃᆯ게 至極게 ᄒ며 새 밍ᄀ논 글워레 고텨 다시 더어,
出入十二部之修多羅ᄒ더 曾靡遺力ᄒ며 增減一兩句之去取호디 期致盡心ᄒ야—十二部 修多羅애 出入호ᄃᆡ 곧 기튼 히미 업스며 ᄒ 두 句를 더으며 더러ᄇ리며 ᄲᆞ디 ᄆᆞ숨다ᄫᅩ몰 닐윓 ᄀ장 긔지ᄒ야—, 띄어쓰기 필자. 이상 졸고(2005)에서 인용.

라고 하여 이 世祖의 어제 서문에 의하면 원래 <월석>에는 舊卷(녯 글월)이 있었고 자신이 편찬한 깃은 후대에 여러 佛經을 添削하여 새롭게 간행한 新編 (새 밍ᄀ논 글월)임을 밝히고 있다.

3.3

더욱이 졸고(2013)에서는 正統 12년(1447)의 간기를 갖고 있는 <월석>의

玉冊을 발견하여 학계에 소개하였다. 졸고(2016a)에서는 이 玉板에 대하여 국
내 나노 전문 기관인 포스텍 의 전문가에 의한 성분 분석이나 玉 전문가의
감정을 거쳐 진본임을 밝히면서 이로부터 <월석>이 正統 12년보다 앞 선 시기
에 간행되었음을 주장하였다.[14]

다음의 [사진 1]에서 볼 수 있는 바와 같이 이 옥책은 겉표지가 '月印釋譜'이
고 속표지가 '月印千江之曲釋譜詳節'이며 매권 권미에 正統 12년이 새겨있다.
[사진 2]에서는 옥책의 마지막 권인 제12권 말미(29판)에 '佛日寺 正統 十二年
終'이란 卷尾 刊記를 볼 수 있다. 이것을 보면 正統 12년, 세종 29년(1447)에
간행된 옥책임을 알 수 있다. 따라서 正統 12년 이전에 만든 <월석>의 舊卷이
있고 天順 3년, 世祖 5년에 이를 보완한 <월석>의 新編이 있다는 졸고(2005)의
주장을 다시 한 번 확인하게 된다.[15]

[사진 3-1] '月印釋譜'를 표지로 하고 '月印千江之曲釋譜詳節'을 속표지로 한 正統 12년
의 옥책[16]

---

14) 옥책에 대한 포항공대 화학과 金承斌 교수와 포항제철의 성분 감정 및 玉 전문가의
産地 및 刻印, 穿孔 등의 수작업에 대하여는 졸고(2016a)를 참고할 것.
15) 지금까지 학계의 일반적 견해는 사재동(2006:91)의 "우선 世祖의 <月印釋譜序>에 밝힌
대로, <月印釋譜> '舊卷'인 <月印千江之曲>, <釋譜詳節>에서 한 걸음 더 나아가 보다
새롭고 완전한 체재로 編纂된 것임을 알 수 있다. 말하자면 '新編'인 <月印釋譜>가 '舊
卷'인 <月印千江之曲>, <釋譜詳節>에 비하여 상당한 증감과 改新을 겪었다는 것을
증언하는 것이라 하겠다. 실제로 <月印釋譜>와 <月印千江之曲>, <釋譜詳節>을 대조
해 볼 때, 크게 두 가지 면에서 상이점이 발견되는 것이다. 문헌상의 차이점과 조권상의
차이점이 바로 그것이다. [하략]"에서 주장된 바와 같이 <월인천강지곡>, <석보상절>
이 <월인석보>의 구권이라는 것이다. 그러나 正統 12년에 제작된 옥책이 발견되어 실
제로 <월인석보>의 구권이 존재했음을 알 수 있다(졸고, 2016a).

[사진 3-2] 正統 12년의 간기를 가진 <월석> 옥책 제12권 말미(29판)[17]

그리고 이와 같이 '月印釋譜'라는 겉표지 속에 '月印千江之曲釋譜詳節'라는 권수서명을 붙인 製冊과 編綴의 방법은 세조 5년의 新編의 <월석>에서 그대로 답습되었다. 아마도 현전하는 세조 5년의 <월석>은 세종 生存 시에 舊卷을 그대로 모방한 것이 아닌가 한다.[18] 그렇다면 <월석>의 간행은 학계에서 인정하고 있는 天順 3년(1459)이 아니라 <월석>이란 이름의 옥책이 제작된 正統 12년(1447)의 이전으로 해야 할 것이다.

또한 훈민정음의 諺解本으로 알려진 <世宗御製訓民正音>이 세조 5년에 간행된 신편 <월석>의 卷頭에 첨부되었던 것처럼 아마도 <훈민정음>이 세종 생존 시에 간행된 舊卷의 卷頭에도 부재되었을 것으로 추정된다. 물론 제목은 '세종어제 훈민정음'이 아니라 그대로 '훈민정음'일 것이다. 세종 생존 시에는 자신의 尊號가 '世宗'일지 알 수가 없는 시기이기 때문이다.

따라서 엄밀한 의미의 훈민정음 頒布, 즉 한글의 公布는 <언해본>의 간행으로 보아야 한다. 이런 의미에서 이 옥책은 귀중한 정보를 우리에게 알려준 것이라고 보지 않을 수 없다.

---

16) 이 옥책의 전권에 '月印釋譜'를 겉표지로 하고 '月印千江之曲釋譜詳節'을 속표지로 하고 있다. 즉 <월석> 겉표지 12판, <월인천강지곡석보상절>의 속표지 12판이 이 옥책의 매권 앞에 있다.

17) 옥책 권12의 마지막 판(29片)에 '佛日寺 正統 十二年 終'이란 간기가 있다.

18) 많은 연구논서에서 <월석>의 신편이 <월인>과 <석보>를 합편할 때에 대대석으로 수정과 추가가 있었다고 보았다. 그러나 <월석>의 권두에 부재된 <훈민정음>과 <세종어제훈민정음>을 비교하면 후자는 전자의 앞 1엽의 협주만 크게 보완하였고 그 이후는 거의 그대로 <월석>의 신편에 부재하였다. 따라서 <월석>의 新·舊卷도 이와 같이 부분적인 수정과 추가만이 있었을 뿐이고 新編은 舊卷의 체재와 分冊 및 編綴을 그대로 답습했던 것으로 추정된다. 그로 인하여 간혹 현전하는 구권이 있더라도 신편과 구별할 수 없었을 것이다.

3.4

실제로 고려대 도서관 六堂문고에 소장된 <訓民正音)>은 朴勝彬씨 舊藏本
으로 알려진 것이다. 겉표지에 '訓民正音'이라 쓰였다가 떨어진 흔적이 있고
제1엽은 낙장이 되었으나 소장자가 이를 模寫하여 붙였다. 이 부분에 적힌 卷
首書名은 '訓民正音'[사진 3-3]이라 모사하였고 맨 뒤의 卷尾書名은 분명하게
'訓民正音'[사진 3-4]으로 되었다.

[사진 3-3] 육당문고 소장의 <훈민정음> 첫 장　　　[사진 3-4] 육당문고본의 끝 반엽

　　[사진 3-3]의 왼쪽 첫 半葉에 보이는 세 개의 落款 가운데 卷首 하단에 찍힌
소장자의 落款으로부터 이 책의 소유자가 한 때는 子聞 南鶴鳴이었음을 알
수 있다. 그는 肅宗 때 사람으로 仁祖 시대에 활약한 南九萬의 후손이다. 아마
도 <월석> 舊卷에 부재되었다가 단행본으로 配布된 것을 구하여 그 僚卷으로
부터 제1엽을 模寫하였거나 그 이전에 이 낙장 부분이 첨부된 것을 구입하였
을 수 있다. 아무튼 이 모사는 17세기 말엽까지 올라가거나 그보다 더 오래
전에 이루어진 것임을 이 낙관이 증명한다.

[사진 3-5] <월석> 新編의 권두에 부재된 '세종어제훈민정음'의 첫 반엽과 끝 반엽[19)]

앞의 [사진 3-5]는 세조 5년에 간행된 <월석> 新編의 권두에 부재된 <世宗御製訓民正音>이다. 보통 <언해본>으로 불리는 이 훈민정음은 <해례본>의 어제서문과 例義 부분의 처음 3엽 반을 우리말로 언해하여 16엽에 옮긴 것이다. [사진 3-5]에서 볼 수 있는 <월석> 新編의 첫 장과 끝 장을 [사진 3-3]에서 보이는 舊卷의 <훈민정음>과 비교하면 모사된 첫 장의 권수서명과 첫 줄 및 협주가 완전히 다르지만 [사진 3-4]의 끝 장은 모두 동일하다. 즉, 끝장은 板式과 行次가 모두 같고 글씨체도 동일하다. 다시 말하면 모사된 첫 장만 다르고 나머지는 모두 동일하다고 볼 수 있다.

여기서 모사한 첫 장이 과연 원본을 그대로 베꼈을까 하는 문제다. 현재로는 당시에 <월석>의 구권이 남아있었고 이 책은 그것을 모사한 것으로 보는 것이 타당하다.

<훈민정음>과 <세종어제훈민정음>의 관계는 후자가 전자의 것을 수정한 것임을 보여주는 증거가 있다.

---

19) 서강대학교 소장의 초간본에서 전재함.

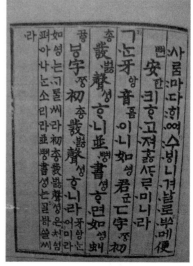

[사진 3-6] <훈민정음>(왼쪽)과 <세종어제훈민정음>의 해당 부분, 맨 오른 쪽 1행에
'쁘매 > 뿌메'의 교정이 보인다.

앞의 [사진 3-6]에서 볼 수 있는 것처럼 전자의 첫 행 '어제서문' 끝 부분의
"사룸마다 히여 수비 니겨 날로 쁘매"가 후자에서는 "날로 뿌메"로 바로 잡혔
다. [사진 3-6]에서도 보이는 바와 같이 이 부분이 毁損되어 배접으로 수선하
고 여기에 손으로 써 넣을 때에 틀렸을 것이다. 따라서 고려대 도서관 소장의
<훈민정음>이 <세종어제훈민정음>이라는 주장(안병희, 2007)을 다시 한 번
상기하게 된다.[20]

고려대 六堂문고 소장의 <훈민정음>과 서강대 도서관에 소장된 <월석>
(권1)의 권두에 부재된 <세종어제훈민정음>와의 관계는 [사진 3-6]에서 볼

---

20) 안병희(2007:6)에서 "[육당문고의 박승빈 씨 구장본은] 제1장이 보사되고 제2장 이하도
　　부분적으로 보사되었으나, 내용은 『월인석보』권두본과 같다. 우리의 實査에 의하면
　　지질은 물론이고 印面의 字樣, 판식의 세밀한 점까지 서강대학교 소장 『월인석보』의
　　권두본과 일치한다. 현재 단행본인 것은 따로 제책한 것에 지나지 않는다. 그러므로 이
　　책은 『월인석보』권두본과 별개의 이본이라 할 것이 못 된다"라고 하였다. 그러나 권두
　　제1엽의 보사가 다른 것에 대하여는 아무런 언급이 없다.

수 있는 것처럼 후자가 동일한 板本이지만 후대에 부분적인 수정과 보완이 있었던 것으로 보아야 한다. 즉, <월석>의 舊卷에 부재되었던 <훈민정음>의 책판을 첫 장에서 볼 수 있는 것처럼 일부 수정 보완하여 세조 5년에 간행한 <월석>의 新編을 간행한 것이다.

앞에서 살펴 본 바와 같이 훈민정음의 <언해본>은 일부 수정한 것도 있지만 대부분 동일한 판본이다. 이 사실은 <월석>의 舊卷과 新編의 관계를 분명하게 밝혀준다. 즉, 舊卷의 일부를 수정하거나 다른 經典을 삽입하여 新編을 보완하였지만 수정하지 않은 구권의 책판을 그대로 사용하여 신편을 간행한 것으로 보인다. 이러한 사실은 <월석> 권8을 玉簡에 새겨 넣은 옥책에서 확인할 수 있다(졸고, 2013). 따라서 <월석>의 구권과 신편의 관계는 이와 같이 구권의 일부를 수정하고 나머지는 구권의 책을 그대로 신편을 간행할 때에 사용한 것으로 볼 수 있다.

3.5

이러한 필자의 주장의 근거가 된 <월석>의 옥책에 대하여 학계에서는 이와 같은 불경의 옥책 자료를 아직까지 본 일이 없다고 하면서 반신반의하였다. 중국과 일본에도 이러한 유물은 발견된 일이 없었다. 따라서 불경을 玉簡에 새겨 넣은 옥책은 지금까지 우리의 유물로 인정되지 않았다. 그리하여 훈민정음을 연구하는 대부분의 연구자들이 이 옥책을 僞作이라고 보기도 한다.

그러나 최근 경남 統營의 古家에서 소장되다가 분당으로 옮겨온 <父母恩重經>과 <禮佛懺悔文>의 옥책이 발견되어 <월석>의 옥책에 대한 眞僞의 논란에서 중요한 증거로 등장하였다. 다음은 2년 전에 발견된 <부모은중경> 옥책의 앞면, 즉 표지와 첫 편의 사진이다.,

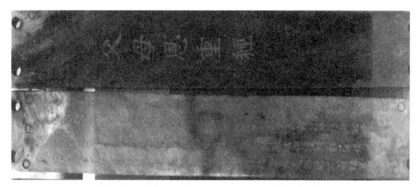

[사진 3-7] <父母恩重經> 옥책 표지와 첫 片

이 옥책의 권미에 '弘圓寺 峻豊 三年 終'이란 간기가 있어 이 옥책이 峻豊 3년, 고려 光宗 13년(962)에 완성되었음을 알 수 있다. 권미의 간기를 보면 다음과 같다.[21]

[사진 3-8] <부모은중경>의 옥책

<부모은중경>의 옥책과 함께 발견된 <禮佛大懺悔文>의 것은 권미에 '道脩 (修)寺 嘉熙 參'이란 간기가 있어 嘉熙 3년(1239)에 道脩寺에서 간행된 것임을 알 수 있다([사진 3-9]의 하단 사진). 가희 3년은 고려 高宗 26년이며 몽고의 침략을 받아 나라가 매우 어려운 때였다. 佛力을 빌려 外侵으로부터 나라를 보호하려는 고려인들의 염원을 담아 전란을 피하여 八峯山 속의 작은 사찰인 道脩寺에서 간행한 것이다.[22]

---

21) '峻豊'이란 연호는 고려 光宗 때에 사용한 고려의 연호로 고려 광종 11년(960)부터 광종 14년(963)까지 사용되었다. 중국에서 後周가 멸망하고 宋이 건국하는 사이에 고려가 사용한 연호였다.

22) 道脩寺는 『한국사찰도감』(우리 출판사)에 의하면 강원도 伊川郡(전 安峽縣)의 八峯山에

[사진 3-9] <禮佛大懺悔文> 표지와 권미 간기

이러한 옥책으로 보면 고려시대에는 불경을 옥판에 새겨서 책으로 만드는
일이 佛家에서 자주 있었음을 알 수 있다. 더욱이 八峯山의 道脩寺와 같은 고
려시대의 작은 절에서조차 <禮佛大懺悔文>을 玉簡에 새겨 옥책으로 간행한
것을 보면[23] 이런 일이 이 시대에 매우 유행하였음을 알 수 있다. 이로 보면
졸고(2013)에서 소개한 대로 <월석> 舊卷의 제8권을 옥판에 새겨서 옥책으로
만든 것은 전혀 새로운 것이 아님을 알 수 있다.

3.6

만일 <월석>의 舊卷을 옥책에 새긴 것이라면 正統 12년(1447, 세종 29년)
이전에 <월석>은 간행된 것으로 보아야 한다. 이때는 세종이 생존했던 시기이
므로 <월석>도 세종 생존 시에 간행되었고 거기에 훈민정음의 <언해본>이
첨부되었다면 그것이 바로 진정한 새 문자의 공표일 것이다. 즉, <월석>의
옥책에 正統 12년의 간기가 있기 때문에 <월석>의 구권은 옥책보다 먼저 간행
되었을 것이다. 적어도 正統 12년(세종 29, 1447)보다 앞 선 시기에 <언해본>
을 <월석>에 부재하여 간행함으로써 새 문자를 공표한 것이다.

있던 절로 소개되었으며 修道寺라고도 불렸다고 한다. 『東國輿地勝覽』에는 安峽縣에
修道寺란 사찰이 있다.
23) 당시는 몽골군의 침입으로 전란이 계속되던 시기여서 오히려 안전한 산 속의 작은 사찰
에서 이러한 佛事가 이루어졌을 것이라고 보았다(졸저, 2015)

실록에 의하면 세종 28년(1446) 12월에 吏科와 取才, 즉 하급관리의 채용시험에서 훈민정음을 부과하였다는 기사가 있어서 졸고(2013)에서는 이보다는 먼저 새 문자의 공표가 있었다고 보았다. 다만 세종 28년 9월에 훈민정음의 <해례본>을 간행하였지만 衙前과 胥史의 채용을 위한 吏科에서 출제할 것이므로 새 문자를 <언해본>으로 알리는 것이 옳다고 본 것이다. 그리하여 <해례본>보다는 1개월 이후인 세종 28년 10월에 『月印釋譜』의 舊卷을 간행하면서 권1의 권두에 <언해본>을 첨부하여 간행함으로써 公布를 대신한 것이라고 주장한 것이다.

4. 불가의 毘伽羅論과 훈민정음

4.0

冒頭에 졸저(2015)에서 새롭게 주장한 세 번째의 주장은 한글이 佛家의 學僧들에 의하여 古代 인도의 毘伽羅論을 참고하여 표음문자인 훈민정음을 제정하였고 儒學者들은 후일 우리말 표기에도 쓰이도록 설명한 <해례본>에서 도움을 주었을 뿐이라는 것이다. 새로운 문자의 제정에는 그 배경에 고대인도에서 발달한 음성학의 이론이 있었다. 고려대장경을 통하여 한반도에 수입된 毘伽羅論, 즉 聲名記論, 또는 聲明學은 세종의 우리 한자음에 대한 연구를 자극하였고 결국은 이 이론에 근거하여 세계에서 가장 과학적인 문자를 제정하게 된 것이다.

세종의 새 문자 제정에 佛家의 學僧들이 다수 참여하였고 특히 信眉, 金守溫 형제는 세종의 측근에서 문자의 제정에 필요한 이론을 제공하였다. 실제로 이들은 새 문자의 사용을 실험하기도 하였다. 이 형제는 首陽大君과 함께 『增修釋迦譜』를 언해하여 우리말로 『釋譜詳節』을 편찬하였고 세종은 스스로 이를 확인하기 위하여 『月印千江之曲』을 지었다고 본다. 따라서 이 두 편을 합편하여 만든 『월인석보』의 권두에 새 문자에 대한 <언해본>을 첨부한 것을 이해할 수 있다. 또 佛書에 의존하여 <언해본>을 세상에 보이고 새 문자의 정서법을 알린 것도 이 사업이 佛徒들에 의해서 주도되었기 때문이다.

古代인도에서는 고도로 발달된 음성학이 있었다. 그 대표적인 논저는 기원전 5~4 세기에 파니니(Pāṇini)가 저술한 Aṣṭādhyāyī(『八章』, 이하 <팔장>으로 약칭)로 알려졌다. 이 책은 세계의 언어학사에서 인류 최초의 문법서로 소개되었으며 위대한 음성학의 연구서로 알려졌다. <팔장>은 그 일부가 서양에 전달되어 19세기의 조음음성학을 낳게 하였고 20세기 후반에 언어학계를 風靡한 촘스키의 變形生成文法이나 生成音韻論에 영향을 주었다고 한다(Robins, 1997). <팔장>에는 범어의 문법만 아니라 인간의 발화에 사용된 언어음의 연구가 들어있었다.

졸고(2016b)에 의하면 이 책은 毘伽羅論(Vyākaraṇa)이라 하여 『大般涅槃經』 등의 불경에 들어있었고 고려대장경 속에 포함되어 한반도에도 수입되었다고 한다. 大藏經은 불가의 經典을 집합하여 일컫는 말로 一切經이라고도 하고 藏經이라고 약칭하기도 한다. 원래 불경 총칭하는 전통적인 용어는 三藏이라 하고 불가의 세 분야의 경전을 말한다.

삼장은 經藏(Sutla-pitaka)과 律藏(Vinaya-pitaka)과 論藏(Abhidhamma-pitaka)을 가리킨다.[24] '經'이라고 하는 佛典들을 총칭하여 經藏이라고 한다. 그리고 經은 원칙적으로는 부처님의 설법을 위주로 하여 이루어진 성전에 붙이는 명칭이지만 간혹은 불제자가 주인공이 되는 것도 경으로 불리는 경우가 있다. 따라서 대장경은 불경만이 아니라 후대에 佛子들의 저술이나 불교의 史書와 傳記와 辭典, 기타 불교학 관련의 주요 저술과 자료를 총망라한다.

이 대장경은 여러 언어로 번역되어 불교의 전파에 이용되었다. 전통적인 팔리(Pali)어의 三藏과 대표적으로 漢譯 대장경이 있으며 티베트 대장경을 비롯하여 몽고어와 만주어로 번역된 대장경이 현존한다. 이 밖에 西夏語로 번역된 대장경도 있었으나 지금은 거의 사라져 일부가 남아있을 뿐이다. 물론 한글 제정 이후에 우리말로 번역된 불경도 다수 전해온다.

---

24) 律藏은 계율의 제정과 실행에 관한 내용으로 이루어진 경전이고 論藏은 경장과 율장에 속하는 경전들을 해설하거나 교리를 연구한 불제자들이 지은 논저를 말하며 經藏은 부처님의 가르침을 가리킨다.

4.1

대장경의 여러 불경에서 毘伽羅論, 또는 聲明記論으로 소개되어 알려진 파니니(Pāṇini)의 Aṣṭādhyāyī 는 산스크리트어의 Aṣṭā(8) + adhyāyī(章, section)를 결합하여 Aṣṭādhyāyī(『八章』)로 서명을 삼았던 고대 梵語문법서다. 베다(Veda) 經典의 산스크리트어의 음운, 형태, 어형성, 통사, 방언에 대하여 논한 것으로 <팔장>에서는 箴言(aphorism)의 형식으로 짧게 언급된 규칙(sūtra-'실')으로 설명하였다. 모두 8장 32절로 되었고 3,983개의 규칙을 세워서 이 언어의 음운, 문법의 변화를 정리한 것이다(졸고, 2016b).

이 책은 대략 600~300 B.C.에 편찬된 것으로 보고 있으나(Robins, 1997:171) 아직 명확한 편찬연대를 밝힌 연구서는 없다. 고려대장경에 포함된 『大唐大慈恩寺三藏法師傳』(이하 <삼장법사전>으로 약칭)에서도 이 책의 근원을 알 수 없고 누가 지었는지도 모른다고 하였으며 옛날 번역에 毘伽羅論이라 한 것이 이것이라고 하는 기사가 있어 <팔장>의 편찬 년대가 분명하지 않음을 밝혀놓았다.[25] 또 이 책을 저술한 파니니에 대해서도 별로 알려진 것이 없다.

일찍이 미국에서 공시언어학을 시작한 L. Bloomfield는 파니니의 <팔장>에 대하여 "인간 지성의 이룬 최고의 기념비"(Bloomfield, 1935)라고 극찬하였다. 이 책은 O. Böhtlink에 의하여 독일어로 번역되었고 1887년에 간행되어 서방 세계에 알려졌다. 원래 이 책은 원래 산스크리트어를 교육하는 교사들의 참고서였으며 일반인들이 읽을 책은 아니었다. 따라서 본고장에서도 해설서가 뒤를 이었는데 가장 유명한 해설서로는 기원전 2세기경에 인도에서 편찬된 파탄잘리(Patañjali)의 『대주석(Mahā-bhāṣya, great commentary)』이 가장 중요하고 기원 후 7세기경에 다시 집필된 바르트르하리(Bhartṛhari)의 『문장단어론(Vākya Padīya)』도 넓은 의미에서 <팔장>의 해설서라고 할 수 있다(졸저, 2015:255~256).[26]

---

25) <삼장법사전>(권3)에 "[전략] 兼學婆羅門書, 印度梵書, 名爲記論. 其源無始, 莫知作者. 毎於劫初, 梵王先說, 傳授天人. 以是梵王所說,故曰梵書. 其有百萬頌. 卽舊譯云毘伽羅論者是也."(K1071V32 P0673b04L~08L)라는 기사 참조.( )안에 보이는 숫자는 <삼장법사전>을 수록한 대장경의 經名과 卷數, 葉數 및 行數임. 이하 같음.

26) 파탄잘리와 바르트르하리는 "개개 언어체계 속에서 발화로 실현되는 모든 變異는 항구불변의 기층에서는 동일한 것이다"라고 하여 20세기 초에 소쉬르(F. de Saussure)가

4.1.1

파니니의 <팔장>은 고려대장경의 여러 경전에서 언급되었으며 대체로 '毘伽羅論'이나 '聲明記論'으로 소개되었다. 즉, 唐의 高僧 玄奘의 일대기인 <삼장법사전>(권3)의 다음 기사는 이에 대하여 다음과 같이 파니니와 그의 毘伽羅論에 대하여 언급하고 있다.27)

兼學婆羅門書、印度梵書、名爲記論。其源無始、莫知作者。每於劫初、梵王先說、傳授天人。以是梵王所說、故曰梵書。其言極廣、有百萬頌、卽舊譯云毘伽羅論者是也。然其音不正、若正應云毘耶羯剌諵<音女咸反>、此翻名爲聲明記論、以其廣記諸法能詮故。名聲明記論。昔成劫之初、梵王先說、具百萬頌、後至住劫之初、帝又略爲十萬頌。其後北印度健馱羅國、婆羅門睹羅邑波膩尼仙又略爲八千頌、卽今印度現行者是。近又南印度婆羅門爲南印度王、復略爲二千五百頌。邊鄙諸國多盛流行。印度博學之人、所不遵習。 – [계현(戒賢)] 법사는 바라문의 글도 겸하여 배웠다. 인도의 범서(梵書)는 이름을 기론(記論)이라고도 한다. 그 기원과 작자에 대해서는 알지 못하나 겁초(劫初)에28) 범왕(梵王)29)이 먼저 천인(天人)에게 전수한 것으로써 범왕이 설했기 때문에 범서라고 한다. 그 글은 매우 광범위하여 백만 송(頌)이나 되며, 구역(舊譯)에 비가라론(毘伽羅論)이라는 것이 바로 이것이다. 그러나 이 [번역의] 음(音)은 바른 것이 아니다. 만약 바르게 말하자면 비야갈라남(毘耶羯剌諵: Vyākarana)이고30) 중국말로 번역하면 성명기론(聲明記論)이다. 널리 모든 [언어의 문]법을 상세히 기록했으므로 이름을 성명

제안한 랑구(langue)를 이미 2천 년 전에 인정한 것이다.

27) <삼장법사전>은 원명을 『大唐大慈恩寺三藏法師傳』이라고 하며 당 나라 때 大慈恩寺의 고승, 玄奘법사(602~664)에 대한 전기이다. 그는 일찍이 洛陽의 淨土寺에서 출가하여 서기 629년 8월부터 645년 2월까지 17년간에 걸쳐서 西域 지방을 비롯하여 印度 여러 나라들을 순례한 뒤 『大唐西域記』, 12권을 저술하였다. 그는 귀국한 뒤에 譯經에 몰두하여 총 75부 1,338권을 漢譯하였다. 대자은사의 慧立 스님이 현장 스님의 출생부터 인도에서 귀국한 때까지의 이야기를 5권으로 저술해 놓고 미처 편찬하지 못하고 입적하였는데, 그 후에 역시 그의 제자였던 彦悰이 그것을 토대로 그 뒤의 일까지 보충하여 10권으로 완성한 것이 <삼장법사전>이다. 혜립 스님은 664년부터 683년에 걸쳐서 기록하였고, 언종이 이를 편찬한 때는 688년이다.

28) 劫初란 劫이 만들어진 처음이란 뜻으로, 세계가 형성되던 초기의 시대를 말한다.

29) 大梵天王을 말하는 것으로, 사바세계를 지키는 色界 初禪天의 왕이다.

30) 산스크리트어의 Vyākarana는 "분석하다"는 뜻이니 인간의 언어음을 분석하는 聲明의 학을 말한다. 이것을 毘伽羅論이라 통칭하였는데 제대로 한자로 번역하여 적으려면 '毘耶羯剌諵'이라 해야 한다는 말이다.

기론이라 하였다. 옛날 성겁(成劫)[31] 초에 범왕이 먼저 설하여 백만 송을 만들었
다고 한다. 그 뒤 주겁(住劫) 초에 제석천(帝釋天)이 다시 줄여서 10만 송으로
하였다. 그 뒤 북인도의 간다라국(健馱羅國)의 바라문 도라읍(覩羅邑)에[32] 사는
파니니(波膩尼: Paṇini) 신선이 또 줄여서 8천 송이 되었는데, 지금 인도에서 행해
지고 있는 것이 바로 이것이다. 근래 또 남인도의 바라문이 남인도의 왕을 위해서
다시 줄여서 2천 5백 송으로 만들었는데, 이것은 주변 여러 나라에서는 많이 유행
하고 있다. 그러나 이것은 인도의 박학(博學)한 사람들은 배우지 않는다(<삼장법
사전> 권3:673).[33]

이 기사를 보면 산스크리트어의 문법을 정리한 記論, 또는 聲明記論이란
毘伽羅論이 있었고 이 문법서는 인도 간다라국 출신의 파니니(波膩尼)가 8천
개의 규칙으로 설명한 것이라 한다. 여기서 말하는 毘伽羅論, 즉 聲明記論은 <팔
장>을 말하는 것으로 당시 인도의 유식자들에게도 매우 어려운 이론이었음을
말하고 있다.[34] 앞에서 인용한 기사의 끝 부분의 “남인도의 왕을 위해서 2천
5백송으로 만들었다”는 것은 <팔장>의 문법에 필요한 규칙, 즉 sūtra의 수효를
말하는 것으로 8천 송에서 줄인 것임을 말한다. 아마도 파니니의 <팔장>에 게재
한 4천에 가까운 sūtra도 여러 차례 수정을 거듭한 것임을 알 수 있다.

4.1.2

이 책은 산스크리트어의 문법서로 알려졌다. 즉, 이 언어의 동사 活用과 명

---

31) ‘成住壞空’의 네 가지의 劫을 말하는 것이다. ‘成劫’은 世界가 이루어져서 인류가 살게
   된 최초의 시대를 말하고, ‘住劫’은 이 세계가 존재하는 기간을 말하고, ‘壞劫’은 이 세계
   가 괴멸하는 기간을 말하고, ‘空劫’은 괴겁 다음에 이 세계가 완전히 없어졌을 때부터
   다시 다음 성겁에 이르기까지의 中劫을 말한다.
32) 『대당서역기』(권3:92)에 “오탁가한다성(烏鐸迦漢茶城)에서 서북쪽으로 20여리를 가다
   보면 사라도라읍(娑羅覩羅邑)에 이른다. 이곳은 <聲明論>을 지은 파니니 선인이 태어
   난 곳이다.”라는 기사가 있어 娑羅(Śalārura)의 覩羅邑임을 알 수 있다.
33) 한글대장경의 역문을 참조하였으나 오역은 수정한 것임. 이하 같음.
34) 『婆藪槃豆法師傳』(권1:6)에 “馬鳴菩薩是舍衛國婆枳多土人. 通八分毘伽羅論及四皮陀
   六論, 解十八部, 三藏文宗學府允儀所歸. ─ 마명(馬鳴)보살은 사위국(舍衛國) 파지다토
   (婆枳多土) 사람이다. <팔분비가라론(八分毘伽羅論)>과 <사피타육론(四皮陀六論)>을
   통하고 십팔부(十八部)를 해석하니, 삼장(三藏)의 문종학부(文宗學府)가 위의를 갖춰
   귀의하였다.”라는 기사가 있어 <八章>을 ‘八分’의 毘伽羅論으로 불렀음을 알 수 있다.

사 曲用 등 형태론에 의거한 어형 변화에 대하여 설명하였는데 이 가운데 우리 와 친숙한 동사의 활용과 명사의 곡용에 대한 것을 <삼장법사전>에서 소개하 면 다음과 같다.

此立西域音字之本, 其支分相助者, 復有記論, 略經有一千頌。又有八界論八百頌, 此中略合字之緣體。此諸記論辯能詮所詮有其兩例, 一名底<丁履反>彦多聲, 有十 八囀, 二名蘇漫多聲、有二十四囀。其底彦多聲, 於文章壯麗, 處用, 於諸汎文, 亦 少用。 - 이 책은 서역(西域) 여러 나라의 음자(音字)의 기본으로 세부를 나누어 도움을 주는 것이며 다시 기론(記論)과 약경(略經)에서 천 개의 규칙이 있다. 또 팔장으로 나누어 논하면서 8백 개의 규칙으로 이 안에서 생략되거나 합해진 글자 의 연유와 자체(字体)가 들어있다. 이러한 모든 기론(記論)들을 능동과 수동의 두 가지 예로 나누어 밝혔는데, 그 하나는 저[정리반(丁履反) - 디(低) 발음의 반절]언다성(底彦多聲)이라 하여 18변화가 있고, 또 하나는 소만다성(蘇漫多聲) 이라 하여 24변화가 있다.[35] 디[ti]언다성은 문장이 장려(壯麗)한 데에 쓰고 여러 일반 문장에는 아주 드물게 사용된다. 그러나 24변화라는 것은 일체 모든 문장에 공동으로 사용되는 것이다(<삼장법사전> 권3:).

이 기사는 위에서 소개한 <삼장법사전>의 것에 이어진 것으로 '底彦多聲 (Tinnata)'이란 동사의 활용과 '蘇漫多聲(Subanto, '蘇槃多'로 적기도 함)'이란 명사의 곡용에 대하여 언급하였다. 底彦多聲이라고 하는 동사의 활용에서는 각기 타동사(般羅颯迷, Parasmai)와 자동사(阿答末泥, Ātmane)로 나누어 각 기 9개의 변화가 있어 도합 18 변화가 있음을 제시하였다. 자동사와 타동사에 는 각각 3변화가 있고 이들은 다시 단수, 쌍수, 복수의 변화가 있어 모두 9변화 가 있다는 설명이다. 그리고 인칭에 따른 동사의 변화도 자세하게 설명하였 다.[36]

---

35) 底彦多聲은 산스크리트어의 굴절에서 동사의 변화, 즉 活用(conjugation)를 말하고 蘇漫 多聲은 명사의 변화, 즉 곡용(declension)을 말한다. 이 언어는 중국어와 달리 굴절어임 을 강조한 것이다.
36) 이에 대하여 『瑜伽師地論』(권15)에 "數를 施設建立한다고 하는 것은 무엇인가? 세 가지 數로 된 聲相의 차별을 말한다. 첫째는 하나의 數(단수)이며, 둘째는 두 가지의 數(양수) 이며, 셋째는 많은 數(복수)다. [중략] 聲明處를 설하였다."로 산스크리트어 명사의 수에 대하여 聲明記論으로 밝혀놓았다.

4.1.3

<팔장>은 문법의 형태론이나 통사론, 어휘론만을 다룬 것이 아니다. 다른 고전문법서에서 소홀하게 보았던 음성학에 대한 연구가 있었던 것이 가장 큰 특징이라고 할 수 있다. 언어학사에서 3대 고전문법서로는 파니니의 <팔장>을 위시하여 기원 전 2세기경 헬레니즘시대의 드락스(Dionysus Thrax)의 文法技術(Téchnē Grammatikē, Τέχνη γραμματική)이나 기원 후 6세기경 Pax Romana 시대에 활약한 라틴문법학자 프리스키아누스(L. Priscianus, 영문명 Priscane)의 文法敎程(Institutiones Grammaticae)을 들고 있다. 흔히 범어문법서, 희랍문법서, 라틴문법서로 부르는 이 세 문법서는 굴절어에서 보이는 모든 문법의 기초를 완성하였다.

각각의 문법서에는 음운에 관한 연구도 들어있는데 이 가운데 <팔장>이 가장 많이 음성과 음운에 대하여 논의하였다. 파니니는 언어의 각 단위들이 체계적으로 파악되어야 한다는 생각을 2천 3-5백 년 전에 알고 있었던 것이다. 그리하여 언어의 추상적인 단위의 기본형으로 'sthānin'을 설정하고 여기에 형태음소론적인 변화의 규칙을 적용되면 내적 'saṃdhi(sandhi)'에 의하여 실제 형태인 'ādeṣa'로 전환된다고 보았다. 현대 언어학으로 보면 '형태소(morpheme)'로부터 형태음운론적인 변화에 의하여 실현되는 이형태(allomorph)의 개념과 같다.

음성에서는 음운의 개념인 'sphoṭa'를 설정하고 오늘날의 음소(phoneme)에 해당하는 'varṇa sphoṭa'를 인정하였으며 이것이 여러 음운 규칙이 적용되어 실제로 언어음에 나타나는 것은 'varṇa dhvani, allophone'임을 지적하였다. 또 음성은 조음음성학적인 관점에서 보면 음성의 기술을 첫째 조음과정(processes of articulation), 둘째 분절음(segments), 셋째 음운론적 구조에서 분절음의 조립(syllables)으로 파악하였다. 즉, 변별적 자질, 음운, 음절의 단위로 언어음을 인식한 것이다.

먼저 조음 과정을 설명하기 위한 조음기관으로는 內口腔(intra buccal)과 外口腔(extra buccal)으로 나누고 외구강은 다시 聲門(glottis), 肺(lungs), 鼻腔(nasal cavity) 등이 발음에 참여한다고 보았다. 이 세 기관에서 언어음의 有聲(voiced)과 無聲(voiceless), 有氣(aspirate)와 無氣(non-aspirate), 鼻音(nasal)과 非鼻音(non-nasal)의 구별이 이루어진다고 본 것이다. 훈민정음에

서 全淸(non-aspirate, voiceless)과 次淸(aspirate), 全濁(voiced), 不淸不濁
(voiced, nasal)의 구분은 바로 毘伽羅論의 이러한 구분에 의거한 것이다.

실제로 산스크리트어에서는 이러한 조음방식의 차이에 의하여 5항의 대립
체계를 인정하였는데 脣音을 예로 하여 /b, p, bʰ, pʰ, m/의 유성, 무성, 유성유
기, 무성유기, 비음의 대립을 인정하였다. 훈민정음에서는 이 가운데 유성유기
를 인정하지 않은 4항 체계를 인정하여 東國正韻식 한자음 표기에 사용하였다.
예를 들면 牙音, 즉 연구개음(velar sounds)에서 /ㄱ(君), ㅋ(快), ㄲ(虯), ㆁ
(業)/의 4항, 즉 /k, kʰ, g, ng/의 음운 대립을 인정하여 문자를 제자한 것이다.

毘伽羅論의 음성학에서는 조음의 매카니즘에 관여하는 것으로 조음위치와
조음체로 나누어 후자를 'karaṇa'라고 하여 혀(tungue)와 아랫입술을 들었고
전자로는 'sthāna'라고 하여 '이, 잇몸, 경구개, 연구개'를 들었다.[37] 이를 근거
로 하여 중국의 聲韻學에서는 '牙, 舌, 脣, 齒, 喉'의 5개 조음 위치와 '半舌,
半齒'를 추가하여 7개로 나누었다. 훈민정음에서 牙音의 'ㄱ(君字初發聲)'을 첫
글자로 한 것은 지금까지 많은 국어학자들이 주장한 바와 같이 발음기관의
순서, 즉 가장 깊숙한 곳에서 발음되는 'ㄱ[k, g]'를 제일 먼저 제자한 것이 아니
라 고대인도음성학에 근거한 毘伽羅論의 조음 매카니즘에 따른 것임을 알 수
있다. 티베트의 西藏문자와 이를 모방한 파스파 문자가 모두 /k, kʰ, g, ng/의
순서로 문자를 제정하였고 파스파 문자도 동일한 방법을 취하였다(졸저, 2009
및 졸고, 2011a).

內口腔에서는 조음 위치로 구강의 前, 後와 혀끝, 狹窄의 구분을 인정하여
4등급으로 나눴다. 예를 들면 前口腔과 後口腔에서 停止音과 鼻子音이 생성되
고 摩擦 狹窄音, 반모음 협착음, 非 협착음(모음 등)이 생성된다고 보았다. 훈
민정음의 中聲에서는 前後 이외에 중앙의 위치를 인정하여 聲深(후설, back),
不深不淺(중앙, central), 聲淺(전설, front)의 3단계로 나누어 'ㅇ·, 으, 이'를
기본자로 제정하였다.[38] 여기에 圓脣(round)과 非圓脣(unround)을 구별하는

---

37) 현대음성학에서의 조음체(articulator)와 조음점(point of articulation), 또는 조음위치
(place of articulation)와 같다.
38) 이것을 생성음운론의 위치 자질로 설명하려면 높이 자질에의 [±high, ±low] 표기처럼
[±back, ±front]와 같이 두 개의 자질을 인정하여 聲深은 [+back, -front], 不深不淺은
[-back, -front], 不淺은 [-back, +front]로 표기해야 할 것이다.

'口蹙'과 '口張'을 두어 '오, 아, 우, 어'를 제자하여 中聲을 조음 방식과 위치로
파악하였다.

4.1.4

뿐만 아니라 <팔장>에서는 자음과 모음으로 二分하였지만 중국의 聲韻學
에서는 子音을 음절 초(onset)와 음절 말(coda)의 것으로 다시 나누어 3분하였
다. 이러한 구분은 바로 漢字에서 하나의 발음을 하나의 음절로 이해하는 태도
에서 온 것이다. 그리하여 聲母의 음절 초 자음과 韻尾가 구분되어 聲調의 四
聲에서 入聲은 폐음절의 음절 말 자음(coda)을 가르치게 되었다. 훈민정음에
서 모든 자모를 初聲, 中聲, 그리고 終聲으로 나눈 것을 떠오르게 한다.

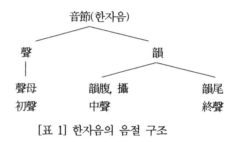

[표 1] 한자음의 음절 구조

이러한 毘伽羅論의 음절의 분석적 이해는 語頭와 語末에서 자음의 連接
(sandhi)에 따른 음운변화를 이해하였기 때문이다. 더욱이 어말 위치에서 일부
음운의 중화현상도 파악한 것으로 보인다. 훈민정음 <해례본>의 '終聲解'에서
"八終聲可足用"은 어말 위치에서 유기, 성문긴장 자질이 중화됨을 인식한 것이
다. 이렇게 음운을 음절 단위로 인식하는 방법은 중국 聲韻學에서 크게 발전
하였다. 왜냐하면 모두 한자는 一音節 형태로 인식하기 때문이다. 그리하여
毘伽羅論에 입각한 중국 聲韻學에서는 음절 구조를 앞의 [표 1]과 같이 이해하
였다.

여기서 음절 초(onset), 즉 聲母의 수효는 흔히 字母로 불리면서 한 언어에
나타나는 자음의 음운 숫자로 이해된다. 이것은 세종이 崔萬理의 반대상소문
에 내리는 批答에서 "[너희가] 사성(四聲) 칠음(七音)으로 분류된 자모의 수효

가 몇 개인지 아느냐?(四聲七音字母有幾乎?)"(『세종실록』권102의 세종 26년
2월 庚子조)라는 詰問에서처럼 언어의 음운을 이해하는데 字母의 수, 즉 음운
의 수효가 매우 중요함을 강조한 것이다.[39]

이에 대하여 파스파 문자를 제정한 티베트의 팍스파 라마는 당시 한자음의
聲母, 즉 字母를 36개, 韻腹의 攝을 喩母로 하여 7개를 만들어 모두 43개의
문자를 만들었다. 그러나 당시 漢語에 구분되지 않은 脣輕音의 전청과 전탁을
하나의 문자로 만들고 모음 표시의 喩母가 이중으로 포함되어 한자가 줄어서
파스파 문자에서는 실제로 모두 41개의 문자만을 만든 것이다.[40],

훈민정음에서는 聲母를 初聲으로 보았고 韻尾의 자음을 終聲으로 구분하였
으며 喩母의 모음을 中聲이라 하여 초성, 중성, 종성의 3분법을 택한다. 그리고
모두 28개의 자모를 문자화하였다.[41] 파스파 문자에서도 入聲이 聲調를 나타
내지 않고 음절 말 자음으로 간주하여 聲母 36개 가운데 6개만이 入聲韻尾에
서 변별적임을 元代 朱宗文의 『蒙古字韻』에서 '總括變化之圖'로 밝혀놓았다
(졸고, 2012a). 훈민정음에서와 같이 파스파자도 음절 초의 자음(onset)과 음절
말의 자음(coda)을 구별한 것이다.

4.2

<팔장>은 이미 티베트 문자의 제정에서 그 이론이 이용된 바가 있다. 티베
트 문자, 즉 西藏 문자는 기원 후 650년경에 吐蕃의 송첸 감포(Srong-btsan
sgam-po, 松贊干布) 대왕이 그의 臣下였던 톤미 아누이브(Thon-mi Anui'bu)
와 함께 16인을 문자 연수를 위하여 인도에 파견하였으며 이들은 인도의 판디
타 헤리그 셍 게(Pandita lHa'i rigs seng ge) 밑에서 인도의 毘伽羅論을 배워

---

39) 세종이 말한 '四聲七音'은 조음방식의 四聲, 즉 全淸, 次淸, 不淸不濁, 全濁과 조음위치의
  七音(牙, 舌, 脣, 齒, 喉, 半舌, 半齒)을 말한다. 모두 생성음운론에서 말하는 중요한 변별
  적 자질들이다. 이때의 四聲은 平, 上, 去, 入聲을 말하는 것이 아니다. 졸고(2016b) 참조.
40) 盛熙明의 『法書考』와 陶宗儀의 『書史會要』에서는 파스파 문자가 모두 43자라고 하였다.
  그러나 『元史』(권) '釋老八思巴'조에는 팍스파 라마가 41개의 문자를 제정했다고 명시
  되었다.
41) 파스파 문자에서는 모음을 喩母에 속한다고 하였는데 훈민정음에서는 欲母에 속한다고
  보아 모든 中聲字는 욕모의 /ㅇ/를 붙여 쓰게 한 것이다.

서 티베트어에 맞도록 子音 문자 30개, 母音의 구분부호 4개를 정리하여 티베
트 문자를 만들었다고 한다.

그러나 티베트 문자를 만든 사람은 톤미 삼보다(Thon-mi Sam-bho-ta)라
는 주장도 있다. 그는 문자만이 아니라 인도 파니니(Pānini)의 <팔장>을 본
따서 『八論』을 저술하였고 티베트어 문법서 『三十頌(Sum-cu-pa)』와 『性入
法(rTags-kyi 'jug-pa)』을 편찬한 것으로 기록되었다(山口瑞鳳, 1976).42) 이
일로 인하여 그는 톤미 아누이브를 대신하여 西藏 문자를 제정한 것으로 알려
진 것 같다. 그러나 그는 9세기경의 실존 인물로 7세기 중반에 문자를 제정한
송첸 감보 대왕 시대의 사람이 될 수가 없다.43) 다만 이러한 기사를 통하여
<팔장>이 티베트 문자의 제정에 이용되었음을 확인할 수 있다.

훈민정음의 모델이 된 元代의 파스파 문자는 7세기 중엽에 티베트의 吐蕃
왕국에서 제정한 티베트 문자, 즉 西藏 문자에서 온 것이다. 이 문자는 오늘날
에도 티베트에서 사용되는 표음문자로 매우 과학적인 音節 문자로 알려졌다.
주변의 漢字나 산스크리트문자, 로마자 등과 경쟁해서 살아남은 우수한 문자
로 평가된다. 元 世祖 때에 팍스파 라마가 제정한 파스파 문자는 바로 이 서장
문자에 근거한 것으로 字形도 유사하다. 다만 서장 문자가 모음자를 별도로
제정하지 않았으나 파스파 문자는 모음자를 喩母에 속한다고 하면서 7개 모음
자를 제정하였다.

4.3

훈민정음의 제정에서 현대 언어학자들이 가장 높이 평가하는 것은 中聲이

---

42) 톤미 삼보다의 문법은 파니니의 『八章(Aṣṭādhyāyi)』에 맞추어 『八論』으로 되었지만 『三
十頌(Sum-cu-pa)』와 『性入法(rTags-kyi 'jug-pa)』, 또는 『添性法』의 2권에 완결되어
전해진다. 내용은 파니니의 <팔장>과 같은 짧은 운문으로 된 티베트어의 문법서다.
43) 敦煌 出土의 문헌에는 吐蕃 왕국에 대하여 얼마간의 상세한 大臣이나 官吏의 명단이
있지만 어디에도 톤미 삼보다(Thon-mi Sam-bho-ta)의 이름은 보이지 않는다. 톤미
삼보다(Thon-mi Sam-bho-ta)는 실제 史書에 등장하는 유명한 譯經僧으로 9세기경의
사람이다. 따라서 7세기 중반의 티베트 문자 제정에 관여할 수가 없다. 반면에 톤미 아누
이브(Thon-mi Anu'i-bu)는 '-i'가 티베트어로 속격이므로 '톤미 아누'의 아들이이란 의
미도 된다. 학자들 사이에는 티베트 문자를 발명한 '톤미 아누'의 아들이 '톤미 삼보다'로
보기도 한다.

라는 모음을 따로 인정한 것이다. 실제로 훈민정음의 <해례본>에서는 「제자해」에서 "[전략] 中聲承初之生, 接終之成, 人之事也. 盖字韻之要, 在於中聲, 初終合而成音。[하략] – [전략] 중성은 초성을 이어받아 종성에 연결시켜 완성하니 [天地人 가운데] 사람의 일이다. 대체로 자운(韻母를 말함)의 요체는 중성에 있어서 초성과 종성을 합하여 음절을 형성한다."라고 하여 중성, 즉 모음의 중요성을 강조하였다.

고대인도의 毘伽羅論에서는 體文 35聲과 摩多 12音으로 구분하여 모두 47자의 梵字를 사용하였다. 悉曇이라는 이 음운들은 摩多 12개가 모음이며 이 모음자를 기본자로 본다는 기사가 불경에 전한다. 즉, 『大般涅槃經』(권8)에는 다음과 같은 기사가 있다.

迦葉菩薩復白佛言: 世尊云: 何如來說字根本? 佛言: 善男子、說初半字、以爲根本. 持諸記論、呪術·文章·諸陰·實法, 凡夫之人學是字本, 然後能知是法非法。迦葉菩薩復白佛言: 世尊所言字者、其義云何? 善男子有十四音、名爲字義。所言字者、名曰涅槃。常故不流、若不流者則爲無盡: 夫無盡者、卽是如來金剛之身、是十四音名曰字本。 – 가섭보살이 다시 여쭌 것에 대하여 부처님께서 말씀하셨다. "세존이시여, 어떤 것이 여래께서 말씀하신 글자의 근본입니까?" "선남자야, 처음에 반쪽 글자[半字]를 말하여 근본을 삼아 가지고 모든 언론과 주술과 문장과 5음의 실제 법을 기록하게 하였으므로, 범부들은 이 글자의 근본을 배운 뒤에야 바른 법인지 잘못된 법인지를 알 것이다." "세존이시여, 글자라는 것은 그 뜻이 어떠합니까?" "선남자야, 열네 가지 음을 글자의 뜻이라 이름하고, 그 글자의 뜻을 열반이라 한다. 그것은 항상 있는 것이므로 흘러 변하지 않는다. 만일 흐르지 않는다면 그것은 다함이 없는 것이며, 다함이 없는 것은 곧 여래의 금강 같은 몸이다. 이 열네 가지 음을 글자의 근본이라고 하는 것이다.

이러한 毘伽羅論의 음운에 대한 인식은 범어, 즉 산스크리트어에서 47개의 음운을 분석하여 문자화한 것이다. 唐의 智廣이 편찬한 『悉曇字記』(권1)에서는 梵語의 摩多와 体文을 해설하고 그 합성법을 18장으로 나누어 설명하였다. 이에 의하면 摩多 12음과 体文 35聲은 다음과 같다.

摩多 – 阿[a], 阿[ā], 伊[i], 伊[ī], 歐[u], 歐[ū], 藹[ä], 藹[ǟ], 奥[o], 奥[ō], 暗[aṃ],

病[ah]

体文 - 迦[ka], 佉[kha], 伽[ga], 哦[nga], 者[tsa], 車[tsha], 社[za], 社[zha], 若[na],
吒[ṭa], 他[ṭha], 荼[ḍa], 茶[ḍha], 拏[ṇa], 多[ta], 他[tha], 陀[da], 陀[dha], 那
[na], 波[pa], 頗[pha], 婆[ba], 婆[bha], 磨[ma], 也[ja], 囉[ra], 羅[la], 縛[va]
奢[śa] 沙[ṣa] 紗[sa], 訶[ha] 濫[lla], 又[cha], 乞灑[kṣa][44]

4.4

이와 같이 음운을 분석하고 이를 문자로 이해하도록 교육하는 것을 고대인
도에서는 半字敎라고 하였다. 불경의 半滿二敎는 半滿敎, 또는 半滿二字敎라
고도 하는데 半字論과 滿字論의 교육을 말한다. 半字論의 半字란 원래 범어의
산스크리트 문자의 자모를 가리키고 滿字敎의 滿字는 자모를 합성한 음절문자
를 말한다.

毘伽羅論에서 悉曇章은 글자의 자모를 가리키는 것이 半字論이고 滿字論은
毘伽羅論의 전체를 말한다. 즉, 음운과 문법으로 구별하는 것과 비슷하게 반자
론은 음운을 연구하고 비가라론은 음운의 결합으로 얻어지는 여러 언어 단위
들을 연구하는 분야로 나눈 것이다. 佛家에서는 이런 의미를 확대시켜서 반자
론을 小乘聲聞의 九部經을 말하고 만자론은 大乘方等의 경전을 망라한다고
비유한 것이다.

4.5

이와 같은 佛家의 음운 분석과 이를 문자로 인식하는 半滿二敎는 고스란히
여러 불경 속에 들어있어 고려대장경을 통하여 한반도에 수입된다. 중국의 宋
과 遼에서 수입된 대장경들은 고려에서 정리되어 간행된다. 소위 初雕대장경
이라 불리는 고려대장경은 契丹의 외침을 佛力을 빌려 막아보려는 고려 왕실
의 念願으로 고려 顯宗 2년(1011)에 시작하여 宣宗 4년(1087)에 완성된다.

그러나 이 초조대장경은 몽고군의 침입으로 소실되었다. 즉, 고려 고종 23년
(1236) 6월에 있었던 제3차 침입에서 몽골군은 전라도와 경상도를 蹂躪하여
大邱 符仁寺에 간직해온 初雕대장경의 冊版을 모두 불태웠다. 이로 인한 고려

---

44) 梵字는 전산 지원이 안 된다. 摩多 12음과 体文 35성의 발음 표기는 필자가 시도한 것이다.

인들의 충격은 매우 컸으며 몽고군의 침략을 부처님의 가호로 막을 수 있기를
바라면서 다시 대장경을 간행한다. 이렇게 시작된 再雕대장경은 江華로 遷都
한 이후 고종 23년(1236)에 설치된 大藏都監의 本司에서 武臣정권의 우두머리
였던 崔怡(구명은 瑀)가 捐財하여 간판한 것이 있고 고종 30년(1243)에 南海의
대장도감 分司에서 鄭晏(구명은 奮)이 재물을 내어 판각한 것이 있다.

南海 分司에서 간판한 후자의 대장경판은 108,621판이어서 江華의 本司에
서 판각한 전자의 45,675판에 비교하면 절대 다수가 분사에서 판각되었음을
알 수 있다. 재조대장경으로 간행한 책판 154,296판의 70%을 남해의 분사에서
간판한 것이다. 재조대장경에는 藏外板의 補遺를 末尾에 붙였다. 이 보유는
분사도감에서 새긴 7종 183권 4,623판과 본사도감에서 훗날 새긴 4종 16권 543
판이 있다. 그밖에 고려 말과 조선 전기 사이에 새긴 4종 32권 1,186판을 앞의
것과 합치면 대장경판은 모두 160,648판이 된다. 이 藏外板의 보유는 조선 고
종 2년(1865)에 재조대장경에 합쳐졌다. 이렇게 두 번째로 판각한 것이 再雕대
장경이고 이것이 오늘날에 海印寺에 소장되어 8만 대장경으로 불리는 고려대
장경이다.

4.6

고려대장경 속에 포함되어 들어온 毘伽羅論은 조선 초기의 여러 學僧들에
의해서 깊이 연구된다. 그리하여 그들은 초, 중, 종성으로 음운을 분석하고 이
를 다시 조음방식과 조음위치로 나누어 분류하였다. 초성, 즉 음절 초(onset)
자음의 경우에는 조음위치의 七音, 즉 牙음, 舌음, 脣음, 齒음, 喉음, 半舌음,
半齒音으로 나누어 연구개음, 치경음, 양순음, 경구개음, 성문음, 流音, 유성경
구개음을 구별하였고 조음방식으로는 全清이라 하여 무성무기음을 구별하고
次清의 유기음, 불청불탁의 비음, 전탁의 유성음을 찾아내었다. 더욱이 전탁의
유성 자질이 우리말에 변별적이지 못함도 인식하였다.

中聲, 즉 모음의 경우에는 조음위치에 따라 聲深(후설), 不深不淺(중설), 聲
淺(전설)로 구별하고 입술 모양에 따라 闔(폐모음), 闢(개모음)으로 구분하였
으며 비성절음으로 'ㅣ'를 인정하여 다른 모음들과 자유롭게 결합하여 이중모
음을 만들 수 있다고 보았다. 그리고 음운의 대립이란 개념을 이해하여 이미

500년 전에 모음을 대립적으로 인식하였다. 즉, 河圖와 洛書의 生位成數의 개념을 도입하여 훈민정음 중성의 대립적 존재를 매우 난해하게 설명하였다.[45] 이로 인하여 훈민정음은 현대의 조음음성학 이론으로 보아도 전혀 손색이 없는 음소문자가 된 것이다. 모두 佛家의 毘伽羅論으로부터 얻어낸 음성학적 지식이 새 문자 창제의 기본 이론으로 작용한 때문이다.

5. 주변 민족의 표음 문자 사용과 한글의 제정

5.0

세종이 새 문자를 제정한 직접적인 동기는 주변 민족의 표음문자 제정과 깊은 관련이 있다. 한반도의 주변국가와 그곳에 거주하는 민족들은 한자를 借字하여 표기하였는데 여기에는 많은 무리가 있어서 새로운 표음문자를 만들어 사용하는 전통이 있었다. 이러한 전통이 한글 제정의 기본적이고 직접적인 동기로 본다. 특히 고려와 밀접한 관계에 있었고 조선의 건국에 많은 영향을 끼친 몽고의 元에서 제정한 파스파 문자의 영향은 매우 컸다고 아니 할 수 없다.[46]

지금까지 대부분의 국어학자들, 특히 훈민정음 연구자들은 한글에 대하여 "영명하신 세종대왕이 사상유례가 없는 문자를 독창적으로 만드셨다"라는 神話 속에 살고 있다. 어떻게 이렇게 과학적이고 우리말 표기에 적절한 문자를 제정하게 되었는가에 대해서 더 깊이 연구할 생각이 없는 것 같다. 그리고 독창적으로 만든 것이라 주변의 다른 문자와 비교하는 것은 매우 禁忌로 여겼다.

---

45) 이에 대하여는 졸고(2002)에서 자세하게 설명하였다. 특히 河圖의 이론에 의거한 生位成數의 개념이 '남과 북', '물과 불', '하늘과 땅'과 같이 방위와 오행으로 음운의 대립 존재를 분명하게 보이려고 한 것임을 밝혔다.

46) 朝鮮을 건국한 李成桂의 아버지로서 한글을 창제한 世宗의 曾祖父인 李子春이 元에 귀화하여 몽골어의 이름 ᠤᠯᠦᠰ ᠪᠤᠬᠠ(Ulus-Buqa, 吾魯思不花)으로 행세하였다. 元에서 千戶의 '다루가치(達魯花赤)'를 지냈으며 恭愍王 6년(1356) 고려가 雙城摠管府를 탈환할 때 고려에 귀순하였다. 이씨의 조선이 건국초기에 어느 정도 몽고의 영향을 받았을지 짐작이 되는 대목이다.

그러나 세계의 문자학계에서는 한글과 파스파 문자가 동일 계통의 문자로 생각하고 이들은 티베트의 西藏 문자로 소급되며 결국 남셈(Southern Semitic) 문자로 歸屬시킨다.

그러나 세종의 새 문자 창제와 관련한 많은 기록에서 몽고문자, 梵字의 영향을 받았다고 쓰고 있다. 과연 한글은 어떤 문자와도 관련이 없으며 전혀 새롭게 만들어진 문자일까?

5.1

중국과 그 주변의 여러 민족은 다양한 언어를 가졌다. 그런데 중국어는 기본적으로 문법구조가 孤立的이어서 단어의 屈折도 없고 어미와 조사의 添加도 아주 제한적이었다. 이러한 역할의 대부분을 語順에 의거하는 언어가 고립어(isolating languages)이다.[47] 그러나 중국과 불교의 전래로 접촉하게 된 고대 인도를 비롯한 서역의 몇몇 언어들은 굴절적인 문법구조의 언어이어서 문장 속에서 각기 단어들은 굴절에 의하여 그 통사적인 기능을 발휘한다. 이 언어들은 보통 굴절어(inflective languages)라고 부르며 이 언어들에서 語順은 부차적인 것이다.

반면에 중국의 동북방에 널리 퍼져있는 소수민족의 언어는 교착적인 문법구조를 가져서 문장 속에서 통사적 기능은 전혀 어미와 조사에 의존한다. 교착어(agglutinative languages)라고 불리는 이 언어들은 어미와 조사, 그리고 각종 添辭가 발달하여 문장 속에서 단어 간의 관계는 이들이 담당하고 어순은 별로 역할을 하지 못한다. 예를 들어 '나'라는 단어는 문장 안에서 "나는, 내가, 나를, 나의 나에게" 등으로 조사가 첨가되어 사용되고 '먹-'이란 단어는 "먹다, 먹으니 먹어서, 먹고"와 같이 어미가 결합하여 사용된다.[48]

---

47) 문법구조에 의한 언어의 분류는 3분법이 유명하지만 4분법과 다양한 분류방식이 言語類型論에서 유행하였다.

48) 반면에 중국어 '我'는 "我愛你, 罵我, 給我"와 같이 어형이 변하거나 조사의 첨가가 없이 어순에 의하여 주격, 대격, 여격으로 변한다.

5.2

漢字는 表意 문자이어서 단순한 문법적인 기능의 어미와 조사를 표기하기 어렵다. 따라서 교착적인 문법구조의 언어를 한자로 표기하려면 어미와 조사를 따로 표기하는 장치를 만들어야 한다. 신라와 고려, 그리고 조선시대에 한자를 빌려 우리말을 표기할 때에 어미와 조사를 표기하기 위하여 口訣이나 吐를 고안하여 사용하였다. 물론 이러한 문법 형태를 표기하는 한자는 없으므로 한자의 발음이나 새김을 빌려 표기할 수밖에 없었다.

반면에 梵語와 같이 굴절적인 언어를 한자로 표기하기 위해서는 많은 虛辭의 한자를 만들지 않을 수 없어서 범어의 佛經을 중국어로 번역할 때에 허사를 포함한 한문을 쓸 수밖에 없었다. 한문으로 번역된 불경을 이해하기 위해서는 이러한 梵語와 중국어의 문법적 차이를 파악하지 않으면 안 된다. 佛敎의 전래로 漢文과 梵文의 차이를 인식하게 되었고 그로부터 중국어의 한문과 자국어의 한자표기의 차이를 깨닫게 된 중국의 북방민족들은 스스로 자신들의 언어를 표기하게 적당한 문자를 摸索하기 시작하였다.

그 시작은 高句麗와 渤海라고 추정되지만 고구려 문자와 발해문자에 대한 연구는 그 남아있는 자료가 얼마 되지 않아서 제대로 연구가 이루어지지 않았다.[49] 후대에 이 두 나라의 故土에 나라를 세운 契丹의 遼와 女眞의 金은 각기 한자를 변형시킨 契丹 문자와 女眞 문자를 제정하여 자민족의 거란어와 여진어를 기록하였다. 고구려의 영향을 받은 일본은 역시 한자로부터 온 假名 문자를 사용하였다. 모두 한자를 변형시켜 제정한 문자들이다.

오늘날 세계 문자학계에서 중국의 한자를 사용하다가 이의 불편함을 깨닫고 스스로 표음문자를 제정하여 자국어를 표기한 것은 7세기 중반에 티베트의 吐蕃 왕국에서의 시작되었다고 본다. 앞에서도 언급되었지만 기원후 650년경에 지금은 중국의 西藏이라고 불리는 티베트 지역의 吐蕃에서 松贊干布 (Srong-btsan Sgan-po) 대왕이 자신의 신하를 인도에 파견하여 그곳에서 발

---

49) 고구려와 발해에서 한자와 다른 문자들이 많이 瓦當이나 金石 등에 새겨있다. 아직 해독도 불가능하고 어떤 문자인지 알기 어렵지만 아마도 고구려어와 발해어를 표기하기 위하여 한자를 변형 시켜 만든 문자로 볼 수 있다. 이에 대한 연구가 더 진전되기를 바라는 마음 간절하다.

달된 음성학과 문자학을 학습하게 하고 귀국시킨 후에 그로 하여금 표음문자
인 티베트 문자를 제정하게 하고 이를 왕국의 공용문자로 반포하였다. 이렇게
제정된 西藏 문자, 또는 티베트 문자는 주변의 다른 언어의 표기에도 사용되었
고 지금도 티베트어를 표기하는데 사용된다.

이 문자는 고립적인 문법구조의 중국어 표기를 위하여 고안된 한자에 비하
여 티베트어의 표기에 매우 적절하였다. 현대에도 이 문자는 티베트어 표기에
사용되고 있는 것이 그 증거이며 여러 字体를 개발하였다.[50] 그리고 당시 吐蕃
왕국의 주변에 퍼져있던 非 孤立的인 언어들의 표기에도 이 문자가 이용되었
다. 이와 같이 토번 왕국에서 새로운 문자의 제정이 성공하자 중국의 북방민족
들 사이에는 새로운 국가를 세우면 새로운 문자를 제정하는 전통이 생겨났다.

5.3

吐蕃 왕국에서 7세기 중반에 티베트 문자를 제정하여 성공한 이후 渤海의
故士에 새로운 국가를 세운 契丹의 遼에서도 10세기 초의 건국 초기에 거란문
자를 제정하여 국가의 공용문자로 삼았다. 이 지역은 전통적으로 고구려의 영
향을 받아 한자를 변형시킨 문자를 사용하여 자국의 언어를 기록하는 전통이
남아있었다. 다만 앞에서 언급한 바와 같이 발해와 고구려의 문자에 대한 연구
가 아직 이루어지지 않았기 때문에 이에 대하여는 아직 거론하기에 이르다.

거란 문자(Khitan script)는 大字(large)와 小字(small)가 있는데 서기 916년
에 遼 太祖 耶律阿保機가 나라를 세운 뒤에 얼마 되지 않은 神冊 5년(920) 정월
에 契丹大字를 만들기 시작하여 9월에 완성하고 이를 頒行하라는 詔勅을 내렸
다고 한다.[51] 이때에 遼 태조를 도와 한자를 변형시켜 거란대자를 만든 사람은
突呂不과 耶律魯不古인 것 같다.[52] 神冊 5년(920)에 遼 태조의 詔勅으로 반포

---

50) 티베트 문자의 여러 字体에 대하여는 졸저(2009:147~8)를 참고할 것.
51) 『遼史』(권2) 「太祖紀」에 "神冊, 春正月乙丑, 始制契丹大字。[중략] 九月壬寅大字成, 詔
頒行之。"이란 기사 참조(졸고, 2010).
52) 『遼史』(권75) 「突呂不傳」에 "突呂不, 字鐸袞, 幼聰敏嗜學, 事太祖見器重。及制契丹大字,
突呂不贊成爲多。未几爲文班林牙, 領國子博士、知制誥。 – 돌려불은 자가 탁곤이며 어
려서 총민하고 학문을 좋아하였다. 태조[요 태조 야율아보기를 말함]가 그릇이 무거움
을 알았다. 거란문자를 지을 때에 도와서 이룬 것이 많았고 문반에 들어가 한림에 이르

된 契丹國字가 바로 '契丹大字(Khitan large script)'이다.

契丹 小字는 이보다 몇 년 후에 遼 태조의 동생(皇弟)인 迭剌이 위구르의 使節들을 만나 그들의 표음적인 문자로부터 배워서 만든 문자다. 즉 元代에 脫脫이 撰修한『遼史』(권 64)「皇子表」에 "迭剌, 字云獨昆。[중략] 性敏給, [중략] 回鶻使至, 無能通其語者。太后謂太祖曰, '迭剌聰敏可使'遣迓祉。相從二旬, 能習其言與書, 因制契丹小字, 數少而該貫。 ─ 질랄은 자(字)가 독곤(獨昆)이다. [중략] 성격이 총민하고 원만하였다. 위구르(回鶻)의 사신이 도달하였는데 그 말에 능통한 사람이 없었다. 太后가 太祖(요의 태조를 말함)에게 말하기를 '질랄(迭剌)이 총민하니 가히 쓸 만합니다'하니 [그를] 보내어 [사신들을] 맞이하게 하였다. 서로 상종하기를 20일간 하여서 능히 그 말과 글을 배워 거란 소자를 제정하였는데 글자 수는 적으나 모두 갖추고 꿰뚫었다"라고 하여[53] 위구르(回鶻) 사신들에게 위구르 문자를 배워 거란소자를 지었음을 말하고 있다(졸저, 2009:28~130).

이 문자가 바로 契丹 小字(Khitan small script)로서 大字보다 표음적인 문자로 알려졌다. 오늘날 남아있는 거란문자의 자료 가운데 대자와 소자를 분명하게 구별하기 어려우나 여러 가지 방법이 개발되어 대, 소자의 구분과 거란문자의 해독에 많은 진전이 있었다(졸고, 2010). 거란문자는 遼가 멸망(1125)한 이후에도 사용되었으며 여진족의 金이 건국 이후인 明昌 2년(1191)에 이 문자를 폐지하라는 詔令(詔罷契丹字)이 있기 전까지 300여 년간 북방 지역의 문자로 사용되었다.

5.4

거란의 遼가 망하고 여진족의 金이 선 다음에도 새로운 문자 제정의 전통은 그래도 이어진다. 女眞族의 完顔部 酋長이었던 아구다(阿骨打)가 주변 여러

지는 못하였으나 국자학 박사, 지제고를 지냈다."이라는 기사와 동서(同書, 권75)「耶律魯不古傳」에 "耶律魯不古, 字信貯, 太祖從侄也。初太祖制契丹國字, 魯不古以贊成功, 授林牙, 監修國史。 ─ 야율노불고는 자가 신저이고 태조의 從侄(조카)이다. 처음에 태조가 거란 국자를 만들 때에 도와서 성공시켜서 임아(林牙, 遼나라의 관직으로 翰林에 해당함)를 주고 國史를 監修하게 하였다"라는 기사를 참조(졸고, 2010).

53) 清格爾泰 외 4인(1985:4)에서 재인용함.

부족을 통합하여 나라를 세우고 宋의 政和 5년(1115)에 金이라 하였으며 太祖가 되었다. 그는 통치를 위한 문자가 없어 完顔希尹(본명은 谷神)에게 명하여 한자의 楷書字를 변형하여 표음적인 여진자를 만들게 하였으니 이것이 女眞大字(Jurchen latge script)다. 즉『金史』(권73)「完顔希尹傳」에 "太祖命希尹撰本國字備制度, 希尹依漢人楷字, 因契丹字制度, 合本國語制女眞字。天輔三年八月字書成, 太祖大悅命頒行之。 - 태조가 희윤(希尹)에게 명하여 본국의 글자를 지어 제도를 마련하라 명하였다. 희윤이 한인들의 해서체의 한자에 의거하고 거란자에 따라 나라의 말에 맡는 여진자를 제정하였다. 천보(天輔) 3년 8월에 글자가 완성되니 태조가 크게 기뻐하여 반포해서 사용하라고 명하다"라하여 위와 사실을 확인할 수 있다.

이 기사에 의하면 契丹字에 맞추어 만들어진 여진 대자(Jurchen large script)가 天輔 3년(1119)에 글자가 만들어져서 勅命으로 반포되었음을 알 수 있다. 후에 제3대 熙宗(在位 1135~1149)이 다시 만든 여진자는 女眞小字라고 불렀는데 역시『金史』(권4)「熙宗 天眷 元年 正月」조에 "頒女眞小字。皇統五年五月戊午、初用御製小字。 - [희종 천권 원년 정월에] 여진소자를 반포하다. 황통 5년(1145) 5월 무오에 처음으로 왕이 지은 소자를 사용하였다"라는 기사가 있어 天眷 원년(1138)에 처음으로 御製 小字를 만들어 반포하였음을 알 수 있고 이것이 女眞小字(Jurchen small script)이며 모두가 거란문자의 대·소자를 따른 것이다.

이 여진문자에 대한 연구는 이 문자에 대한 몇 개의 자료, 즉 明代에 편찬된 여진어와 漢語의 대역 어휘집이며 例文集인『女眞館譯語』[54]을 위시하여 金代의「大金得勝陀頌碑」(1185), 明代의「奴兒汗都司永寧寺碑」(1413) 등의 碑文과符牌, 銅鏡에 새긴 문자들이 있다. 이들은 여러 變形이 있지만 기본적으로 거의 같은 종류의 字形으로 쓰였다(졸저, 2009:134~136). 그러나 여진문자로 쓰인 자료들의 해독은 매우 지지부진하다. 한 때 거란문자의 자료를 어진문자로 오해하는 등의 소동도 있었다. 두 문자가 모두 교착적인 문법구조의 거란어와 여진어 표기를 위한 것이라 그 차이를 쉽게 구별하기 어려웠기 때문이다.

---

54) 이 자료는 明代 四夷館에서 간행한『華夷譯語』의 하나로 '永樂女眞譯語'라고도 불린다.

우리의 관심은 왜 거란문자가 통용되고 있었음에도 불구하고 金에서는 여진문자를 새로 만들었는가 하는 문제다. 그것은 첫째 이유가 거란어는 몽골 계통의 언어임에 비하여 여진어는 만주•퉁구스 계통의 언어여서 두 언어의 문법구조와 형태부가 조금씩이지만 서로 달랐기 때문일 것이다. 둘째 이유는 새로운 문자를 제정하여 자신들의 추종 세력에게 이 문자를 교육하고 시험하여 관리로 임명함으로써 통치 계급의 물갈이를 도모한 것이 아닌가 한다, 특히 둘째 이유가 새 국가를 건국하면 새 문자를 제정하는 중요한 이유라고 필자는 생각한다.

5.5

金은 유라시아 북방의 스텝지방을 席捲한 몽골에 의해서 멸망한다. 金의 뒤를 이어 스텝의 주인이 된 몽골족은 원래 유목민족이어서 문자가 없고 木契 나 結草 등의 방법으로 소식을 전하였으나[55] 칭기즈 칸(成吉思汗)을 중심으로 勃興한 몽골족은 중앙아시아의 모든 민족을 정복하고 大帝國을 세우게 되자 제국의 통치를 위한 문자가 필요하게 되었다.

또 吐蕃의 西藏 문자 제정 이래로 遼와 金에서 국가를 건립하면 새로운 문자를 제정하여 통치문자로 삼는 것이 慣例가 되었으므로 몽골도 이것을 본받아 위구르 문자를 차용하여 몽고어를 기록하는 문자 정책을 실시하였다. 전통적으로 위구르 족으로 불리는 종족이 8세기 중엽에 突厥을 쳐부수고 몽골 고원에 위구르 可汗國을 세웠다. 그러나 이 나라는 9세기 중엽에 이르러 키르기스(Kirgiz)족의 공격을 받아 潰滅하였고 위구르 족은 남쪽과 서쪽으로 나뉘어 敗走하였다. 남쪽으로 도망간 위구르 족은 唐으로의 망명이 이루지지 않아서

---

55) 이에 대하여는 趙珙의 『蒙韃備錄』에 "今韃之始起並無文書。凡發命令遣使往來，止是刻指(說郭本作止)以記之。爲使者雖一字不敢增損，彼國俗也。"라는 記事나 李心傳의 『建炎以來朝野新記』乙集，卷19에 "韃靼亦無文字，每調發兵馬，卽結草爲約。使人傳達急於星火，或破木爲契，上刻數劃，遇發軍以木契合同爲驗。"라는 기사에 의하면 몽골이 원래 문자가 없고 木刻이나 結草로 통신을 하였음을 알 수 있다. 또 木刻에 대하여는 『黑韃事略』(彭大雅、徐霆 著) "霆嘗考之，'韃人本無字書。[중략] 行於韃人本國者，則只用小木。長三四寸刻之四角。且如差十馬則刻十刻，大率以刻其數也。其俗淳而心專，故言語不差。其法說謊者死，故莫敢爲僞。雖無字書，自可立國。此小木卽古木契也。"(羅常培·蔡美彪，1959 :1에서 재인용)이라 하여 木刻의 사용 방법을 명시하였다.

뿔뿔이 흩어졌다. 서쪽으로 향한 위구르 족의 일부가 현재 중국의 甘肅省에
들어가 그곳에 王國을 세웠다가 11세기 초엽에 李元昊의 西夏에 멸망하였다.

한편 현재의 新疆省 위구르 自治區에 들어간 별도의 一派는 9세기 후반 당
시의 焉耆, 高昌, 北庭을 중심으로 한 광대한 지역에 '西 위구르 王國'으로 일반
에게 알려진 국가를 건설하였다. 이 나라도 13세기 전반 몽골족의 勃興에 의하
여 멸망을 길을 걷게 되었고 결국은 사라지게 되었다(龜井 孝·河野六郞·千野
榮一, 1988:739). 이것이『元史』에 등장하는 나이만(乃蠻)으로 보이며 우수한
문명을 가졌던 이 나라는 몽고 문화에 지대한 영향을 주었다.

칭기즈 칸은 乃蠻(Naiman)을 정복하고 포로로 잡아온 위구르인 塔塔統阿
(Tatatunga)로 하여금 위구르 문자로 몽고어를 기록하는 방법을 고안하여 태
자 오고타이(窩闊臺)와 여러 가한(諸汗)에게 가르쳤다.56) 이것이 몽고 위구르
자(畏兀字, Mongolian Uigur alphabet)라고 불리는 몽고인 최초의 문자로 초
기에는 維吾爾(위구르) 문자라고 불리기도 하였다.57) 이 문자는 만주족의 淸

---

56) 이에 대하여는『元史』에 "塔塔統阿畏兀人也。性聰慧, 善言論, 深通本國文字。乃蠻大歝
可汗尊之爲傅, 掌其金印及錢穀。太祖西征, 乃蠻國亡, 塔塔統阿懷印逃去, 俄就擒。帝詰
之曰: 大歝人民疆土悉歸於我矣, 汝負印何之? 對曰: 臣職也。將以死守, 欲求故主授之
耳, 安敢有他? 帝曰: 忠孝人也。問是印何用? 對曰: 出納錢穀委任人才, 一切事皆用之,
以爲信驗耳。帝善之, 命居左右。是後凡有制旨, 始用印章, 仍命掌之。帝曰: 汝深知本國
文字乎? 塔塔統阿悉以所蘊對, 稱旨遂命敎太子諸王, 以畏兀字書國言。─타타퉁아는
위구르 사람이다. 천성이 총명하고 지혜로우며 言論을 잘 하였고 자기 나라 글자(위구
르 문자를 말함─필자)를 깊이 알았다. 乃蠻의 大歝可汗(나이만의 황제를 말함))이 존경
하여 스승을 삼고 금인(金印) 및 돈과 곡식을 관장하게 하였다. 태조(칭기즈 칸을 말함)
가 서쪽으로 원정하여 나이만의 나라를 멸망시켰을 때에 타타퉁아가 金印을 안고 도망
을 갔다가 곧 잡혔다. 황제(칭기즈칸을 말함─필자)가 따져 물었다. '대양(大歝)의 인민
과 강토가 모두 나에게로 돌아왔거늘 네가 금인을 갖고 무엇을 하겠는가?' [타타퉁아가]
대답하여 말하기를 '신(臣)의 직분입니다. 마땅히 죽음으로써 지켜서 옛 주인이 주신
바를 구하려고 한 것일 뿐 어찌 다른 뜻이 감히 있겠습니까?' 황제가 말하기를 '충효한
인물이로다. 묻고자 하는 것은 이 인장을 무엇에 쓰는 것인가?' 대답하기를 '전곡 출납을
위임받은 사람이 일체의 일에 모두 이것을 사용하여 믿고 증명하려는 것일 뿐입니다.'
황제가 좋다고 하고 [타타퉁아를 황제의] 곁에 두도록 명하였다. 이후로부터 모든 제도
를 만드는 명령에 인장을 사용하기 시작하였고 [타타퉁가가] 명을 받들어 이를 관장하
였다. 황제가 말하기를 '네가 너의 나라의 문자를 깊이 아느냐?' 하였더니 타타퉁아가
모두 알고 있다고 대답하였다. [그는] 황제의 뜻으로 태자와 여러 왕들에게 위구르 문자
로 나라의 말(몽고어를 말함─필자)을 쓰는 것을 가르치는 명령을 수행하였다(『元史』
124권「列傳」제11 '塔塔統阿'조)"라는 기사 참조.

의 공식 문자였으며 지금도 몽고 인민공화국의 공식 문자로 사용된다.

5.6

한글에 직접적인 영향을 준 것은 몽골의 元에서 제정된 파스파 문자다. 앞에서 吐蕃의 톤미 아누이브가 고대 인도의 음성학에 의거하여 표음적인 서장문자를 제정하여 자민족의 언어를 표기하였음을 언급하였는데 이러한 전통을 이어 받아 몽고어와 한자의 한어음을 표기하기 위한 표음문자로 제정된 것이 파스파 문자다. 중국의 宋을 멸하고 元을 건국한 쿠빌라이 칸도 吐蕃의 팍스파 라마로 하여금 표음문자를 제정하게 하여 이를 추종자들에게 교육시키고 이를 시험하여 관리로 임명함으로써 통치계급의 교체를 도모하였다.58)

파스파 문자를 제정한 팍스파 라마는 티베트의 吐蕃 왕국 출신으로 토번이 칭기즈 칸의 몽고군에 멸망하자 쿠빌라이 칸에 歸依하였으며 元 世祖 쿠빌라이 칸은 그를 國師로 추대하여 천하의 敎門을 통솔하게 하였다. 그는 황제의 명에 따라 티베트 문자를 변형시켜 몽고어와 한자의 표준음을 기록하는 표음문자로 파스파 문자를 제정한 것이다.

그는 티베트 문자를 제정할 때에 기본 이론이었던 고대인도 음성학의 이론에 맞추어 발음 위치와 발음 방식에 따라 한자의 음절 초 자음, 즉 字母를 분류하였다. 그리고 그 각각에 티베트 문자를 변형시킨 문자를 대응시켜 한자음 표기에 유용한 문자를 만들었으니 이것이 바로 파스파 문자이다.

元 世祖의 칙명으로 파스파 문자를 제정한 팍스파 라마(八思巴 喇嘛, ḥP'ags-pa Lama, Tib. [이미지], hP'ags-pa bLa-ma)는 薩斯嘉(Sa-skya, Tib. [이미지], Sa-skya)사람이며 藏族인 사키야 판디타(Sakya Pandita, Tib. [이미지], sa-skya paṇḍita)의 조카다.59) 土蕃 출신으로 이름은 로도이 쟐트산

---

57) 몽고어의 문자 표기에 대하여는 Vladimirtsov(1929:19), Poppe(1933:76)를 참고할 것.
58) 元의 몽고 帝國에서는 파스파 문자를 제정한 다음에 이를 보급하고 추종 세력들에게 이를 교육하기 위하여 蒙古字學이란 학교를 각 路(지금의 省, 우리의 道와 같음)에 세우고 京師에는 國子學을 설치할 뿐만 아니라 諸王들의 산하에 있는 千戶까지도 蒙古字를 배우게 하였다. 그리고 몽고의 귀족이나 漢族의 관리 자제 중에 우수한 사람들을 입학시켜 몽고자를 학습하게 명령했다고 한다(羅常培·蔡美彪, 1959).
59) 몽고 문학에서 널리 알려진 작품 Subhāṣitaratnanidhi는 사키야 판디타의 저작이며 여러 번

(Lodoi Ĵaltsan, Tib. ḅLo-gros rgyal- mts'an, ▨▨▨▨)이고 쟌쟈 소드남쟐 트산(Ĵanĵa Sodnam- ĵalsan, Tib. Zaṅs-ts'a bsod-nams rgyal-mts'an ▨▨▨▨▨▨)의 아들이며 姓은 ▨(mK'on)이다. 八思巴는 '聖童'이란 뜻이다 (Poppe, 1957: 3).[60] 이미 7세 때에 經書 수십만 言을 능히 외웠으므로 國人이 그를 성스러운 아이라는 뜻의 '팍스파(八思巴, 八思馬, 帕克斯巴)'로 불렀다고 한다(『元史』 권202, 「傳」 第89 '釋老 八思巴'조, 졸저, 2009:133~134).

5.7

팍스파 라마는 자신의 모국인 티베트 글자를 增減하고 字樣을 개정하여 蒙古新字를 만들었다.[61] 이렇게 만들어진 파스파 문자는 元 世祖, 즉 쿠빌라이 칸에 의하여 至元 6년(1269)에 황제의 詔令으로 반포한다. 보통 八思巴字, 蒙古新字, 國字라고 하여 蒙古 위구르자(畏兀字)와 구별한다. 또 모양이 四角이므로 帖兒眞, 帖兒月眞(dörbelĵin)으로 불리기도 한다. 원래 몽골어로는 dörbelĵin üsüg, 외국어로는 영어 ḅPags-pa script, 프랑스어 écriture carrée, 독일어 Quadratschrift, 러시아어 квадратная письменность로 불린다 (Poppe, 1957:1). 그러나 최근의 영어에서는 구분부호(diacritical mark)를 모두 없애고 팍스파 문자(Phags-pa Script)로 통일하여 부른다(졸저, 2009). 현대 중국의 普通話로 '八思巴'는 '파스파'로 발음되므로 여기서는 '파스파' 문자로 통일하였다.[62]

중국에서는 몽골의 元을 中原에서 쫓아낸 明 태조 朱元璋이 이 문자를 胡元의 殘滓로 보아 철저하게 廢絶시켰기 때문에 明代에는 물론 淸代까지 파스파

몽고어로 번역되어서 지금도 판본이 많이 남아있다. 이에 대하여는 Vladimirtsov(1921:44), Ligeti(1948 :124)를 참고할 것.

60) Poppe(1957)의 팍스파에 대한 소개는 G. Huth가 번역하여 편찬한 티베트의 ▨▨▨ hor- č'os-byuri(religious doctrine, 傳)에서 인용한 것이다. 이 책은 비교적 상세하게 팍스파의 일대기가 소개되었다.

61) 몽고 畏兀字에 대하여 파스파자를 蒙古新字라고 한 것이다.

62) 필자의 '파스파'란 명칭이 일본어의 パスパ에서 왔다는 억측이 있다. 일본어의 パスパ나 필자의 파스파가 모두 八思巴의 현대 普通話 발음에 의거한 것임을 밝히면서 모든 것을 倭色으로 몰아붙이려는 몇몇 국수주의 연구자들의 풍토에 啞然失色하지 않을 수 없다.

자란 이름을 사용하기를 꺼렸다. 그리하여 오늘날 중국에는 파스파 문자로 편
찬된 문헌이 거의 남아있지 않다. 明이 건국한 이후 高麗와 朝鮮에서도 四角문
자란 뜻의 帖兒月眞, 帖月眞으로 부르거나 그냥 '字樣(글자 모양)'이라 하였
다.63)

　　그러나 元 帝國의 영향을 크게 받았던 고려 후기와 조선 초기에는 이 파스파
문자를 사역원에서 교육하였고 많은 識者들이 이 문자를 발음기호로 하여 한
자의 正音과 俗音, 즉 漢語音을 학습하였다. 따라서 이 표음문자는 조려와 조
선의 유식자들이 익히 알고 있는 문자였으며 당연히 한글의 제정에 많은 영향
을 주었다. 졸저(2009)를 비롯하여 졸고(2009, 2011a,b, 2012, 2013)에서 훈민장
음의 제정과 파스파 문자의 영향에 대하여 언급하였다.

6. 한글에 끼친 파스파 문자의 영향

6.0

　　앞에서 논의한 것과 같이 중국 북방민족들의 한자에서 벗어나 교착적인 자
국어를 표기하기 위하여 새로운 문자를 끊임없이 모색한 결과로 훈민정음이란
새 글자가 제정된 것이다. 결코 "영명하신 세종대왕이 사상 유례가 없는 글자
를 독창적으로 만드신 것"이 아니다. 세종대왕은 이 모든 문자의 제정에 대하
여 깊이 알고 있었다. 당연히 그러한 문자로부터 영향을 받았을 것은 자명한
사실이다. 우리가 그런 사실들을 외면한 탓에 그 문자들과의 관계가 전혀 밝혀
지지 않았을 뿐이다.

　　본고에서는 그동안 필자가 주장해 온 한글과 파스파 문자의 관계를 다시
한 번 敷衍해 보기로 한다.

---

63) 이에 대하여는 졸저(2009:141)에서 "아마도 朝鮮시대는 이미 明의 눈치를 보아서 蒙古新
　　字, 國字, 八思巴字 등의 호칭이 어려웠기 때문에 字樣, 즉 '글자 모양'이란 애매한 호칭
　　으로 파스파 문자를 불렀던 것으로 볼 수 있다. 그리고 이 기사는 벌써 이때에 조선에서
　　는 몽고 위구르문자만 알고 파스파자를 알지 못하는 몽고어 역관도 많았음을 아울러
　　알려 준다"라고 보았다.

6.1

필자는 한글이 元代 쿠빌라이 칸이 팍스파 라마를 시켜 제정하여 至元 6년 (1269)에 황제의 詔令으로 반포한 파스파 문자와 깊은 관련이 있다고 주장하였다(졸고, 2008a,b,c 및 2009). 먼저 만든 글자의 수효가 유사하고 초성, 중성, 종성으로 나누어 문자를 배열한 것도 같으며 무엇보다도 첫 글자가 牙音의 全淸字인 'ㄱ(君字初發聲)'이고 이어서 次淸의 'ㅋ(快字初發聲)', 全濁의 'ㄲ(虯字初發聲), 不淸不濁의 'ㅇ(業字初發聲)'의 순으로 製字한 것은 전혀 파스파 문자의 제정 방식과 동일하다.

물론 이것은 파스파 문자가 기반으로 삼은 티베트 문자와도 같다. 파스파 문자의 첫 글자는 '見/ㄱ [k]/, 溪/ㄷ [kh]/, 群/ㅠ [g]/, 疑/ㄹ [ng]/ 이고 티베트 문자의 첫 글자도 'ka, kha, ga, nga'이어서 이 두 문자의 첫 글자는 모두 같다.64) 한글의 첫 글자가 /ㄱ/인 것은 이 문자의 영향을 받았음을 웅변으로 말하는 것이다. 이 문자들이 모두 고대인도의 毘伽羅論에 입각하여 문자를 제정하였기 때문이다.

파스파 문자의 모음은 36자모의 喩母에 포함된다고 보았다. 그리하여 모음자를 단독으로 사용할 때에는 반드시 喩母 /ㅎ/를 앞에 두었다. 예를 들면 ㅌ ㅑ [u], [ö](파스파자는 옆으로 뉘었음)와 같이 음가가 없는 /ㅎ/를 앞에 쓴다. 훈민정음에서도 모든 中聲字들이 欲母에 속한다고 보아 중성자들을 단독으로 쓸 때에는 欲母 /ㅇ/를 붙여 '아, 어, 오, 우, 이'와 같이 쓴다.

훈민정음에서 全濁字, 즉 오늘날에 된소리를 표기하는 雙書字들은 모두 전청자를 두 번씩 並書해서 'ㄲ ㄸ, ㅃ, ㅆ, ㅉ'와 같이 글자를 만드는데 유독 喉音의 雙書字는 次淸의 /ㅎ/을 두 번 써서 'ㆅ'와 같이 표기한다. 이에 대하여 누구로부터도 시원한 설명을 듣지 못하였지만 朱宗文이 수정한 {증정}『蒙古字韻』의 런던 초본을 보면 '曉모[ㆆ, h]'가 全淸의 위치에 있다.65) 이 曉母는 훈민정

---

64) 문자 모양이 매우 불안정하여 티베트 문자의 인터넷 지원이 어렵다. 구두발표에서는 PPT로 이 문자들을 보였다.

65) {증정}『蒙古字韻』의 서명 표시와 같이 { }안에 든 것은 원래 서명에는 없지만 원본과 구별할 필요가 있을 때에 붙이는 방법이다. 서지학 분야에서는 자주 사용한다. 이하의 서명 표시에도 동일하다.

음의 虛(ㆆ)母와 동일하여 『몽고자운』에서는 이것이 전청이었고 그에 따라 훈민정음에서는 /ㆆ/을 두 번 써서 'ㆅ'와 같은 전탁자를 만든 것이다.[66]

글자의 배열도 파스파 문자에서 '牙, 舌, 脣, 齒, 喉, 半舌, 半齒'이어서 훈민정음의 문자 배열과 동일하다. 모두 蒙韻에서 「禮部韻略七音三十六母通攷」의 聲母를 분류한 방식에 따른 것이다. 이외에도 훈민정음과 파스파 문자 사이에는 유사한 점이 많다. 그렇다면 훈민정음은 파스파 문자를 모방해서 제정한 것일까?

6.2

이에 대해서는 두 문자의 관계를 논하는 연구자들 사이에 극명하게 둘로 나뉜다. 하나는 문자의 字形까지 모방했다고 보는 연구자들과 그 원리만을 원용했다고 보는 연구자들이 있다. 후자는 필자를 포함한 극소수의 연구자들이고 전자는 미국 컬럼비아대학의 Ledyard 교수와 중국 사회과학원의 故 주나스트(照那斯圖) 박사 등 다수가 있다.[67]

후자의 연구자, 현재로는 발표자 혼자지만 파스파 문자의 모델이 된 티베트 문자가 고대인도의 음성학에 의거하여 제정된 것이고 이를 그대로 모방한 파스파 문자도 기본적으로 고대인도의 음성학, 즉 佛家의 毘伽羅論, 聲明記論으로부터 영향을 받았기 때문에 서로 유사점이 많이 발견되는 것이라고 보았다. 훈민정음의 제정에도 古代인도 음성학의 영향을 받은 흔적이 여기저기 발견되기 때문이다. 그러나 字形은 파스파 문자가 티베트 문자에 의거한 것이어서 서로 유사하지만 한글의 字形은 이 두 문자와 전혀 다르고 독자적이다(졸고, 2008c).

졸고(2011a, 2011b, 2012a)에 의하면 훈민정음이 자음과 모음으로 나누지 않고 初聲, 中聲, 終聲으로 구분하여 각 음절의 음절 초 자음과 모음, 음절 말

---

66) 36字母圖에서 喉音의 全淸이 曉母[ㅈ, h]에서 影母[ㄹ, fi]로 바뀌고 曉母는 次淸이 된 것에 대하여는 아직 아무런 연구가 없다. 훈민정음에서는 喉音의 全淸이 挹[ㆆ]모이고 虛[ㅎ]모는 次淸이다. 이에 대한 후속적인 연구를 기대한다.

67) 이에 대하여는 Ledyard(1966, 1997, 1998 및 2008)와 照那斯圖 · 宣德五(2001a, 2001b)를 참고할 것.

자음으로 나눈 것이 모두 파스파 문자의 영향으로 보았다. 특히 졸고(2009, 2011b)에서는 훈민정음의 중성 11자가 실제로는 파스파 문자의 7개 喩母자에서 온 것이며 당시 우리말의 모음을 반영한 것이 아니라 중세몽고어의 모음체계에 근거하여 製字된 파스파 문자의 喩母자, 즉 모음자임을 주장하였다.

또 {신편}『월인석보』의 권두에 부재된 <세종어제훈민정음>, 다시 말하면 훈민정음의 <언해본>에서 32개의 初聲字를 製字하여 보였다. 즉, 훈민정음 初聲 17개에 全濁字 6개(ㄲ, ㄸ, ㅃ, ㅆ, ㅉ, ㆅ)와 또한 齒音에서 齒頭(ㅈ, ㅊ, ㅉ, ㅅ, ㅆ)와 正齒((ㅈ, ㅊ, ㅉ, ㅅ, ㅆ)를 구별한 5개, 그리고 脣音에서 脣重과 脣輕(ㅸ, ㆄ, ㅹ, ㅱ)을 구별해서 만든 4개, 모두 합쳐서 初聲 32개의 글자를 보였다. 이것은 전혀 파스파 문자의 字母數에 맞춘 것이다. 상술한 졸저(2009) 와 그 후의 졸고들에 의하면 현전하는 『蒙古字韻』의 卷頭에 실려서 소개된 파스파 문자의 36字母表가 실제로는 32개의 성모만을 표시한 것이라고 한다.[68] 『蒙古字韻』는 현전하는 유일한 파스파 문자의 문헌으로 당시 한자음을 이 문자로 표음하여 정리한 운서다.

6.3

초성에 해당하는 이러한 32개 어두자음은 중국에서 유행하던 36字母圖로 표시된다. 오늘날 전해오는 <廣韻> 계통의 운서에 이 자모도는 모두 삭제되었다. 그러나 일본 宮內廳 書陵部 소장된 元版『古今韻會擧要』에 <禮部韻略七音三十六母通攷>가 부재되었다고 한다(花登正宏, 1997:112). 이 책은 일본에서 조선본을 복각한 것으로 알려졌는데 일본 應永 5년(1398)에 판각된 것이다. 오늘날 한국에 전해오는 간본에 이 36母通攷를 부재한 <古今韻會擧要>는 없고 일본의 宮內廳 소장본도 그 제목만 있다. 이 자모도를 없앤 것은 明 太祖 朱元璋의 胡元殘滓를 滅殺하려는 정책에 의한 것이다.

그러나 영국 런던의 대영도서관에 소장된『蒙古字韻』의 抄本에 의하면 <고금훈회> 계통의 운서에서 수정된 36자모가 보인다.

---

68) 『蒙古字韻』권두의 '字母'에 소개된 파스파 문자 36 字母圖에서 舌上音과 正齒音의 全淸, 次淸, 全濁의 3개 파스파자가 같고 脣輕音에서 全淸과 全濁이 같아서 모두 4개의 파스파자가 동일하다. 따라서 聲母에서 32개의 자음만을 인정한 것이다.

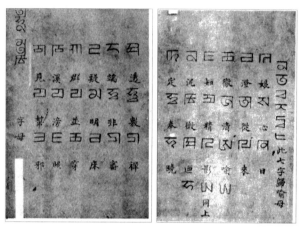

[사진 6-1] 『몽고자운』 런던 초본 권두의 「자모」

이 자모도는 <고금운회>의 것을 다시 수정한 것으로 보이는데 이를 도표로
보기 쉽게 하면 다음과 같다.

[표 6-1] 『蒙古字韻』 八思巴 문자의 36 字母圖

		舌音		脣音		齒音			半音	
	牙音	舌頭音	舌上音	脣重音	脣輕音	齒頭音	正齒音	喉音	半舌音	半齒音
全　清	見㕲	端ㄷ	知ㅌ	幫리	非ㆆ	精리	照ㅌ	曉ㅈ		
次　清	溪ㆆ	透ㅂ	徹ㆆ	滂리	敷죵	淸ㅈ	穿ㆆ	匣ㅂ		
全　濁	群�ㅡ	定ㄿ	澄ㅂ	並리	奉ㆆ	從ㅈ	床ㄷ	影리		
不淸不濁	疑己	泥ㅈ	娘ㄷ	明리	微ㄷ			喩ㄨ	來리	日ㅈ
全　清						心ㅈ	審ㄱ	厶ㅆ		
全　濁						邪ㅌ	禪리			

6.4

중종 때에 崔世珍이 편찬한 『四聲通解』는 세종 때에 한글 제정에 관여한 申叔舟의 『四聲通攷』에 근거를 둔 것이라 이의 영향을 많이 받았다. 이 책의 앞 부분에 '四聲通攷 凡例'를 전재할 정도로 이 운서를 의존하여 찬술된 운서다. 이 『사성통해』에는 역시 『사성통고』에서 轉載한 것으로 보이는 「廣韻36字母圖」, 「韻會35字母圖」, 「洪武韻31字母圖」가 첨부되었다.

 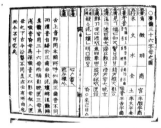

[사진 6-2] 광운 36(右), 운회 35 자모도(左)　　　[사진 6-3] 홍무운 31자모도

이 사진들에 보이는 자모도를 표로 보이면 다음과 같다.

[표 6-2] 『사성통해』 권두의 <廣韻 36자모>

五音	角	徵		羽		商		宮	半徵半商		
五行	木	火		水		金		土	半火半金		
七音	牙音	舌頭音	舌上音	脣音重	脣音輕	齒頭音	正齒音	喉音	半舌半齒		
全清	見ㄱ	端ㄷ	知ㅈ	幫ㅂ	非ㅸ	精ㅈ	照ㅈ	影ㆆ			
次清	溪ㅋ	透ㅌ	徹ㅊ	滂ㅍ	敷ㆄ	清ㅊ	穿ㅊ	曉ㅎ			
全濁	群ㄲ	定ㄸ	澄ㅉ	並ㅃ	奉ㅹ	從ㅉ	牀ㅉ	匣ㆅ			
不清不濁	疑ㆁ	泥ㄴ	孃ㄴ	明ㅁ	微ㅱ			喩ㅇ	來ㄹ	日ㅿ	
全清						心ㅅ	審ㅅ				
全濁						邪ㅆ	禪ㅆ				

[표 6-3] 『사성통해』 권두의 <韻會 35자모도>

五音	角	徵	宮	次宮	商	次商	羽	半徵商	半徵商
淸音	見ㄱ	端ㄷ	幫ㅂ	非ㅸ	精ㅈ	知ㅈ	影ㆆ		
次淸音	溪ㅋ	透ㅌ	滂ㅍ	敷ㅸ	淸ㅊ	徹ㅊ	曉ㅎ		
濁音	群ㄲ	定ㄸ	並ㅃ	奉ㅹ	從ㅉ	澄ㅉ	匣ㆅ		
次濁音	疑ㅇ	泥ㄴ	明ㅁ	微ㅱ		孃ㄴ	喻ㅇ		
次淸次音	魚ㅇ				心ㅅ	審ㅅ	ㅿㆆ	來ㄹ	日ㅿ
次濁次音					邪ㅆ	禪ㅆ			

[표 6-4] 『사성통해』 권두의 <洪武韻 35자모도>

五音	角	徵	羽		商		宮	半徵半商
五行	木	火	水		金		土	半火半金
七音	牙音	舌頭音	脣音重	脣音輕	齒頭音	正齒音	喉音	半舌半齒
全淸	見견ㄱ	端둰ㄷ	幫방ㅂ	非ㅸ ㅣㅸ	精ㅈㅣ ㅇㅈ	照ㅈㅑㅂ ㅈ	影ㆆㅣ ㅇㆆ	
次淸	溪키ㅋ	透ㅌ ㅡㅂ ㅌ	滂팡ㅍ		淸ㅊㅣ ㅇㅊ	穿ㅊㅖㄴ ㅊ	曉ㅎㅑ ㅸㆆ	
全濁	群꾼ㄲ	定떵ㄸ	並ㅃ삥ㅃ	奉ㅹㅜㅇ ㅹ	從쭝ㅉ	牀쫭ㅉ	匣ㆅㅸㆆ ㆅ	
不淸不濁	疑ㅇㅣㅇ	泥니ㄴ	明밍ㅁ	微ㅱ ㅣㅸ			喻유ㅇ	
全淸					心ㅅㅣ ㅁㅅ	審ㅅㅣㅁ ㅅ	來래ㄹ	日ㅿㅣㅇ ㅿ
次淸					邪써ㅆ	禪션ㅆ		

이 각각은 졸고(2011a, 2012a)에 의하면 실제로는 『蒙古韻略』, 『蒙古字韻』,[69] 그리고 朱宗文이 이를 개정한 {增訂}『蒙古字韻』의 권두에 '字母'라는 제목으로 첨부된 36字母圖([사진 6-1])를 옮긴 것이라고 주장하였다. <광운>을 당시 한자음으로 수정한 것이 元代 黃公紹의 『古今韻會』이며 이를 요약한 熊忠의 『古今韻會擧要』에는 <禮部韻略七音三十六母通攷>를 권두에 부재하

---

69) 至大 戊申(1308)에 朱宗文이 增正하기 이전의 『蒙古字韻』으로 런던 抄本의 권두에 부재된 劉更의 서문과 朱宗文의 自序에서 먼저 간행된 『蒙古字韻』의 존재를 증정한 것으로 언급하고 있다. 현전하는 『蒙古字韻』은 런던의 대영도서관(British library)에 소장된 抄本 뿐이다. 이 런던초본은 졸저(2009)에 의하면 淸의 乾隆 연간의 1737~1778년 사이에 필사된 것으로 추정하였다(졸저, 2009:290).

였는데 이처럼 36자모도를 붙인 것은 모두 전술한 蒙韻의 영향을 받은 것이다.[70]

6.5

앞에서 고대인도의 음성학 이론에 입각하여 음운을 음절 속에서 이해하였음을 살펴보았다. 고대인도의 음성학에서는 현대의 조음음성학과 같이 모든 음운을 조음위치와 조음방식으로 나누어 분류하였다. 이미 모음에서 전설과 후설의 대립을 인정한 것처럼 자음에서도 조음위치에 따라 牙, 舌, 脣, 齒, 喉音으로 나누었는데 실제로는 喉音과 牙音, 그리고 舌音, 齒音, 脣音의 순서로 분류하여 가장 깊숙한 곳에서 조음되는 음운과 가장 밖에서 조음되는 음운으로 구분하였다. 위의 도표는 바로 이러한 음운의 조음위치와 조음방식에 의하여 음운을 분류한 것이다.

실제로 훈민정음의 <해례본>에서는 실제로 喉音이 牙音보다 뒤에서 조음됨을 밝혔다. 즉 <해례본> '制字解'에 "故五音之中喉舌爲主。喉居後而牙次之, 北東之位也。 - 그러므로 오음 가운데 후음과 설음이 중심이다. 목구멍은 뒤에 있고 어금니가 다음에 있으니 [후음과 아음은] 북동의 위치[에서 조음된]다." 라는 기술이 바로 후음이 아음과 같이 가장 깊숙한 곳에서 발음된다는 것을 인식한 것이다. 따라서 조음기관의 위치에 따라 5개 위치로 분류한 것임을 알 수 있다.

다음으로 조음방식에 따른 분류는 全淸, 次淸, 不淸不濁, 全濁으로 구분하는 것이다. 全淸은 無聲無氣의 조음, 즉 平音(unmarked sound)이고 次淸은 有氣音(aspirates) 계열, 不淸不濁은 鼻音(nasal)이나 유성(voiced) 자음을 말한다. 다만 全濁은 중국 聲韻學에서 유성음이었으나 당시 우리말에 유성음과 무성음의 구별이 없었기 때문에, 즉 유성자질이 변별적이 아니었음으로 우리말에서 유성음을 된소리로 받아 드리거나 유성사음으로 구분하는 혼란이 있었다.

---

70) 실제로 『고금운회거요』에 부재된 <禮部韻略七音三十六母通攷>의 다음에는 "蒙古字韻音同"이란 부제가 붙었다. 다만 조선 초기에 조선에서 복각한 『고금운회거요』의 <삼십육모통고> 다음에는 "據古字韻音同"이라 하여 '蒙'을 '據'로 바꾸었다. 몽고의 殘滓를 撲滅하려는 明의 감시가 어떠했는지 말해주는 대목이다.

그 외에 중국어에서 聲調가 변별적이어서 이를 표기하려고 노력하였다. 중
국에서는 전통적으로 平, 上, 去, 入聲의 四聲으로 구분하여 중국어의 屈曲調의
성조를 인정하였다.71) 훈민정음에서는 주로 傍點에 의거하여 四聲을 표시하
였는데 平聲(low tone)은 無點, 去聲은 1점, 上聲은 2점으로 표시하고 入聲은
성조로 보지 않고 폐음절로 인식하여 入聲 韻尾를 가진 음절을 여기에 포함시
켜 그 안에서 平, 上, 去聲으로 다시 구분하였다(졸고, 1975).

이와 같이 조음위치, 조음방식, 성조에 의한 음운의 구분은 현대 조음음성학
에서도 같이 적용되는데 모두 고대인도의 음성학, 毘伽羅論에서 영향을 받았
기 때문이다.

6.6

中聲의 이해는 파스파 문자에서도 제대로 이해하지 못한 탓인지 훈민정음
에서도 잘못 인식되었다. 이 두 문자의 모음에 대한 7자를 비교하면 아래의
[표 6-4]와 같다.

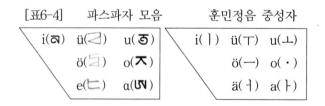

[표6-4]   파스파자 모음   훈민정음 중성자

이 표를 보면 이미 우리말에 없어진 전설 대 후설의 대립을 파스파 문자에
맞추어 이해하고 製字하였기 때문에 모두 11개의 중성자를 만든 것으로 볼
수 있다. 그 가운데 재출자 'ㅛ, ㅑ, ㅠ, ㅕ'를 제외하면 '·, ㅗ, ㅏ, ㅜ, ㅡ, ㅓ,
ㅣ'의 7개 中聲字는 [사진 6-1]에서 보이는 바와 같이 전혀 파스파 문자의 喩母
자 7개 '/ᦳ [a]/, /ᘔ [o]/, /◁ [ö]/, /ᑭ [e]/, /ᢒ [u]/, /ᗺ [ü]/, /ᗝ [i]/'를 그대로

---

71) Pike(1948)에서는 세계의 언어를 비성조어(non-tonal languages)와 성조어(tone languages)
로 나누고 성조어는 평판조(level-pitch register system)의 언어와 굴곡조(glide-pitch
contour system)의 언어로 나누어 중국어의 경우는 굴곡조의 성조어에 속한다고 하였
다, 졸고(1975) 참조.

모방한 것이다.[72) 중세몽고어에서는 전설 대 후설의 모음조화가 있었고 /i/는
이러한 모음조화에서 중립적이었다. 필자는 파스파 문자가 이러한 모음체계를
염두에 두고 모음자를 제정했으며 훈민정음도 그것을 구대로 따른 것으로 본
다.[73)

그리고 훈민정음 해례본 <중성해>에서 'ㅣ'를 'ㆍ, ㅗ, ㅏ, ㅜ, ㅓ'에 결합하여
'ㆎ, ㅚ, ㅐ, ㅟ, ㅔ'를 製字한 것도 파스파자에서 전설의 /ꡝ[i]/와 /ꡠ[e]/를
/ꡡ[o]/와 /ꡟ[u]/에 결합시켜 /ꡦ[ö]/와 /ꡜ[ü]를 제자한 것과 같은 이치로
보인다.[74)

6.7

훈민정음에서는 초성 17자, 중성 11자를 제자하여 모두 28자를 만든 것으로
세종의 어제 序文에 명기하였고 이어서 <언해본>과 <해례본>에서 이 글자들
에 대하여 설명하였다. 그러나 초성 17자는 중국 聲韻學의 36자모로부터 온
것으로 전통적으로 중국의 운서에서 음절 초의 자음으로 36개의 자음을 인정
한 것 가운데 우리말과 우리 한자음에서 변별적인 음운으로 인식되는 17자를
문자로 만든 것이다.

즉, 훈민정음의 초성 17자는 牙音에서 /ㄱ, ㅋ, ㆁ/의 3개, 舌音에서 /ㄷ, ㅌ,
ㄴ/의 3개, 脣音에서 /ㅂ, ㅍ, ㅁ/ 3개, 齒音에서 /ㅈ, ㅊ, ㅅ/ 3개, 喉音에서 /ㆆ,
ㅎ, ㅇ/ 3개, 그리고 半舌音 /ㄹ/, 半齒音 /ㅿ/의 2개를 합하여 17개가 된 것이다.

---

72) [사진 6-1]의 오른편 중단 이하에 "ꡝ ꡚ ꡢ ꡦ ꡠ ꡜ 此七字歸喩母"라는 기사가 보인다.
   여기서 'ꡦ/ö'와 'ꡜ/ü'는 複字로서 후설의 'ꡡ/o'와 'ꡟ/u'에 전설의 'ꡝ/i'와 'ꡠ/e'
   를 덧붙여 전설모음의 /ö/와 /ü/를 표기한 것이다. 따라서 파스파 문자의 모음자는 5개
   만을 제자한 것으로 보아야 한다(졸고, 2011b). Poppe(1957)에서는 /ö/도 'ꡠ/e'와 결
   합된 복자로 인식하고 자형을 세시하였다.
73) 훈민정음의 7개 중성자에 의거하여 중세 및 고대한국어의 모음체계를 수립했던 일을
   반성하고 5개 모음체계를 제안한 것은 김완진(1978)에서 처음 있었던 일이다.
74) Poppe(1957:24)에 제시한 파스파 모음자의 /ö, ü/는 파스파자의 'ꡡ/o'와 'ꡟ/u'에 'ꡠ
   /e/'를 덧붙인 형태의 자형이었다. 그러나 『蒙古字韻』 권두의 '字母'에 보이는 喩母字
   7개에서는 자형이 Poppe(1957)에서 제시한 것과 다르다(졸고, 2011b).

그러나 동국정운식 한자음 표기를 위하여 全濁字 6개 /ㄲ, ㄸ, ㅃ, ㅆ, ㅉ, ㆅ/를 더 하여 23개의 자음 글자를 만들었는데 이것이 유명한 東國正韻 23자모다.

그러나 여기서 끝나지 않고 훈민정음의 <언해본>, 즉 <세종어제훈민정음>에서는 脣輕音 4개 /ㅸ, 퐁, ㅹ, ㅱ/를 더 만들고 한자의 漢音, 즉 漢語音을 표기한다면서 齒音 /ㅈ, ㅊ, ㅉ, ㅅ, ㅆ/ 5개를 齒頭와 正齒로 구별하여 결국은 5개의 글자를 더 만들었으며 결과적으로 모두 32개의 正音字를 만들었다.75) 이 初聲 32자에 中聲 11자를 더 하면 모두 43자가 된다.

이 43자는 파스파 문자와 관련이 있다. 졸고(2009:178~181)에 의하면 元代 盛熙明의『法書考』와 陶宗儀의『書史會要』에서는 모두 파스파 문자를 43개의 글자라고 소개하였다.76) 즉『法書考』에서는 파스파 문자를 소개하면서 "[前略] 創爲國字, 其母四十有三 - 나라의 글자를 창제하였는데 그 자모는 43개가 있다"라고 하였고『書史會要』에서도 "字之母凡四十三 - 자모는 모두 43개다"라 하여 파스파 문자가 모두 43개 글자를 만든 것으로 보았다(졸저, 2009:139~141).

이 43이란 수자는 36자모의 초성과 喩母에 속하는 모음, 즉 中聲字 7개를 더한 숫자다.77) 그러나 실제로 파스파 문자는 전술한 바와 같이 喩母가 이미 36자모에 들어 있어 이중으로 계산되었다. 또 脣輕音에서도 全淸字와 全濁字가 동일하여 실제로는 初聲으로는 34개 글자만 製字한 것이다.78) 여기에 喩母자, 즉 모음자 7개를 더 하면 모두 41개의 문자를 만든 셈이 된다(졸저, 2009의 3.3과 3.4 참조).

이와 같은 사정으로 파스파 문자를 제정하여 공표한 元 世祖의 詔令에는 글자를 몇 개 만들었는지 명기하지 않았다.79) 즉『元史』(권202)「傳」89 '釋老

---

75)『訓蒙字會』「諺文字母」에는 "俗所謂反切二十七字"라는 부제가 보인다. 漢音 표기를 위한 齒頭와 正齒의 구별만을 인정하지 않고 全濁의 雙書字와 脣輕音 표기를 위한 글자를 모두 포함하여 初聲 27자라는 뜻이다. 그동안 이에 대한 오해를 우선 해명한다.

76) 그러나『法書考』와『書史會要』에서 제시한 글자는 실제로 41자였다. 졸저(2009:180~181)에 게재한 사진 참조.

77) 이 중성자는『몽고자운』권두의 '字母'에 6개의 파스파 모음자를 보이고 "此七字歸喩母 - 이 7자는 유모에 속한다"라고 명시하였다. 이것은 졸고(2009, 2011b)에서 모음자에 대한 것이라는 주장을 펼 때까지 이것이 무엇을 말하는 것인지 아무도 몰랐다.

78) 실제로는 舌上音과 正齒音을 표기한 3개 파스파 문자가 동일하여 33개의 문자가 구별된다.

八思巴'조에 다음과 같은 기사가 있다.

[전략]詔令說 : "朕認爲用字來書寫語言, 用語言來記錄事情, 這是從古到今都采用
的辨法. 我們的國家在北方創業, 民俗崇尙簡單古樸, 沒來得及制定文字, 凡
使用文字的地方, 都沿用漢字楷書及畏兀文字, 以表達本朝的語言. 查考遼
朝、金朝以及遠方各國, 照例各有文字, 如今以文敎治國逐漸興起, 但書寫文
字缺乏, 作爲一個朝代的制度來看, 實在是沒有完備. 所以特地命令, 國師八
思巴創制蒙古新字, 譯寫一切文字, 希望能語句通順地表達淸楚事物而已.
從今以後, 凡是頒發詔令文書, 都用蒙古新字, 幷附以各國自己的文字."-
[원 세조가 새 문자를 반포하는] 조령에서 말하기를 "짐은 오로지 글자로써
말을 쓰고 말로써 사물을 기록하는 것이 고금의 공통 제도라고 본다. 우리
들이 북방에서 국가를 창업하여 속되고 간단한 옛 그대로의 것을 숭상하고
문자를 제정하는데 게을러서 [지금에] 쓰이는 문자는 모두 한자의 해서나
위글 문자를 사용하여 이 나라의 말을 표시하였다. 요 나라와 금 나라, 그리
고 먼 곳의 여러 나라들의 예를 비추어 보면 각기 문자가 있으나 우리가
지금처럼 문교로 나라를 다스려 점차 흥기하였는데 다만 서사할 문자가 없
었다. 그러므로 국사 파스파에게 몽고신자를 창제하라고 특명을 내려서 모
든 문자를 번역하여 기록하라고 하였다. 그리하여 능히 언어가 순조롭게
통하고 각지의 사물이 바르게 전달되기를 바랄 뿐이다. 이제부터 대저 조령
문서의 반포와 발행은 모두 몽고신자를 쓸 것이며 각국의 자기 문자는 함께
붙이게 하다."라고 하다.

이 기사에 이어서 같은 곳에서 "中統元年, 世祖卽位, 尊他爲國師, 授給
玉印. 令他製作蒙古新文字, 文字造成後進上. 這種文字祇有一千多個字,
韻母共四十一個, 和相關聲母造成字的. 有韻關法, 用兩個、三個、四個
韻母合成字的. 有語韻法; 要點是以諧音爲宗旨. [하략] – 중통 원년(1260)
에 세조가 즉위하자 그 [팍스파 라마]를 존경하여 국사를 삼고 옥인을 주었
다. 그에게 명하여 몽고 새 문자를 지으라고 하니 문자를 만들어 받쳤다.
이 문자는 모두 1천여 개의 글자가 있는데 운모(韻母)는 모두 41개이고 성
모(聲母)에 관련하여 글자를 만든 것이다. 운(韻)과 관련하여 두 개, 세 개,

---

79) 다만 이 때에 내린 詔令은 이 문자 제정에 관한 기본 정신이 잘 표현되었다. 이 詔令에
대하여는 졸저(2009)에서 전문을 인용하고 우리말로 풀이하였다.

네 개의 운모를 합성하여 글자를 만들었다. 어운(語韻)의 법칙으로 어울리는 발음을 으뜸으로 삼은 것이 요점이다"라고 하여 41개의 파스파 문자를 만든 것으로 밝히고 있다.[80]

따라서 파스파 문자는 공식적으로 41개 문자를 만들었으나 일반적으로는 36字母에 7개 喩母字를 포함한 43개를 만든 것으로 알려졌다.[81]

7. 새 문자의 制定과 그 사용

7.0

오늘날 우리가 쓰고 있는 한글이란 문자의 제정은 지금부터 570년 전에 세종대왕의 親制한 것으로 『世宗實錄』에 소개되었다. 즉, 『世宗實錄』(권103) 세종 25년(1443) 12월조 말미에 "是月上親制諺文二十八字。其字倣古篆, 分爲初中終聲, 合之然後乃成字。凡于文字及本國俚語, 皆可得而書。字雖簡要, 轉換無窮, 是謂訓民正音。 — 이 달(1443년 12월을 말함)에 임금이 친히 언문 28자를 제정하였다. 글자는 고전(古篆)에 의거하였고 초, 중, 종성으로 나누어 합친 다음에 글자를 이룬다. 대체로 한자나 우리나라의 말을 모두 쓸 수 있다. 글자의 수효는 간단하고 요점만 이루어졌으나 전환이 무궁하다. 이것이 소위 말하는 훈민정음이다"라는 기사로 세종 25년 12월에 오늘날 한글로 불리는 새 문자가 세종대왕에 의하여 제정되었다고 보는 것이다.[82]

이 기사는 여러 가지로 해석되었고 많은 억측이 난무하였다. 필자는 이

---

80) 초성에 해당하는 36자모와 喩母자 7개를 더 한 43자에서 이미 36자모 가운데 喩母가 포함되어 7개 중성자에서 하나가 줄고 순경음에서 全濁을 인정하지 않아서 하나가 줄어 41개 자모로 한 것으로 보인다(졸저, 2009).

81) 파스파 문자에 대하여 Poppe(1957)에서 38개 문자를 보인 것이나 照那斯图(2008)에서 보인 56개 문자는 이러한 史料의 기사를 고려하지 않은 것이다.

82) 실제로 이 실록의 기사는 여러 연구자들에 의하여 여러 각도에서 해석되었다. 그 가운데 어떤 것은 전혀 상식에 벗어나는 자의적인 해석도 있었다. 예를 들면 이 기사는 조작되었다거나 실록을 편찬할 때에 이 해의 말일에 억지로 이 기사를 끼어 넣었다는 등의 해석도 있었다.

기사에서 세종이 발명한 새 문자는 諺文이었으며 이 문자로 한자와 우리말을 기록할 수 있다는 내용이 가장 핵심임을 강조하였고 새로 창제한 문자가 훈민정음으로 불렸던 것임을 말한 것으로 본다. 그 외의 어떤 것도 臆測에 불과하다.

이후에 실록에는 <韻會>의 번역을 명한다는 기사와 崔萬理의 반대상소, 그리고 이에 대한 세종의 批答이 뒤를 이었고 드디어 세종 28년 9월에 "是月 訓民正音成 — 이달에 <훈민정음>이 완성되었다"(『世宗實錄』, 권113, 세종 28년 9월조)라는 기사로 새 문자는 완성된 것으로 보았다. 그리고 이러한 생각으로 한 때 10월 말을 가갸날로 정하여 기념한 일도 있다. 그러나 이 기사에 보이는 '훈민정음'은 문자의 명칭이 아니라 <해례본>이란 책의 간행을 말하는 것이다. 澗松미술관 소장으로 현전하는 {해례본}『훈민정음』의 末尾에 부재된 鄭麟趾 後序의 "正統十一年九月上澣"이란 간기와 『世宗實錄』(권 113) 세종 28년 9월조의 기사를 근거로 훈민정음의 <해례본>이 간행된 것을 새 문자의 반포로 간주하고 '9월 上澣'을 양력으로 환산하여 10월 9일을 한글날로 정하고 기념한다.

앞에서 세종 28년(1446) 9월의 '是月訓民正音成'라는 기사를 "이 달에 훈민정음이란 글자가 완성되었다"라고 이해한다면 『世宗實錄』(권103) 세종 25년, 癸亥년(1443) 12월의 기사, "是月, 上親制諺文二十八字, [중략] 是謂訓民正音 — 이 달에 임금이 친히 언문 28자를 제정하였는데 [중략] 이것이 소위 말하는 훈민정음이다"란 기사에 보이는 한글 창제의 기사와 어긋날 뿐 아니라 제정 연도도 3년의 차이가 난다. 이 기사는 아무런 사전의 예고가 없이 갑자기 나타나서 그동안 적지 않은 혼란을 가져왔고 급기야는 세종 28년 9월의 기사를 문자 완성으로 오해하기에 이른다.

7.1

한글의 창제와 그 반포에 대하여는 많은 연구가 있다. 그러나 아직도 분명하게 어떻게 이를 제정하였고 또 언제 이것을 반포하였는지 알려지지 않고 있다. 그것은 파스파 문자처럼 史書에 皇帝의 詔令으로 새 문자의 반포를 명한 기사가 조선왕조의 어떤 기록에도 남아있지 않기 때문이다. 다만 儒臣

들이 참여하여 편찬한 <해례본>의 완성을 알리는 기사만이 <세종실록>에
있을 뿐이다. <월인석보>와 같은 佛書에 대한 것과 佛家의 일은 유신들이
편찬하는 실록에는 실리지 않는 것이 관례이기 때문이다.

새 문자를 제정하고 이를 정식으로 반포하지 못한 것은 말할 것도 없이
중국 明의 눈치를 보았기 때문이다. 明나라는 위에서 언급한 대로는 元代 파
스파 문자의 제정을 한자문화에 대한 중대한 위협으로 보고 元을 滅亡시킨
다음에는 胡元의 殘滓를 철저하게 撲滅할 때에 이 문자로 쓰인 모든 문서를
없애는 정책을 강력하게 추진하였다(졸고, 2016. 이런 와중에 조선에서 새
문자의 창제를 탐탁하게 볼 리가 없으며 崔萬理 반대상소문에서 보여준 것
처럼 한자문화에 물든 儒臣들도 이 문자의 제정을 반대하였다.

따라서 세종은 가족들과 佛家의 學僧들을 중심으로 새 문자의 제정을 논
의하였고 儒臣들은 되도록 배제하였다. 다만 세종을 따르는 集賢殿의 젊은
학자들은 이 문자가 한자 학습에 도움이 는 것을 알게 되어 문자 제정의 마
지막 단계에 참여하게 된다. 특히 한자의 正, 俗音을 구별하기 위하여 遼東
에 流配 온 중국의 유학자 黃瓚을 12번 정도 찾아간 申叔舟, 成三問 등의 젊
은 유생들은 이 표음문자가 한자의 학습이나 한자음의 정리의 발음기호로
매우 유용함을 깨닫고 있었다.[83]

초기에 세종이 가족들과 佛家의 僧侶들의 도움으로 이 문자를 제정하고
『월인석보』라는 佛書에 <언해본>을 첨부하여 간행함으로써 반포를 대신한
것도 이런 사정 때문인 것으로 본다. 또 儒臣들이 배제된 새 문자의 제정은
그에 관한 기사가 儒臣이 주도하는 실록과 문집 등에 실릴 수가 없었을 것
이다. 이와 같은 새 문자 제정 당시의 여러 정황으로 이 문자의 앞날이 순탄
치 않을 것임을 예견하게 된다.

새 문자는 훈민정음처럼 東國正韻式 한자음을 표기하는 발음기호였거나
漢語 학습에서 한자 표준음의 발음을 기록하는 正音이었다, 우리말과 우리

---

83) 그들이 黃瓚을 찾아 遼東에 간 회수는 12번이나 13번으로 기록되었다. 이들이 여러 번
그를 찾아간 것은 한자음의 정확한 발음을 듣기 위한 것인데 黃瓚이 다시 찾아온 申叔舟
와 成三問에게 먼저 가르쳐 준 발음을 확인하기 위하여 질문하였는데 두 사람의 답변이
정확함을 칭찬하며 무릎을 쳤다는 기사가 실록에서 발견된다. 이 두 사람은 모두 훈민정
음으로 그 발음을 적어서 기억한 것으로 보인다.

한자음을 표기할 때는 諺文이었으며 조선시대에 국가의 正文은 한자로 쓴
吏文이어서 새 문자는 언제나 한자의 보조 문자였을 뿐이었다.[84]

7.2

졸고(2013)에서는 세종의 둘째 따님인 貞懿공주가 口訣의 '變音吐着'을 새
문자로 대체하여 해결함으로써 단순한 한자음 표기에서 벗어나 이 문자로
우리말 표기를 시도하기 시작하였다고 보았다. 그리하여 首陽大君과 信眉,
金守溫에게 명하여 자신이 발명한 새 문자로 우리말과 동국정운식 한자음
표기를 시험하게 하였다. 이들은『增修釋迦譜』를 우리말로 언해하여『釋譜
詳節』을 저술하면서 우리말과 동국정운식 한자음의 표기가 가능함을 세종에
게 보여주었다. 이를 보고 세종은 스스로 이 문자의 사용 가능성을 확인하기
위하여 직접 『月印千江之曲』을 집필한 것으로 보았다.

졸고(2013, 2016a)에서는『釋譜詳節』과『月印千江之曲』은 원고인 채로 두
고 이 둘을 합편하여『月印釋譜』를 간행하면서 새 문자의 공표를 대신하는
{언해본}<훈민정음>을 권두에 부록으로 첨부하여 세종 28년 10월경에 간행
하였다고 주장하였다. 즉 세조 때의 {신편}『월인석보』에는 <세종어제훈민
정음>이었던 언해본을 {구권}『월인석보』에서는 그대로 <훈민정음>이라는
이름으로 부재한 것으로 본 것이다. 현재 이 <훈민정음>은 고려대 도서관의
六堂문고에 소장되었다.

따라서『월인석보』가 먼저 간행되고 나서 나중에 원고인 채로 두었던『석
보상절』과『월인천강지곡』을 昇遐하신 昭憲王后의 追薦을 위한 佛事로 세
종 29년 7월에 간행한 것으로 보아야 그동안 이 佛書들의 간행에 엉킨 여러
의문들을 해소할 수 있다고 본다(졸고, 2014a). 왜냐하면 王后의 死後에 이
것을 준비하여 편찬하였다고 보기에는 내용이 너무 방대하여 도저히 이 기
간에 간행될 수 없다고 그동안 학계에서 의심하여 왔기 때문이다.

---

84) 조선시대의 국가의 正文은 吏文이었다.『受敎輯錄』(1698)「戶部」'徵債'조에 "出債成文,
[중략] 諺文及無證筆者, 勿許聽理。"이라 하여 언문으로 쓴 것, 증인이 없거나 쓴 사람
이 분명하지 않은 경우에는 債券의 효력을 인정하지 않았고 오로지 吏文으로 쓴 것만이
효력을 얻었음을 알 수 있다.

7.3

지금까지 논의한 여러 정황을 고려하면 한글 제정의 경위는 다음과 같을 것이다.

세종 25년(1443) 12월--세종이 훈민정음 28자를 한자음의 발음기호로 친제함.
세종 26년(1444) 2월 16일(丙申)--새 문자로 韻會의 번역을 명함.
세종 26년(1444) 2월 20일(庚子)--崔萬理의 반대 상소문.
세종 26년(1444) 3월(?) - 貞懿公主가 變音吐着을 해결
세종 26년(1444) 4월(?) - <增修釋迦譜> 언해, <釋譜詳節> 시작
세종 26년(1444) 5월(?) - <月印千江之曲> 집필
세종 27년(1445) 1월--申叔舟·成三問 등이 운서를 질문하려고 요동에 유배된 유
　　　　　　　　학자 黃瓚에게 감.
세종 27년(1445) 3월(?)--<釋譜詳節>과 <月印千江之曲>을 합편하여 『月印
　　　　　　　　釋譜』을 편찬 시작.
세종 27년(1445) 4월--『龍飛御天歌』(한문본) 製進
세종 28년(1446) 3월--昭憲王后 昇遐. <釋譜詳節>과 <月印千江之曲>, 『月印釋
　　　　　　　　譜』의 刊板 시작.
세종 28년(1446) 9월--해례본 『訓民正音』 간행.
세종 28년(1446) 10월(?)--『月印釋譜』 舊卷 간행(?), 卷頭에 훈민정음 <언해
　　　　　　　　본> 부재,[85] 새 문자의 공표
세종 28년(1446) 11월--諺文廳 설치.
세종 28년(1446) 12월--吏科와 取才에서 훈민정음을 부과함.
세종 29년(1447) 2월--『용비어천가』 완성.
세종 29년(1447) 4월--각종 취재에서 훈민정음 시험 강화.
세종 29년(1447) 7월--『釋譜詳節』, 『月印千江之曲』을 별도로 간행.
세종 29년(1447) 9월--『東國正韻』 완성, 새 문자에 의한 한자음 정리 완성
세종 29년(1447) 12월(?) --개성 佛日寺에서 <월인석보> 구권의 玉册 간행
세종 30년(1448) 10월--『동국정운』 보급.

---

85) 朴勝彬씨 소장으로 원본이라 주장했던 六堂文庫본 <훈민정음>은 바로 여기에 부재됐
　　던 것으로 추정된다. 이것이 실제로 신문자의 頒布로 볼 수밖에 없는 것은 다음 달인
　　세종 28년 12월에 훈민정음이 吏科와 取才에서 출제되었기 때문이다. 반포도 하지 않고
　　훈민정음을 공무원의 국가 채용 시험에 출제할 수는 없다. 아울러 졸고(2005, 2006a,b)에
　　서 <훈민정음>의 舊卷이 세종 30년에 간행된 것으로 본 것을 이 기회에 바로 잡는다.

문종 원년(AD. 1450) 10월--正音廳 설치.

문종 2년(1452) 4월--『동국정운』한자음에 의한 과거시험 실시.

단종 원년(1452) 12월--『동국정운』과『예부운략』의 한자운을 모두 과거에 사용
　　　　하도록 함.

단종 3년(1455) 4월--**洪武正韻譯訓** 완성, 『홍무정운역훈』의 신숙주 서문에
　　　　　"景泰六年仲春既望--경태 6년(1455) 중춘(4월) 보름--"
　　　　를 참조. 새 문자에 의한 한자음의 正音 완성

세조 2년(1457)-**貞懿**공주가 <**諺文字母**> 제안(?).

세조 4년(1458)--**崔恒** 등의『**初學字會**』편찬. <언문자모>를 권두에 부재(?).

세조 5년(1459) 7월--『月印釋譜』新編 간행. 권두에 <세종어제훈민정음> 게재.

세조 7년(1461)--刊經都監 설치.

세조 8년(1462) 6월--과거시험에 洪武韻을 禮部韻과 함께 쓰게 함.[86]

7.4

이렇게 제정된 한글은 세종과 세조의 새 문자 장려 정책에 따라 급속하게 민간에게 퍼져나갔다. 새 문자가 제정되고 불과 100년도 안 된 시기에 한글로 된 碑文과 諺簡들이 나타난다. 한글로 된 碑文으로 지금까지 알려진 가장 이른 시기의 것은 서울시 노원구 하계동에 세워진 한글 碑石은 중종 31년(1536)에 李文楗이 父親 李允濯과 모친 고령 申氏를 합장한 墓 앞에 세운 靈碑다.

또한 졸고(2003b:89-98)에 의하여 소개된 坡平 尹씨 母子 미라에서 발굴된 諺簡은 이 미라의 매장 연대가 1566년으로 확인되어 이때에 이미 한글은 널리 이용되고 있음을 확인할 수 있다.[87] 이 언간은 1555년을 전후한 順天 金씨의 언간과 1571년부터 1593년까지의 松江 鄭澈 家의 언간들과 어깨를 나란히 하는 초기 언간들이다. 이를 통하여 새 문자가 제정된 지 불과 1세기가 지난 16세기 중반에는 새 문자가 閭巷에서 널리 사용되었음을 알 수 있다.

조선시대의 실용문을 常用하는 사람들은 양반 사대부의 儒生들이 아니라 胥吏나 商人과 같은 常民들이었고 이들은 吏文이나 吏讀에 익숙하였다. 그리

---

86) 굵은 표시가 필자의 새로운 주장임.

87) 이 미라에서 수습한 옷깃에 "丙寅閏十月"이란 墨書로 조선 明宗 21년(丙寅, 1566)임을
　　확인할 수 있었다.

고 女子들이나 常民들의 아동들도 마찬가지로 한문보다는 諺文을 사용하였다. 어려운 한문과 性理學 및 聲韻學의 어려운 이론으로 설명된 훈민정음의 <해례본>은 물론이고 <언해본>으로도 새 문자를 배우기 쉽지 않다. 예를 들면 'ㄲ'에 대하여 "虯字初發聲"이란 설명은 '虯'자가 자주 쓰는 한자가 아니라 僻字여서 이 한자의 발음을 통하여 이 글자의 음가를 배우기 어렵다.

7.5

그렇다면 어떻게 이들은 한글을 배웠을까? 해답은 『訓蒙字會』의 권두에 첨부된 <諺文字母>에서 찾을 수 있다. 여기에서는 'ㄱ 其役, ㄴ 尼隱, ㄷ 池(末), ㄹ 梨乙, ㅁ 眉音, ㅂ 非邑, ㅅ 時(衣), ㆁ 異凝으로 설명되었다. 여기서(末)과 (衣)는 圓文字로 써서 釋讀하여 '귿(> 끝)'과 '옷'으로 읽으라고 하였다. 그리고 'ㅏ 阿, ㅑ 也, ㅓ 於, ㅕ 余, ㅗ 吾, ㅛ 要, ㅜ 牛, ㅠ 由, ㅡ *應, ㅣ *伊. ·*思'와 같이 중성자 11개를 한자로 그 음가를 표시하였다. 여기서 '*應은 "不用終聲 – 종성을 쓰지 않음", '*思'는 "不用初聲 – 초성을 쓰지 않음", '*伊'는 "只用中聲 – 단지 중성만 씀"이라 하여 '으, ㅇ · , 이'를 비롯한 '아, 야, 어, 여, 오, 요, 우, 유'의 11개 中聲 음가를 한자로 표시하였다.

거기다가 이들을 합자하는 방법을 "其[ㄱ] + 阿[ㅏ] = 家[가], 家[가] + 役[종성 ㄱ] = 各[각]"으로 설명하여 한자음만 알면 누구나 쉽게 새 문자를 익힐 수 있도록 하였다. 이러한 설명은 각 문자의 初聲과 終聲, 그리고 中聲에서의 음가를 명확하게 알 수 있게 한 것이며 이 설명에 동원된 한자는 모두 吏讀와 口訣, 吏文에서 자주 쓰는 상용한자여서 모두에게 익숙하였다. 따라서 <언문자모>를 통하여 쉽게 표음적인 새 문자의 음가를 알 수 있어서 언문자모는 새 문자 보급에 지대한 공헌을 했다고 보아야 한다.

그렇다면 <諺文字母>는 누구의 소작인가? 『訓蒙字會』에 소재되었으니 최세진의 저작으로 보지만 실제로 최세진은 /ㆁ/과 /ㅇ/을 엄격하게 구별하므로 이를 동일하게 보는 '異凝은 인정하지 않았다(이기문, 1963:84~85). 따라서 학계에서는 <언문자모>를 그의 소작으로 보지 않는다.

졸고(2013)에서는 <언문자모>가 '變音吐着'을 해결한 貞懿공주의 소작으로 보았다.[88] 그것은 졸저(2015)에서 『竹山安氏大同譜』 '貞懿公主遺事'조에 "世

宗憫方言不能以文字相通, 始製訓民正音。而變音吐着猶未畢究, 使諸大君解之, 皆未能遂下于公主, 公主卽解究以進, 世宗大加稱賞, 特賜奴婢數百口。 – 세종이 우리말(方言은 이런 의미로 쓰였음)이 문자로 [중국과] 상통하지 못하는 것을 걱정하여 훈민정음을 제정하기 시작하였다. 그러나 발음을 바꾸어 토를 다는(變音吐着) 것에 대하여 아직 연구가 끝나지 못해서 여러 대군(大君)들을 시켜 [이 문제를] 풀게 하였으나 모두 미치지 못하고 공주에게 내려 보냈다. 공주가 즉시 이를 해결하여 받치니 세종이 크게 칭찬하고 특별히 노비 수 백 명을 내려주었다."(죽산안씨대종회 편, 1999,『竹山安氏大同譜』권5 pp. 88-89)라는 기사에서 延昌 공주,[89] 즉 貞懿 공주가 '變音吐着'의 난제를 해결한 것이라 하였다.

그러나 이 문제만을 해결하여 노비를 내렸다고는 보기 어렵고 <언문자모> 자체를 작성한 것으로 보았다.[90] <언문자모>는『訓蒙字會』의 권두에 부재되

---

88) 조선후기 李遇駿의『夢遊野談』「創造文字」조에 "我國諺書, 卽世宗朝延昌公主所製也"라 하여 諺書, 즉 諺文은 延昌공주가 지은 것이라고 하였다. 이우준은 조선 純祖 때 사람이다.

89) 貞懿 공주는 세종의 둘째 딸로 延昌尉 安孟聃에 출가하여 延昌공주가 되었다. 안맹담은 공주와 결혼하여 竹城君이 되었으나(<세종실록> 권39 세종 10년 2월 甲子일 기사에 "封王女爲貞懿公主, 以安孟聃爲竹城君"이란 기사 참조) 문종 즉위년에 부마들에게 하사한 '君'을 없애고 전일에 봉한 州, 縣을 넣어서 '尉'라고 할 때에 延昌尉로 되었다(<문종실록>, 권2 문종 즉위년 辛丑조). 공주에게 노비를 준 것은 실제로 세조 때에 있었던 일로『세조실록』(권6) 3년 2월 乙未(1일)의 기사에 "○傳旨刑曹曰: "賜臨瀛大君 璆、永膺大君 琰、延昌尉公主, 奴婢幷三十五口,[하략]"이란 기사가 있어 35구의 노비를 받았으며 다음에 계속되는 "桂陽君 璔、右贊成 申叔舟、刑曹判書 洪達孫、都承旨 韓明澮"에게 준 노비 30구와 "讓寧大君 禔、孝寧大君 補" 등에게 준 노비 20구보다 많다. 공주가 세조, 즉 수양대군의 편에 있었음을 말하는 것이며『竹山安氏大同譜』(권5)의 기사가 안병희(2007)에서 주장대로 전혀 사실과 다른 것은 아님을 알 수 있다.

90)『竹山安氏大同譜』의 '變音吐着'에 대한 기사는 이가원(1994)에서 처음 논의되었다. 그러나 이 기사에 대하여 <대동보>에 존재하지 않다고 보거나 '변음토착'이 무엇인지 알 수 없다는 등의 이유를 들어 이 사실을 믿을 수 없고 나아가서 이것은 이가원(1994)에서 捏造된 것이라 하였다(안병희, 2007). 필사는 竹山安氏大宗會에서 간행한 <大同譜>에서 이 기사를 찾아서 인용하였다. 이 <대동보>는 英祖 20년(1744)에 각 派에 전해지는 문헌을 정리하여 목판본 1책으로 간행한 것이 <대동보>로서는 가장 오래된 것이라고 한다. 영조 24년(1748)에 증보하여 2책을 간행하고 이후 1803년, 1805년, 1893년, 1922년, 1930년, 1949년, 1960년, 1965년, 1976년, 1988년에 각기 修補한 것을 모아 1999년에 이를 다시 5권 5책으로 간행하였다. 필자가 참고한 1999년의 <대동보>는 그동안 竹山 안씨의 각 系派에 전해오는 口傳 야담과 문헌 기록을 모두 망라하여 편찬하였다고 한다.

었다. 이 책은 저자인 崔世珍의 성향으로 보아 세조 때에 간행된『初學字會』를 기반으로 하여 편찬한 것으로 보인다. 최세진은『四聲通攷』를 모방하여『四聲通解』를 편찬하였고『洪武正韻譯訓』에서『續添洪武正韻譯訓』을 편찬하였다. 이러한 그는 '四聲通攷凡例'를『사성통해』의 권두에 실은 것처럼『훈몽자회』의 <언문자모>도『초학자회』의 것을 옮겨 온 것으로 볼 수 있다. 세조 4년에 崔沆 등이 편찬한『初學字會』에는 貞懿공주의 <언문자모>를 권두에 첨부하였을 것이고 최세진은 이를『訓蒙字會』에 轉載한 것으로 보는 것이 타당하다.

貞懿공주가 '變音吐着'의 난제를 해결한 것은 아무래도 공주가 延昌尉 安孟聃에게 시집을 간 이후의 일로『竹山安氏大同譜』에 적었다. 공주는『세종실록』(권39) 세종 10년(1428) 2월 乙丑조의 기사에 "貞懿公主下嫁于竹城君安孟聃, 孟聃觀察使望之之子。 - 정의공주가 죽성군 안맹덕에게 시집을 갔는데 맹덕은 관찰사 안망지의 아들이다"라는 기사로 보아 세종 10년에 安孟聃에게 시집을 갔으며 '변음토착'이 해결된 것은 그때로부터 멀리 않은 시기로 보인다. 따라서 세종 25년의 훈민정음 창제의 기사로 보아 변음토착의 해결 이후에 10여 년의 기간 동안 새 문자를 우리말 표기에 적용하는 작업이 이루어졌음을 알 수 있다.

7.6

세종이 새로 만든 문자는 훈민정음이라는 이름으로 불렸다. 그것은 우리 한자음이 중국의 통용 한자음과 너무나 다르기 때문에 이를 개정하여 동국정운식 한자음을 인공적으로 만들고 그것을 백성들에게 가르쳐야 하는 발음으로 본 것이다. 여기에 동원된 발음기호라는 의미로 훈민정음(百姓 フ르치시논 正혼 소리 - <세종어제훈민정음>의 '訓民正音'에 대한 협주)이란 이름을 붙인 것으로 필자는 앞에서 주장하였다.

중국에서 한자음의 正, 俗音의 구별은 매우 중요하였다. 중국의 표준 한자음으로 科擧시험에 통용되는 한자음, 즉 正音을 표음하는데도 이 문자가 사용되

이가원(1994)은 1992년에 竹山 안씨 延昌尉 派에서 派譜 편찬을 기획했을 때에 '貞懿公主遺事'를 발견하여 논문을 작성한 것으로 보인다. 결코 날조하거나 없는 사실을 근거로 한 것은 아니다.

었는데 이때에는 물론 正音이란 이름으로 불렸다. {신편}『월인석보』의 권두에 첨부된 <세종어제훈민정음>이나 {구권}『월인석보』에 첨부되었을 <훈민정음>의 판심서명이 '正音'인 것은 훈민정음의 <언해본>에서 동국정운식 한자음만이 아니라 漢音의 正音 표기에도 사용된 문자임을 암시적으로 말하고 있다.

그러나 우리 한자음과 우리말 표기에 동원된 새 문자는 諺文, 또는 諺書이었고 이것이 문자 명칭이다. '諺文'은 '漢文'에 대한 겸양으로 보아야 할 것이다. 그러나 언문이 우리 문자를 貶下한다고 보아 이를 '國文'으로 바꾼 것은 大韓帝國 시대(1897~1910)의 일이다. 하지만 불과 13년 후에 日帝의 침탈에 의하여 나라를 빼앗기고 다시 國文은 諺文이 되었다. 조선 光復 이후에 다시 나라의 正文이 된 국문은 한글로 그 명칭이 남한에서 바뀌게 된다.

8. 마무리

8.0

본고에서는 세종의 한글 창제에 대하여 기존의 연구를 전면적으로 비판하고 전혀 새로운 주장을 펼친 졸저 『한글의 발명』(2015)에 대하여 부연 설명한 것이다. 그동안 우리 학계에서는 문자의 명칭과 글자 제정의 배경, 그리고 그에 대한 이론적 뒷받침에 대하여 많은 의문이 남아있었다. 지금까지의 연구가 한글 제정 당시 우리 주면의 여러 민족의 언어와 문자에 대한 본격적인 고찰이 없이 國粹主義的 입장에서 오로지 한글에 대한 禮讚과 神聖化로 일관하였기 때문이다.

8.1

본고에서는 새 문자의 제정에 대한 배경으로 한자문화에 대항하는 중국 북방민족의 노력이 있었으며 이들이 오랜 세월에 걸쳐 표음문자를 모색한 결실로 한글이 탄생한 것으로 보았다. 그들은 중국에 대한 사대로부터 자주의 패러

다임으로 전환하고자 하는 부단한 움직임의 결실이 새로운 문자의 제정으로 나타났다는 것이다.

특히 중국에서 왕조의 변천에 따른 표준어의 변화와 그로 인한 새로 공용어로 등장한 漢語 교육의 필요성이 이와 같은 새로운 문자의 제정을 가져온 것이라고 주장하였다. 즉, 몽고의 元나라가 北京에 도읍하면서 새로운 중국어로 漢兒言語가 등장하였다. 이 언어가 帝國의 公用語가 되면서 한자 발음은 우리 한자음과 중국의 漢音이 매우 차이가 나게 되었고 세종은 우리 한자음을 고쳐서 중국의 漢音에 맞추려고 하였다.

이것이 東國正韻식 한자음이고 이 한자음을 백성들에게 가르쳐야 하는 바른 소리로 보아 訓民正音이란 명칭을 얻게 된다. 그리고 중국 한자음의 正, 俗音을 구별할 때에 표준적인 정음을 표기할 때에는 正音으로도 불리었다. 訓民正音이던 正音이던 문자라기보다는 모두 발음기호의 성격을 가진 표음문자이었다.

8.2

그러다가 한문에 붙이는 助詞와 語尾의 口訣 吐를 달 때에 장애물이었던 變音吐着을 이 문자로 해결한 다음 훈민정음으로 우리말의 전면적 표기로 나아갔다. 그때에 試金石이 된 것이『釋譜詳節』과『月印千江之曲』이었으며 이를 통하여 새 문자의 우리말 표기를 시험하였다. 이 두 불서를 합편하여 <월인석보>란 이름으로 종합하였다.

그리고 이를 세종의 생존 시에 간행하였으며 이렇게 세상에 나온 {舊卷}『月印釋譜』에 '훈민정음'이란 제목의 언해본을 첨부하여 반포에 대신하였다. 세종 28년 10월로 보이는『月印釋譜』의 간행과 새 문자의 공표는 그 해의 12월에 실시되는 吏科와 取才에서 훈민정음의 출제로 이어진다. 비로소 공식적인 나라의 글자가 되었으며 이때에 諺文이란 문자 명칭을 얻게 되었다. 이 명칭은 漢文에 대한 겸양의 표현으로 볼 수 있다.

8.3

한글은 중국의 북방민족들이 오래 동안 한자 문화에 저항하며 자신들의 언어를 기록할 수 있는 표음적인 문자의 摸索에서 얻어진 결과로 보아야 한다. 세종대왕을 통하여 하늘에서 저절로 문자를 내려준 것이 아니다. 佛家의 毘伽羅論, 즉 성명기론으로부터 그 이론적 근거를 가져왔고 특히 한글보다 170여 년 전에 몽고의 元에서 제정한 파스파 문자로부터 많은 영향을 받았다. 다만 문자의 字形만은 한글이 독특하며 당시 사용되던 여러 문자를 涉歷하고 그 가운데 가장 이상적인 문자를 채택한 것으로 보인다.

세종의 새 문자 제정에는 佛家의 學僧들의 도움이 많았다. 고려대장경 속에 포함된 고대인도의 毘伽羅論은 우리 한자음의 음운을 분석하고 문자를 대응시키는 방법을 일깨워주었다. 일찍이 비가라론의 이론서인 파니니의 <팔장>은 티베트의 서장 문자를 제정하는데 기반 이론이 되었고 후일 元代 파스파 문자의 제정에도 이론적 근거가 되었다. 훈민정음의 글자 수효나 문자들을 牙舌脣齒喉半舌半齒로 분류하고 배열하는 방법은 <蒙古字韻> 등의 蒙韻에서 영향을 받았으며 初, 中, 終聲으로 구분하여 문자를 정리한 것도 蒙韻을 따른 것이다.

8.4

이 문자는 정식으로 반포되지 못하였고 大韓帝國 때까지 국가의 正文도 되지 못하였다. 그것은 한자 문명의 회복을 외치며 몽고의 元을 멸망시키고 새로운 나라를 세운 明의 감시가 있었고 한자 문화에 젖어있는 儒臣들의 반대가 크게 걸림돌이 되었다. 결국은 明의 눈을 속이기 위하여 佛書인 『月印釋譜』의 권두에 첨부되어 간행됨으로써 문자의 반포를 대신하였다. 그리고 새 국가의 건설과 더불어 자신들의 추종 세력에게 이 문자를 교육하여 시험하고 그들을 관리로 임명함으로써 지배계급의 一新을 도모하는 북방민족의 전통을 따른 것으로 볼 수 있다.

8.5

한글 제정에 대한 이와 같은 주장은 그동안 그런 연구가 없었거나 알면서도 발표하지 못했던 사실이다. 한글은 위대한 것이며 우리 민족의 자랑이라는 국수주의적 생각만을 내세우는 사람들은 이러한 연구를 의도적으로 방해하고 비방하였다. 그러나 한글에 대한 이러한 연구가 결코 이 문자의 우수성이나 민족의 긍지를 毁損한다고 생각하기 어렵다. 오히려 이를 숨기고 억지 주장을 하는 것이 국제적인 문자연구자들에게 恥笑를 받게 될 것임을 깨닫기 바란다.

<參考文献>

姜信沆(1984), 『訓民正音 研究』, 成均館大學校 出版部, 서울

金敏洙(1955a), "한글 頒布의 時期-세종 25년 12월을 주장함-," 『국어국문학』(국어국문학회), 제14호, pp. 57~69

_____(1955b), "『釋譜詳節』 解題," 『한글』(한글학회), 제112호, pp. 149~159

金完鎭(1963), "國語 母音體系의 新考察," 『震檀學報』(震檀學會) 제24호 pp. 63~99

_____(1971), 『國語 音韻體系의 研究』, 一潮閣, 서울

_____(1975), "訓民正音 子音字와 加劃의 原理," 『語文研究』(한국어문교육연구회), 7·8호, pp. 186~194

_____(1978), "母音體系와 母音調和에 대한 反省," 『어학연구』 14-2호, pp. 127- 139

김완진 외(1997), 김완진·정광·장소원: 『국어학사』, 한국방송대학교 출판부, 서울

박병채(1962), 月印千江之曲의 編纂經緯에 대하여, 《文理論集》, 제6집, pp. 2~23

_____(1991), 《論註 月印千江之曲》 [附 原本影印], 世英社, 서울

方鍾鉉(1948), 『訓民正音通史』, 一誠堂書店, 서울

사재동(2006), 『月印釋譜의 佛敎文化學的 研究』, 中央人文社, 대전

안병희(2007), 『訓民正音 研究』, 서울대학교 출판부, 서울

兪昌均(1966), 『東國正韻研究』, 螢雪出版社, 서울

_____(1973), 『較定 蒙古韻略』, 成文出版社, 台北

_____(1978), 『蒙古韻略과 四聲通解의 研究』, 螢雪出版社, 大邱

_____(2008), 『蒙古韻略』과 『東國正韻』, 『訓民正音과 파스파 文字 국제 학술 Workshop』 (주최: 한국학 중앙연구원 주최, 일시: 2008년 11월 18일~19일, 장소: 한국학 중앙연구원 대강당 2층 세미나실, Proceedings) pp. 101~110.

李基文(1963), 『국어 표기법의 역사적 연구』, 韓國研究院, 서울

_____(1976), "최근의 訓民正音研究에서 提起된 몇 問題," 『震檀學報』(震檀學會), 42호, pp. 187~190

_____(1998) 『新訂版 國語史槪說』, 태학사, 서울

_____(2008) "訓民正音 創制에 대한 再照明," 『韓國語硏究Ⅶ』 제5호, pp.5~45

李東林(1970) 『東國正韻硏究』, 東國大學校 大學院, 서울

_____(1974) "訓民正音創製經緯에 對하여-俗所謂 反切二十七字와 相關해서-,"『국어국문학』(국어국문학회), 제64호, pp. 59~62

李崇寧(1981) 『世宗大王의 學問과 思想』, 亞細亞文化社, 서울

임홍빈(2006) "한글은 누가 만들었나: 한글 창제자와 훈민정음 대표자,:『국어학논총』(이병근선생 퇴임 기념), 태학사, pp. 1347~1395.

_____(2008) "訓民正音의 몇 가지 問題" 한국학중앙연구원 主催 '八思巴文字와 訓民正音' 國際學術會議 자료집

정광·남권희·양오진(1998): " 新發掘譯學書 資料 元代漢語 <舊本老乞大>", 제25회 국어학회 공동연구회 개인연구발표, 일시: 1998년 12월 18일, 장소: 올림픽 파크텔

정광·이택선(2014) "조선전기 중국 歸化人들의 역할-언어 표준의 변화와 외교 표준 영역에서 활동을 중심으로 -," 國際譯學書學會 第6次 北京國際學術會議(日時: 2014년 3월 15일, 場所: 中國 北京, 北京大學) 발표요지

졸고(1975) "韓國詩歌의 韻律硏究試論,"『應用言語學』(서울대어학연구소) 제7-2호, pp. 151~166

_____(2002) "훈민정음 중성자의 음운대립," 『문법과 텍스트Ⅶ』 (서울대학교 출판부) pp.31~46

_____(2003a) "韓半島における漢字の受容と借字表記の變遷,"『日韓漢字·漢文受容に關する國際學術會議』主題講演, 2003년 7월 24~25일 日本 富山大學 人文學部, 日韓漢字·漢文受容硏究會 주최

_____(2003b) "坡平尹氏 母子미라 副葬 諺簡," <坡平尹氏 母子미라 綜合硏究>, 고려대학교 박물관, 서울, pp. 87~98

_____(2005) "새로운 자료와 시각으로 본 훈민정음의 創製와 頒布, 고려대학교 부설 언어정보연구소 3월 월례발표회 발표요지, 일시:2005년 3월 29일 10:00~12:00, 장소: 고려대 문과대학 강당
    이 발표문은 정년퇴임을 기념하는 특별 강연이었고 졸고(2006a)로『언어정보』(제7호에 게재되었다.

_____(2006a) "吏文과 漢吏文", 『口訣硏究』(口訣學會) 16호 pp.27~69

_____(2006b) 새로운 자료와 시각으로 본 훈민정음의 創製와 頒布,"『언어정보』(고려대학교 언어정보연구소), 제7호, pp. 5~38

_____(2008a) "<蒙古字韻>의 八思巴 문자와 訓民正音,"『제2차 한국어학회 국제학술대

회 발표요지』(2008 '한글' 국제학술대회, 일시: 2008년 8월 16-17일, 장소: 고려대학교 인촌기념관) Session 1 '한글과 문자' pp. 10~26

____(2008b), 『蒙古字韻』과 八思巴 文字-訓民正音 제정의 이해를 위하여-, 제1차 세계 속의 한국학 연구 국제학술토론회, 2008년 10월 25일-26일, 중국 북경중앙민족대학, 중국 중앙민족대학 한국학-조선학 연구중심 주최

____(2008c), "훈민정음 자형의 독창성-『몽고자운』의 八思巴 문자와의 비교를 통하여-," 한국학중앙연구원 주최 『훈민정음과 파스파문자 국제학술 Workshop(International Workshop on Hunminjeongeum and hPags-pa script)』(2008년 11월 18일, 한중연 세미나실)의 발표요지

____(2009), "훈민정음 中聲과 파스파 문자의 모음자," 『국어학』(국어학회), 제56호, pp.221~247

____(2010), "契丹·女眞文字と高麗の口訣字," 『日本文化硏究』(동아시아일본학회), 第36輯, pp. 393~416, 이 논문은 國際ワークショップ「漢字情報と漢文訓讀」(日時: 2009年 8月 22日~23日, 場所: 札幌市·北海道大學人文·社會科學總合敎育硏究棟 W408)에서 일본어로 발표한 것을 수정 보완한 것이다.

____(2011a), "훈민정음 초성 31자와 파스파자 32자모," 『譯學과 譯學書』(譯學書學會), 제2호, pp.97~140

____(2011b), "<蒙古字韻>喩母のパスパ母音字と訓民正音の中聲," 『東京大學言語學論集』(東京大學言語學科) 제31호, pp. 1-20

____(2012a), "<몽고자운>의 파스파 韻尾字와 훈민정음의 終聲," 『譯學과 譯學書』(譯學書學會), 제3호, pp.5~34

____(2012b), "元代漢吏文と朝鮮吏文," 『朝鮮學報』(일본朝鮮學會), 제224輯 pp. 1~46

____(2012c), "고려본 <용감수경>에 대하여," 『국어국문학』(국어국문학회) 제161호 pp.237~279
　　　　이 논문의 일본어 역문이 藤本幸夫(2015)에 수록됨.

____(2013), "《월인석보》의 舊卷과 훈민정음의 언해본-正統 12년 佛日寺판 《월인석보》 옥책을 중심으로-," 『國語學』(國語學會), 제68호, pp. 3~49

____(2015), "파스파 문자," 『한글과 동아시아의 문자』(2015 연구보고:195~258), 국립한글박물관, 서울

____(2016a), "朝鮮半島における仏経玉冊の刊行について," 『朝鮮學報』(일본朝鮮學會), 제238輯, pp. 1~46

____(2016b), "毘伽羅論과 훈민정음 -파니니의 <八章>과 佛家의 聲明記論을 중심으로-," 『한국어사연구』(국어사연구회) 제2호, pp. 1~68

____(2016c)﹐"反切考," 第8次 國際譯學書學會 國際學術大會 基調講演 要旨(주제: 譯學書 硏究의 現況과 課題, 일시: 2016년 7월 30일(토) ~ 31일(일), 장소: 일본 요코하마 鶴見대학)

졸저(2004)﹐『역주 原本老乞大』,김영사, 서울.

____(2009)﹐『몽고자운 연구』, 박문사, 서울,

____(2010)﹐졸저(2004)의 수정본, 박문사, 서울.

____(2012)﹐『훈민정음과 파스파 문자』, 도서출판 역락, 서울

____(2013)﹐『蒙古字韻 硏究』중문판, 民族出版社, 北京 번역 曹瑞炯

____(2014)﹐『조선시대 외국어 교육』, 김영사, 서울

____(2015)﹐『한글의 발명』, 김영사, 서울

이하 저자명의 알파벳순

Bloomfield(1935)﹐Leonard Bloomfield, *Language,* London

Chomsky·Halle(1968)﹐Noam Chomsky, Morris Halle, *Sound Pattern of English,* New York: Harper & Row

Grierson(1919)﹐G. A. Grierson, *Linguistic Survey of India,* Vol. 8, 1990년 재판.

Ladefoged(1975)﹐Peter Ladefoged, *A Course in Phonetics,* 2nd ed.(1982), New York.

Ledyard(1966)﹐Gari Ledyard : The Korean language reform of 1446 - The Origin, Background, and Early History of the Korean Alphabet, Unpublished Ph. D dissertation, University of California. 이 논문은 한국에서 출판되었다(Ledyard, 1998).

_____(1997)﹐"The international linguistic background of the correct sounds for the instruction of the people", Kim-Renaud(1997), pp.31~88.

_____(1998)﹐*The Korean language reform of 1446,* 신구문화사, 서울국립 국어연구원 총서 2.

Ledyar_(2008), The Problem of the 'Imitation of the Old Seal' : Hunmin Chŏng'ŭm and hPags-pa, *International Workshop on Hunminjeongeum and hPags-pa script,* 2008년 11월 18일~19일, 한국학중앙연구원 대강당, 豫稿集 pp.11~31.

Ligeti(1948), Louis, Ligeti : "le Subhāṣitaratnanidhi mongol, un document du moyen mongol", *Bibliotheca Orientalis Hungarica* VI, Budapest.

____(1956)﹐"Le Po kia sing en écriture 'Phags-pa", *AOH*(Acta Orientalia Scientiarum Hungaricae, Budapest) 6(1~3), pp.1~52.

____(1973)﹐"Monuments en écriture 'Phags-pa ; Pièces de chancellerie en transcription chinoise," Budapest: *Akadémiai Kiadó*, Vol. I, 1972 ; Vol. II, 1973.

Narkyid(1983) Nagawangthondup Narkyid, "The Origin of the Tibetan script," in E. Stein-kellner & H. Tauscher(eds.) *Contributions on Tibetan language, history, and culture*,(Proceedings of the Csoma de Kőrös Symposium held at Velm-Vienna, Austria, 13-19 September 1981, Wiener Studien zur Tibetologie und Buddhismuskunde 10), Wien: Arbeitskreis für Tibetische und Buddhistische Studien Universität Wien, pp.207-220.

Poppe(1957) N. Poppe, *The Mongolian Monuments in ḥP'ags-pa Script*, Second Edition translated and edited by John R. Kruger, Wiesbaden: Otto Harrassowitz.

Robins(1997) R. H. Robins, *A Short History of Linguistics*, Longman Linguistic Library, 4th edition.

Vladimircov(1921) B. Ya. Vladimircov: *Mongolskiï sbornik razskazov iz Pañcatantra*, Petrograd.

_____(1926) *Obrazčí mogolskoi narodnoï slovesnosti*(S. Z. Mongolia), Leningrad.

일본어논문은 저자명의 五十音圖順

尾崎雄二郎(1962), "大英博物館本 蒙古字韻 札記,"『人文』제8호, pp.162~180.
龜井 孝河野六郎千野榮一(1988),『言語學大辭典』, 第1卷「世界言語編」上, 三省堂, 東京.
中村雅之(1994), "パスパ文字漢語表記から見た中期モンゴル語の音聲",『KOTONOHA』제1호 pp.1~4.
中村雅之(2003), "四聲通解に引く蒙古韻略について,"『KOTONOHA』, 제9호 pp.1~4
西田竜雄(1987), "チベット語の変遷と文字", 長野泰彦立川武藏 編:『チベットの言語と文化』, 冬樹社, 東京.
花登正宏(1997),『古今韻會擧要研究-中國近世音韻史の一側面-』, 汲古書院, 東京.
藤本幸夫(2015),『龍龕手鏡(鑑)研究』, 麗澤大學出版會, 東京
山口瑞鳳(1976), "『三十頌』と『性入法』の成立時期をめぐって,"『東洋學報』第57號, pp.120~154

저자 한국한자명의 가나다순
寧忌浮(1992), "蒙古字韻校勘補遺",『內蒙古大學學報』(1992.8), pp.9~16.
_____(1994), "『蒙古字韻』與『平水韻』,"『語言研究』(1994.2), pp.128~132.
羅常培蔡美彪(1959),『八思巴文字與元代漢語』[資料汇編], 科學出版社, 北京.

照那斯图(2008), 訓民正音基字與八思巴的關係,"『훈민정음과 파스파문자 국제학술 Workshop』(International Workshop on Hunminjeongeum and hPags-pa script), 예고집, pp.39~44

照那斯图·宣德五(2001a), "訓民正音和八思巴字的關係探究－正音字母來源揭示－",『民族語文』(중국社會科學院 民族研究所) 第3期, pp.9~26.

_____(2001b), "<訓民正音>的借字方法",『民族語文』(社會科學院 民族研究所) 第3期, pp.336~343.

照那斯图·楊耐思(1984), "八思巴字研究,"『中國民族古文字研究』, 中國民族古文字研究會, pp.374~392.

_____(1987),『蒙古字韻校本』, 民族出版社, 北京.

洪金富(1990),『元代蒙古語文的敎與學』, 蒙藏委員會, 臺北.

□ 성명 : 정광(鄭光)
　　주소 : (139-221) 서울시 노원구 중계1동 두타빌 A동 301호
　　전화 : +82-10-8782-2021
　　전자우편 : kchung9@hanmail.net

□ 이 논문은 2016년 8월 8일 투고되어
　　2016년 11월 15일부터 11월 30일까지 심사하고
　　2016년 12월 10일 편집회의에서 게재 결정되었음.

日本의 譯學書 硏究 回顧와 展望
-漢學・淸學・蒙學을 中心으로-

竹越 孝

(日本, 神戶市外國語大學)

<Abstract>

　本稿は、漢学・清学・蒙学の各分野について、小倉進平『朝鮮語学史』以後の日本における訳学書研究を回顧し、今後の展望について述べたものである。それぞれの分野において、これまでになされた注目すべき研究を紹介するとともに、展望として、韓国語史・韓国史の側からの検討、四学における横の繋がり、グローバルな研究体制が必要とされることを述べた。

Key Words : 譯學書, 漢學, 淸學, 蒙學

1. 前言

　小倉進平(1920)『朝鮮語學史』이후 日本에서의 譯學書研究를 回顧하고, 앞으로의 展望에 대하여 논의하는 것이 本稿에 주어진 役割이지만, 中國語學을 專攻하는 筆者에게는 그 資格도 能力도 없다. 그러므로, 이하에서는 筆者가 關心을 가지고 있는 漢學・淸學・蒙學의 狀況에 대하여, 注目할만 한 研究를 紹介함으로써 책무를 다하고자 한다. 材料는 주로 遠藤光曉等編(2009)『譯學書文獻目錄』에 依據하였다.

　筆者의 能力不足으로 인하여, 本稿에서는 倭學 연구에 대하여 언급할 수 없으므로, 그것에 대해서는 國立國語研究所(1997)『日本語와 朝鮮語：回顧와

展望編」[1]에 수록된 藤本幸夫「朝鮮語의 史的 硏究」및 辻星兒「『朝鮮資料』의 硏究」등을 參照하시기 바란다. 또한, 漢學에 대해서는, 遠藤光曉・嚴翼相編 (2008)『韓漢語言硏究』에 收錄된 遠藤光曉「韓漢語言史資料硏究槪述 - 總論」, 更科愼一「韓漢語言史資料硏究槪述 - 近代音韻部分」, 竹越孝「韓漢語言史資料硏究槪述 - 語彙語法部分」이 각각 分野에 대해서 槪觀을 한 바 있으므로, 아울러 參照해 주셨으면 다행이다.

2. 漢學

2.1. 『老乞大』・『朴通事』

漢學書에 관한 硏究에서는, 『老乞大』・『朴通事』을 다루는 것의 比重이 크다. 최근의 譯學書硏究界에서 가장 큰 사건은, 소위 舊本『老乞大』의 發見이며, 그 이후, 특히 中國語 語彙 語法史 分野에서『老朴』을 다루는 硏究의 수가 배증되었다. 최근에는 中國에서도 많은 硏究成果가 발표 되고 있다.

日本語譯註로서는, 舊本『老乞大』를 대상으로 한 金文京・佐藤晴彦・玄幸子譯註, 鄭光解說(2002)『老乞大 - 朝鮮中世의 中國語會話讀本 - 』이 가장 임펙트가 큰 성과이며, 이 分野에 關心을 품은 사람이 먼저 손에 들어야 할 한 권이라 할 수 있다. 모든 段落이『飜譯老乞大』와 對照하는 형식이며, 「解說」은 司譯院譯學書의 개설을 겸한다. 古屋昭弘(2002) 에 의한 書評도 많은 중요한 論點을 제시하고 있어 有益하다. 『朴通事』에 대해서는, 田村祐之에 의한 譯註(1996-2007)「『朴通事諺解』飜譯의 시도」가 斷續的으로 행하여지고 있었으나, 현재는 金文京 선생이 主宰하는 朴通事硏究會에 의한 會讀의 成果로서 譯註가 準備되고 있다.

索引・語料類로서는, 陶山信男(1973)『朴通事諺解・老乞大諺解語彙索引』이 語彙를 대상으로 한 것이고, 慶谷壽信 외(1976)『朴通事諺解索引』이 一字索引이며, 遠藤光曉(1990)「《飜譯老乞大・朴通事》漢字注音索引』도 一字索

---

1) 이하, 本文에서 紹介할 日本語 書籍과 論文의 제목은 韓國語로 飜譯하여 提示한다.

引인데, 入聲字一覽表, 上聲이 連續하는 句의 一覽表, 硏究文獻目錄 등 有益한 情報를 포함한다. 舊本『老乞大』의 發見을 받아서 作成된 竹越孝(2007)「老乞大四種 對照 텍스트」2)는 이후 有益한 檢索 툴이 될 것으로 期待된다.

書誌的 硏究로서는, 今本系『老乞大』를 다룬 竹越孝(2005)「今本系《老乞大》四本의異同點」이나, 同(2009)「天理圖書館藏의 內賜本『老乞大諺解』에 대하여 ─ 印出後의 訂正狀況을 中心으로 ─」, 同(2014)「活字本『老乞大諺解』에 있어서의 印出後의 訂正에 대하여 ─ 奎章閣所藏本을 中心으로 ─」,『朴通事』를 다룬 田村祐之(2008)「《朴通事諺解》與《新釋朴通事》之異同初探」등이 있다. 淸代改訂本에 대해서는, 杉山豐(2011)「『老乞大新釋』·『老乞大新釋諺解』의 成立過程에 對하여 ─ 關聯史料 및 文獻內的根據를 通하여 ─」가, 유일하게 影印本이 刊行되지 않고 있는『老乞大新釋諺解』3) 를 다루었다는 점에서 貴重하다.

『老乞大』와『朴通事』는 거의 같은 時期에 成立되었다고 생각되는데, 그 단서는 주로『朴通事』쪽에 있어서, 成書年代에 대해서는 주로 그것을 재료로 삼아 논의되는 경우가 많다. 기존에는, 第39話에 高麗의 名僧 步虛4)가 大都의 永寧寺에서 法會를 열었다고 하는 에피소드가 실려 있다는 점으로 보아, 그 成立을 그의 入元(1346年)으로부터 元의 滅亡(1368年), 혹은 高麗의 滅亡(1398年)에 이르는 사이로 보는 설이 有力하였다5). 最近에 發表된 金文京(2013)「高麗時代漢語敎科書『朴通事』의 成立年代에 대하여」에서는, 第73話에 나타나는 干支와 二十八宿의 記述로 말미암아, 1388年이라고 보는 새로운 설을 제시하고 있다.

『老朴集覽』은 崔世珍에 의한『老乞大』·『朴通事』의 注釋書인데,「新本(今本)」「舊本(古本)」이라는 記述이 여기저기에 보이므로, 崔世珍이 新舊 양쪽의 텍스트를 參照하였음은 確實하다. 이로 인하여, 中村完(1961)「影印『朴通事上』付金思燁解題」, 同(1967)「李丙疇編校『老朴集覽考』」나 山川英彦(1977)「《老

---

2) 電子版이며, 希望者에게는 無償配布하고 있다.
3) 미국·컬럼비아 大學 所藏
4) 太古 普愚禪師(1301-1382)를 가리킨다.
5) 朱德熙(1958)「《老乞大諺解》《朴通事諺解》書後」, 閔泳珪(1966)「朴通事의 著作年代」등.

朴集覽』覺書」에서는, 이것이 『飜譯老乞大』『飜譯朴通事』의 編纂과 어떠한 前後關係에 있는 것인가에 대한 문제가 提起된 바 있다. 舊本『老乞大』의 發見에 의해 이 문제가 다시 주목됨에 따라, 田村祐之(2005)「『老朴集覽』과『飜譯老乞大』『飜譯朴通事』의 成立過程에 관한 一考察」이 論點을 整理하였고, 竹越孝(2006)「『老朴集覽』과『飜譯老乞大·朴通事』의 編纂順序」에서는, 각 문헌에서 확인되는 記述의 相互關係로 미루어, 『單字解』·『累字解』→『飜譯老乞大』→『老乞大集覽』·『朴通事集覽』→『飜譯朴通事』라는 順序로 編纂되었다고 推定한 바 있다. 기타, 同書의 音韻資料로서의 측면을 부각시킨 遠藤光曉(2005)「《老朴集覽》裡的音韻資料」나,『老朴集覽』에 나타나는 多樣한 引用書를 考察한 田村祐之(2014)「『老朴集覽』引書考」, 同(2015)「續『老朴集覽』引書考 -『音義』『質問』그리고『譯語指南』-」과 같은 硏究도 이루어진 바 있다.

音韻에 대해서는, 최초의 諺解本인『飜譯老乞大·朴通事』를 對象으로 하여 당시의 聲調를 살피는 것이 主要한 테마가 되어 왔다. 그에 대한 레퍼런스로서는, 遠藤光曉(1990)「《飜譯老乞大·朴通事》漢字注音索引」이 가장 有用하다. 聲點이 보여주는 聲調 체계에 대해서는, 河野六郎(1951)「諺文古文獻의 聲點에 대하여」가 그 基礎를 마련하였고, 菅野裕臣(1977)「司譯院漢學書에 記入된 近世中國語聲調表記」가 많은 一次資料에 기초하여서 논의를 精密化하였으며, 遠藤光曉(1984)「《飜譯老乞大·朴通事》裏的漢語聲調」에 의해 集大成되었다고 할 수 있다. 이 논의는 崔世珍 자신의 描寫를 통해 聲調體系를 復元한다는 構想下에서, 右側音의 調値를 陰平 45, 陽平 214, 上聲 11, 去聲 55, 入聲 (一) 5, 入聲(二) 24라고 推定함과 동시에, 母音의 高低에 의해 入聲의 歸屬處가 決定된다는 설을 제기하였으며, 明代 初期 人口移動과의 관련에서『老朴』의 基礎方言이나「官話」의 문제에 대하여 논하고 있다. 또, 中村雅之(2006)「飜譯老乞大·朴通事의 輕聲에 대하여」, 同(2007)「近世漢語資料에 있어서의 輕聲表示」에서는 中國語北方方言의 輕聲 문제를 논의한 바 있다. 鋤田智彦(2005)「東洋文庫本『重刊老乞大諺解』에 나타난 上聲의 連讀變調에 대하여」, 同(2006)「東洋文庫所藏《重刊老乞大諺解》의 入聲字에 표시된 傍點에 대하여」, 同(2007)「『重刊老乞大諺解』三本에 나타난 聲調를 나타내는 傍點에 대하여」는, 淸代改訂本의 聲調分析에 있어 菅野 선생의 手法을 適用한 것이다. 기

타, 淸代改訂本을 이용한 牙喉音의 口蓋化, 尖團音의 合流過程에 대한 검토도
큰 테마 중 하나이며, 遠藤光曉(1993)「《重刊老乞大諺解》牙喉音字顎化的条
件」은 短篇이면서도 方言의 狀況까지 勘案하면서 논하고 있다.

　語彙・語法 分野에서는,「漢兒言語」를 둘러싼 논의가 큰 테마 중 하나다.
「漢兒言語」라고 하는 槪念은, 太田辰夫(1953)「老乞大의 言語에 대하여」, 同
(1954)「漢兒言語에 대하여 - 白話發達史를 둘러싼 試論 -」등에 의해 提起된
것으로, 太田 선생은 遼・金・元代의「漢兒」에, 漢民族이라는 狹義와, 當時 北
方中國에 居住하고 있었던 諸民族6) 이라는 廣義가 있었음을 보여준 다음,「漢
兒言語」를 廣義의「漢兒」들 사이에서 使用되고 있었던 共通語라고 定義하였
다. 이 논의가 元代의「漢兒言語」를 反映하는 資料로서 든 것은, 소위「元代白
話碑」나『元典章』・『通制條格』등의 法制資料, 貫雲石『孝經直解』등이지만,
1998年에 發見된 舊本『老乞大』의 言語가, 그 이전에 알려져 있었던 版本보다
도 이러한 資料에 더 유사하다는 점에서,「漢兒言語」說을 뒷받침하는 것으로
서 脚光을 받게 되었다. 그러나 그 한편에서, 宮紀子(2003, 2004)「蒙古가 남긴
『飜譯』言語 - 舊本『老乞大』의 發見을 계기로 -」은「漢兒言語」라는 現象의
存在 그 자체를 부정하고, 이『老乞大』도 역시「元代白話碑」이나『元典章』등
과 동일하게 蒙古語로부터 直譯된 것, 즉 田中謙二, 亦隣眞 들이 말하는「蒙文
直譯體」7)라고 하는 설을 제기하였다.

　「漢兒言語」와「蒙文直譯體」가 어떠한 關係에 있는 것인가 하는 문제에 대
하여, 金文京외(2002)『老乞大』의 解說에서는, 이들 두 槪念은 對立되는 것이
아니라 相補的인 것이며,「漢兒言語」라고 하는 口頭言語의 기초 위에 태어난
것이「蒙文直譯體」라고 하는 書面言語였다고 하는 見解를 밝히고 있다. 또한,
金文京(2005)「漢兒言語考」에서는, 中國本土에서도 같은 特徵이 나타나는 文
獻이 存在함을 제시하였다. 그러나, 이 문제를 根本的으로 解決할 길을 열기
위해서는, 蒙古語로부터 飜譯되었음이 분명한 文獻과「漢兒言語」로 여겨지는
文獻 사이에 어떠한 言語的 差異가 있는 것인가, 具體的으로는「元代白話碑」

---

6) 漢族뿐만 아니라, 蒙古・契丹・女眞・高麗등의 民族도 포함한다.
7) 田中謙二(1962)「元典章에 있어서의 蒙文直譯體의 文章」, 亦隣眞(1982)「元代硬譯
　公牘文體」.

와 舊本『老乞大』내지는『孝經直解』의 言語가 어떻게 다른가를 밝히는 것이
열쇠일 것이다. 왜냐하면, 이들 양자의 言語的 性質이나 特徵이 같다고 인정했
을 경우, 결국은「모두 蒙古語로부터의 飜譯이다 / 모두 當時의 링귀 프랭커
(lingua flanca)다」라고 하는 쌍방의 主張이 成立하기 때문이다.

舊本『老乞大』의 語彙・語法特徵을 描寫한 것으로서는, 佐藤晴彦(2002)「
舊本『老乞大』의 中國語史에 있어서의 價値」가 있으며, 그 내용은 金文京 외
(2002)『老乞大』의 解說 部分보다 다방면에 걸쳐져 있다. 栗林均(2003)「《元
朝秘史》에 있어서의 蒙古語와 漢語人稱代名詞의 對應」에서는,『元朝秘史』에
나타난 蒙古語와 中國語傍譯의 對應이, 一人稱複數除外形「俺」, 同包括形「咱
/ 咱每」, 二人稱複數「您」임을 제시하고, 舊本『老乞大』에서도 동일한 圖式이
성립한다며,「俺」「咱」「您」사이에 單複의 區別이 없다는 金文京 외(2002) 의
解釋을 批判하였으나, 佐藤晴彦(2003)「栗林均씨의 批判에 대답함 ─ 氏의「
《元朝秘史》에 있어서의 蒙古語와 漢語人稱代名詞의 對應」을 둘러싸서 ─」
에서는, 각 場面의 前後 文脈을 고려할 때, 同書에서 제시된 解釋의 正當性은
분명하다고 反論하고 있다.

『老朴』의 語彙・語法을 對象으로 한 硏究는, 通常的인 中國語와는 異質的
인 部分에 注目한 논의와, 通常的인 中國語史上에 자리를 매긴 논의, 다시 말
하여「漢兒言語」的 要素를 다루는 것과 非「漢兒言語」的 要素를 다루는 것으
로 大別할 수 있다.「舊本」發見以前에 있어 前者의 논의로서는 大塚秀明(1988)
「〈老乞大〉〈朴通事〉의 言語에 대해서」, 後者의 논의로서는, 陶山信男
(1975)「《朴通事》《老乞大》의 言語 ─「着」에 관한 考察」, 志村良治(1978)
「「與」「饋」「給」─ 漢語의 授與動詞와「給」의 來源 ─」이 代表的이다. 太田辰
夫(1990)「『老朴』淸代改訂三種의 言語」는『老乞大新釋』,『重刊老乞大』및『
朴通事新釋』이라는 세 種의 淸代改訂本을 다루는 것으로, 淸代北京語의 語
彙・語法特徵이라는 角度에서 볼 때『朴通事新釋』이 異質的임을 서술하였다.
C. Lamarre(1994)「可能補語考(I) ─『老乞大』・『朴通事』諸版本의 異同을 中
心으로 ─」역시「舊本」發見以前의 논의이지만, 다른 시대의 版本을 對照하는
手法이 이미 채택되고 있다.

「舊本」發見以後의 硏究 가운데에는,『老乞大』에서 네 種,『朴通事』에서 두

種의 텍스트를 對照함으로써, 元·明·淸代에 있어서의 中國語北方方言의 通時的變遷을 考察하는 스타일이 一般的이다. 지금까지 다루어진 주된 테마를 들어 보면, 예를 들어 텐스·애스펙트에 관한 논의(竹越孝 2002 「從《老乞大》的修訂來看句尾助詞"了"的形成過程」, 遠藤光曉 2004 「中國語의 "來"의 文法化 -『老乞大』諸本에 있어서의 텐스·애스펙트 마커의 變化를 中心으로 하여 -」, 遠藤雅裕 2008 「淺談『老乞大』各版本中的非完成體標誌 - 以「着」和「呢」爲中心」등), 前置詞의 文法化에 관한 논의(遠藤雅裕 2003 「『老乞大』各版本中所見的「將」「把」「拿」 - 并論元明淸的處置句 -」, 竹越孝 2005 「論介詞 "着"的功能縮小 - 以《老乞大》、《朴通事》的修訂爲例」등), 文章의 타입에 관한 논의(淺井澄民2004 「『(舊本) 老乞大』의 疑問文과 그 變遷 -「選擇的疑問文」을 中心으로 -」, 玄幸子 2007 「李氏朝鮮期 中國語會話 텍스트『朴通事』에 나타나는 存在文에 대하여」등), 量詞에 관한 논의(竹越孝 2007 「《老乞大》四種版本中所見的量詞演變」, 橋本永貢子 2010 「量詞의 唐代以降에 있어서의 用法의 變遷에 대하여 :『大唐三藏取經詩話』와『老乞大』『朴通事』에 기초하여」등), 人稱代名詞에 관한 논의(遠藤雅裕 2005 「《老乞大》四種版本裡所見的人稱代詞系統以及複數詞尾」, 增野仁 2007 「中國語에 있어서의 人稱代名詞의 變遷 -『老乞大』諸版本을 통한 檢討 -」, 張盛開 2008 「第一人稱複數排除式和包括式的對立 - 以《老乞大》和《朴通事》爲例」)등, 多樣한 問題가 논의된 바 있다. 한편, 西洋資料와 比較하면서, 그 文體에 대해 논의한 古屋昭弘(2008) 「《老乞大》與《賓主問答》」도 注目할 만한 硏究이다.

以上은 中國語學 측에서 이루어진 語彙·語法硏究이지만, 韓國語學 측에서 이루어진 硏究도 있다. 伊藤英人(2007) 「『飜譯老乞大』에 나오는 「了」의 朝鮮語譯을 둘러싸고」, 同(2008) 「『飜譯老乞大』中의 句末 助詞 「了」, 「也」, 「裏」, 「來」의 朝鮮語譯에 대하여」, 同(2011) 「朝鮮時代 近世中國語의 「飜譯」에 대하여」는, 중국어의 텐스·애스펙트 마커를 諺解 측면에서 어떻게 解釋하고 있는지를 檢討한 것이다. 本文과 諺解는 서로 獨立한 存在라고 보는, 즉 諺解의 解釋이 맞다고는 할 수 없다고 하는 立場을 前提하기는 하였지만, 諺解가 本文을 解釋함에 있어 有力한 툴인 것은 의심의 여지가 없는바, 이러한 硏究를 中國語學 측에서도 積極的으로 받아들여 갈 必要가 있을 것이라 생각한다.

기타, 『朴通事』 안에는 『西遊記』의 原型을 전하는 에피소드도 포함되어 있어, 太田辰夫(1959) 「朴通事諺解所引西遊記考」에서는, 일찍이 그것을 『西遊記』 硏究를 위해서 利用한 바 있다. 또한, 새로 發見된 舊本 『老乞大』에 나타나는 交易 關係 記載를 통하여 社會經濟史上의 問題를 논한 것으로서, 舩田善之(2001) 「元代史料로서의 舊本 『老乞大』 鈔과 物價의 記載를 中心으로 하여 」가 있으며, 金文京 외(2002) 『老乞大』의 解說에서도 이러한 問題에 대해 言及하고 있다. 그 밖에, 『朴通事』에 대해서는 田村祐之(2002) 「『朴通事』와 日用類書와의 關係에 대하여」, 中村喬(2007) 「『朴通事』의 看花宴에서 보는 酒名」, 同(2006) 「『朴通事』에서 보는 看花宴의 料理」 등이 있다.

2.2. 其他의 漢學書

以下에서는 기타의 漢學書를 다룬 硏究에 대하여 서술할 것인데, 그 중에는 譯學書의 카테고리에 반드시 들어가지 않는 것도 포함된다.

『四聲通解』에 대해서는, 服部四郎(1946) 『元朝秘史의 蒙古語를 表하는 漢字의 硏究』나 長田夏樹(1978) 「蒙古韻略과 中原音韻 四聲通解의 俗音과 今俗音 」이 同書에 나타나는 「俗音」이나 「今俗音」 등이 가리키는 바를 둘러싸고 先鞭한 硏究라 할 수 있다. 遠藤光曉(1994) 「『四聲通解』의 所據資料와 編纂過程」이 現段階에서는 가장 重要한 論考로서, 주로 小韻의 配列이나 義註의 內容을 통하여 同書의 成立過程을 살피고, 引用된 多樣한 資料에 대해서도 자세하게 考察하고 있다. 花登正宏(1990) 「四聲通解所引古今韻會考」나, 中村雅之(2003) 「四聲通解에서 引用하는 蒙古韻略에 대하여」는 同書의 引用을 통하여 佚書의 단서를 찾으려고 하는 시도이다. 鋤田智彦(2006) 「『四聲通解』에 있어서의 崔世珍 「按」」과 같이, 崔世珍의 獨自要素에 조명을 맞춘 硏究도 있는 바, 이러한 접근 방식은 더 널리 認識되어야 한다.

『韻會玉篇』은 崔世珍이 『古今韻會』에 出現하는 글자를 部首 순으로 配列한 一種의 索引이며, 同書에 대해서는 遠藤光曉(2010) 「崔世珍 『韻會玉篇』에 대해서」가 書誌的인 分析과 아울러, 現存 諸本의 系統關係를 整理한 바 있다.

『訓世評話』에 대해서는, 姜信沆 선생의 論文과 校本이 古屋昭弘譯(1991, 1992) 「訓世評話에 대하여」로서 일찍이 紹介되는 한편, 太田辰夫(1991) 「『訓

世評話』의 言語」가 그 特徵的인 語彙를 지적하여 分析하고 있다.

『伍倫全備諺解』는, 明·邱濬의 戱曲『伍倫全備忠孝記』를 改編하여 漢學書로 만든 것인데, 이것을 語彙語法史의 面에서 分析한 것으로서, 福田和展(1990)「『伍倫全備諺解』의 언어」, 同(2001)「《伍倫全備諺解》語彙, 語法分析 － 《老乞大》《朴通事》와의 比較를 中心으로 －」가 있다. 또 寺村政男(1990)「『伍倫全備諺解』에 나타나는 胡語考」는, 同書 중에 나타나는 漢字音寫 蒙古語를 대상으로 삼아 考察한 것이다.

『華音啓蒙』에 대해서는, 太田辰夫(1950)「淸代의 北京語에 대하여」및 同(1951)「淸代北京語語法硏究의 資料에 대하여」가, 이른 段階에서 本書를『老乞大』·『朴通事』의 淸代 改訂本에 비견하는 淸代 北京語 資料로서 言及하고 있다. 日下恒夫(1978)「近代北方語史에 있어서의「朝鮮資料」序說 － 《華音啓蒙》의 可能性 －」은『老朴』의 淸代改訂本도 포함 한 槪說的 內容이다. 鵜殿倫次(1985)「『華音啓蒙諺解』漢字音注의 特質」, 同(1986)「『華音啓蒙』千字文의 音注」, 同(1992-1996)「『華音啓蒙』入聲字의 音注」는, 同書에서 관찰되는 漢字의 한글 注音에 대하여 檢討하고 있다. 日下恒夫(1980)「「朝鮮資料」의 中國語」는, 同書가 文法의 面에서 通常的인 中國語와 다른 用法을 가진다는 사실에 대해 言及한다. C. Lamarre(1998)「大阪女子大學附屬圖書館收藏『華音啓蒙』의 言語特徵에 대하여」는, 北京語 이외의 北方方言도 시야에 넣으면서 語彙語法面의 特徵을 紹介한다.

『華語類抄』에 대해서는, 伊藤英人(2002)「高宗代司譯院漢學書字音改正에 대하여 －『華語類抄』의 字音을 통하여 －」가 있어, 『華音啓蒙』이나 同書의 한글 注音이 상당한 部分에서 前時代의 그것을 踏襲하고 있음을 제시함으로써, 同時代的인 音韻體系의 反映이라고 速斷하는 것에 대해 警鐘을 울리고 있다.

『譯語類解』에 대해서는, 安田章(1967)「類解攷」가『譯語類解』·『同文類解』·『蒙語類解』·『倭語類解』四書의 基本的 性格과 相互 關係를 다룬 先驅的인 論考라 할 수 있다. 福田和展(1989)「『譯語類解』중에 "上仐"이라고 적힌 語彙에 대하여」, 同(2002)「《譯語類解》에 註記된 漢語의 同義·類義語에 대하여 － 司譯院類解辭書中의 漢語에 대하여 －」, 同(2003)「《譯語類解》《同文類解》《蒙語類解》의 漢語 표제어의 異同에 대하여 － 司譯院類解辭書中의 漢

語에 대하여 ―」는, 모두 中國語語彙史의 立場에서 收錄語彙에 대하여 檢討한 것이다.

『語錄解』에 대해서는, 九州大學中國哲學史硏究室에 의한 油印本 索引(年代 不明)이 있는 것 이외에는, 大谷森繁(1981)「語錄解」에 대하여 ― 그 書誌的 檢討와 朝鮮小說史에서의 考察 ―」이 거의 唯一한 硏究라 할 수 있는 것이었으나, 鄭瀁本, 南二星本의 影印과 校錄을 수록한 玄幸子(2012)『「語錄解」硏究 : 李氏朝鮮에서 中國語口語辭典은 어떻게 엮이었는가』에 의해 飛躍的으로 접근성이 높아진바, 앞으로의 硏究의 基礎가 形成되었다고 할 수 있다. 竹越孝 (2010, 2013)「『語錄解義』와『語錄解』(一字語의 部, 二・三・四字語의 部)」는, 同書가 江戶時代의 唐話辭書『語錄解義』에 끼친 影響을 살핀 것이다.

『吏文』・『吏文輯覽』에 대해서는, 이른 시기에 前間恭作遺稿, 末松保和編 (1942)『訓讀吏文・附吏文輯覽』으로 排印本이 出版되었고, 索引으로서 京都 大學東洋史硏究室(1952)『吏文正續輯覽』도 나온 바 있지만, 同書가 利用된 것 은 주로 歷史硏究에서의 접근이며, 그 言語를 分析한 硏究는 알려진 바가 없 다8).

『象院題語』에 대해서는, 竹越孝(2005)「朝鮮司譯院의 漢學書『象院題語』에 대하여」가 全般的인 紹介를 하였고, 同(2006)「『象院題語』의 語彙와 語法」이 다른 漢學書와 比較하면서 그 中國語의 特徵을 分析하고 있다. 同書는 歷史資料로서의 側面도 있어, 中韓關係史 및 明代史의 立場에서의 硏究도 期待된다.

주로 19世紀의 것으로 보이는 朝鮮王朝 後期의 中國語會話鈔本類는, 최근에 이르러 硏究가 가장 進展된 分野이다. 예전에는 이러한 자료로서『你呢貴姓』및『學淸』이 알려졌을 뿐이었으나, 遠藤光曉 외(2009)『譯學書文獻目錄』이 出版된 후로 시작된 朴在淵 선생 및 日本 硏究者들의 精力的인 調査에 의해, 韓國 및 日本에서 새로운 資料가 잇따라서 發見됨에 이르렀다. 韓國에서는 朴 선생에 의해 一連의 影印本이나 硏究書가 刊行되었는데, 그 一部가 汪維輝・遠藤光曉・朴在淵・竹越孝編(2011)『朝鮮時代漢語敎科書叢刊續編』으로서 中國에서 刊行되자, 中國語東北方言의 語料로서 큰 注目을 받게 되었다. 덧붙

---

8) 中國人에 의한 硏究로서, 張全眞(2005)「《吏文》中的人稱代詞系統」, 同(2007)「朝鮮官 吏漢語敎科書《吏文》中的白話成份」 등이 있다.

여, 『你呢貴姓』에 관한 硏究로서는 福田和展(1995, 1997) 「《你呢貴姓》의 言語에 關한 初步的 分析」이 있어, 文法面에서 通常的인 中國語와 다른 用法이 나타난다는 사실을 言及하였다. 한글로 표기된 漢字注音를 檢討한 것으로, 更科慎一(2005) 「19世紀末 朝鮮의 北方漢語資料『華音撮要』의 硏究 - 한글 音注를 中心으로 -」, 同(2010) 「韓字注音對外語音節의 處理 - 以《華音撮要》《中華正音》兒化詞注音爲中心」등이 있다. 竹越孝(2010) 「朝鮮時代末期에 있어서의 中國語會話書 - 그 文法의 特徵을 둘러싸고 -」은 새로 發見된 鈔本類를 槪觀하고, 그들의 文法的인 特徵을 살핀 것이다.

3. 淸學

3.1. 綜合的 硏究

淸學書를 綜合的으로 다룬 硏究는, 그것을 滿洲語 音韻史 資料로서 利用한 것이 눈에 띄다. 池上二良(1951, 1954) 「滿洲語의 諺文文獻에 關한 一考察」은, 주로 『漢淸文鑑』를 資料로 하여, 다음 세 가지 점을 논의하였다:(1) 滿洲文字 uwa, uwe에 대하여, 한글에서는 「ᅪ」, 「ᅯ」와 같이 한 글자가 對應하는 경우와 「ㅜ와」, 「ㅜ워」와 같이 두 글자가 對應하는 경우가 있으며, 이것은 音韻上의 區別을 나타낸다;(2) 滿洲文字 ū에 대하여, 한글에서는 y에 後續할 경우에 「ᅯ」가 對應하는데, 그 ū는 [ö]에 가까운 소리를 나타낸다;(3) 滿洲文字 eo에 대한 한글 轉寫 「ᅯ」는, 그 o가 [u] 또는 그것에 가까운 母音을 나타냄을 보여 주는 것이며, io에 대한 한글 轉寫로 「ㅛ」, 「ㅠ」, 「ᅲ」의 세 가지가 있는 것은, 그것이 나타내는 母音이 모두 同一한 母音이 아니고, 母音調和를 따라서 나타나기 때문이다. 池上二良(1963) 「다시 滿洲語의 諺文文獻에 대하여」는, 今西春秋(1958) 「漢淸文鑑解說」이 이러한 區別을 표기 습관, 표기의 오류의 종류로 산주한 것에 대해 反論하면서, 그 例를 補充한 것이다. 池上 선생 는 다른 滿洲語史硏究에서도 淸學書를 積極的으로 利用한 바 있다. 또한, 岸田文隆(1989) 「淸學書에 나타난 滿洲語 한글 表記에 대하여 - 특히 滿洲字 e에 대한 두 가지의 한글 表記를 둘러싸고 ㅡ는, 滿洲文字 e 가 한글의 「ㅓ」 및 「ㅡ」와 對應하는 現象에 대하여, e가 때로 [i] 혹은 [ɯ]의 音價를 가지는 일이 있었음을 보여주는 것이라고 推測하고 있다.

司譯院의 譯官이 어떠한 態度로 滿洲語나 蒙古語의 音韻體系를 理解하고 記述하였는가 하는 觀點에서 이루어진 硏究도 있다. 菅野裕臣(2005)「朝鮮司譯院의 淸學書에서의 한글 對音의 性格에 대하여」[9]는, 淸學書 및 蒙學書의 한글 對音에서 관찰되는 「ㅇ」나 「ㄴ」와 같은 識別 記號와 朱圓에 대하여 檢討한 것으로,(1) 譯官들은 音節의 境界에 대해 대단히 많은 關心을 가지고 있었으며, 識別 記號는 表記와 發音의 不一致[10]를 나타내고 있다;(2) 譯官들은 他言語와 한글의 不一致[11]를 나타내기 위하여 識別 記號나 朱圓을 채용하였다;(3)譯官들은, 滿洲語나 蒙古語의 音節을 한글과 마찬가지로 子音字와 母音字로 分割하여 理解하고 있었다는 세 가지 점을 結論으로서 주장하였다.

3.2. 個別 文獻에 關한 硏究

이하에서는 個別 文獻을 대상으로 한 硏究를 紹介한다.

『淸語老乞大』에 대해서는, 津曲敏郎(1977, 1978)「淸語老乞大의 硏究 – 滿洲語硏究를 위한 一資料 –」가, 滿洲文字의 로마字轉寫와 逐語譯을 發表한 바 있다. 이것은, 同書의 轉寫・飜譯으로서는 莊吉發(1976)『淸語老乞大』 다음으로 이른 것으로, 그 후의 硏究에 엄청난 便宜를 초래하였다. 최근에는, 竹越孝(2010)「場面 境界에서 본 『淸語老乞大』・『蒙語老乞大』의 藍本과 編纂過程」, 同(2012)「『淸語老乞大』・『蒙語老乞大』에 나타나는 漢語『老乞大』의 簡略化」에서, 漢學書인 『老乞大』와 『淸語老乞大』・『蒙語老乞大』를 對照함으로써, 그 底本・編纂過程・內容의 改變 등에 대하여 檢討하고 있다.

『三譯總解』에 대해서는, 岸田文隆(1990)「三譯總解底本考」, 同(1997)『「三譯總解」의 滿文에 나타난 特殊語形의 來源』등에 의해 이루어졌는바, 거의 岸

---

9) 원래는 菅野裕臣(2001)「關於朝鮮司訳院淸學書的諺文對音的性質」라는 제목으로 中國語로 發表되었다.
10) 二音節字이지만 發音은 一音節인 경우를 가리킨다.
11) 特殊한 綴字나 特殊한 한글 對音을 가리킨다.

田 선생의 硏究가 그 전부이다. 前者에서는 『三譯總解』의 底本이 된 滿洲語譯 『三國志』가, 淸 順治7年(1650) 에 刊行된 『滿文三國志』인 것을 實證하였고[12], 後者에서는 그것에 기초하여 『三譯總解』의 滿洲語에 나타나는 特殊語形[13]을 檢討하고 있다. 後者의 연구에 의하면, 特殊語形에는(1) 『滿文三國志』에 由來 하는 것과,(2) 司譯院에서의 編纂 過程에서 만들어진 것 두 種類가 있으며, 後者 의 경우도 譯官의 誤謬가 아니고 滿洲語 측에 根據를 찾아낼 수 있는 것이라하 였다. 岸田 선생에 의한 一連의 硏究에 의해, 『三譯總解』의 참된 價値가 밝혀졌 다고 하겠다. 한편, 後者에는 淸學書 전체의 槪說도 포함되어 있어 有益하다.

그 밖의 淸學書에 대해서도 岸田 선생의 硏究成果가 출중하다. 岸田文隆 (1994, 1995)「파리 國民圖書館所藏의 滿漢 『千字文』에 대하여」는, Bibliothèque Nationale 所藏 『滿漢千字文』을 다루었다(影印・索引을 포함한다). 同書는 康 熙 中葉 경의 刊本이지만, 滿洲文字 및 漢字에 墨筆으로 한글 注音이 첨부되어 있어, 예전에 淸學書로서 使用된 것이라 한다. 또한 同(1994)「漢語抄의 出處」 는 서울大學校奎章閣에 所藏되는 『漢語抄』에 대하여, 同書가 『漢淸文鑑』을 取 捨 選擇한 뒤에 筆寫된 것임을 밝혔다.

4. 蒙學

4.1. 綜合的 硏究

「蒙學三書」라 일컬어지는 『捷解蒙語』・『蒙語老乞大』・『蒙語類解』를 綜合 的으로 다룬 것으로서는, 松岡雄太(2006)「蒙學三書의 編纂過程 － "語套"의 觀點에서 본 "蒙文鑑" －」이 重要하다. 동론은, 1790년의 「蒙學三書重刊序」에 있어, 方孝彦이 그 前年에 中國에서 購入한 『蒙文鑑』을 參照하였고, 『蒙語老乞 大』와 『蒙語類解』에 대해서는 「字音」을, 『捷解蒙語』에 대해서는 「字音」과 「語

---

12) 한편, 岸田 선생에 의하면 같은 時期에 독일의 M. Gimm씨도 같은 結論에 도달한 바 있었다고 한다.
13) 『御製淸文鑑』・『增訂淸文鑑』등에 나타나는 規範的인 형태와 다른 것을 가리킨다.

套」를 修正하였다고 적고 있는 것14)에 대하여 考察한 것으로,「語套」가 文法을 가리킴을 제시함과 동시에,『蒙文鑑』이라는 書籍이 李基文, 鄭堤文들의 설과는 달리15), 淸・富俊『三合便覽』(1780年) 일 可能性을 提起한 것이다. 假說의 適否에 대해서는 이후 추가적인 檢討가 必要 할 수이나, 蒙學書의 編纂・改訂에 滿洲語 文獻이 깊이 關與하였음을 제시하였다는 점에서 重要한 論考라 할 수 있다.

4.2. 個別 文獻에 關한 硏究

이하에서는 個別 文獻을 대상으로 한 硏究를 紹介한다.

『蒙語老乞大』에 대해서는, 井上治・金度亨(2002-2010)「蒙語老乞大 텍스트의 로마자 轉寫와 和譯」에서, 同書의 蒙古文字 및 그 한글 注音을 로마자로 轉寫함과 동시에 逐語譯를 덧붙이고 있다. 이것에 의해『淸語老乞大』나 漢學書『老乞大』와의 本格的인 比較 對照가 可能해졌고, 多言語敎材로서의『老乞大』를 둘러싼 硏究 條件은 현격히 向上했다고 할 수 있을 것이다. 이밖에, 松岡雄太(2005)「『蒙語老乞大』의 重刊에 關한 一考察」은 同書에 蒙古語의 文語的 成分과 口語的 成分이 混在하고 있으며, 이 混在가 修訂의 過程에서 생긴 것이라고 主張하고 있다.

『蒙語類解』와『捷解蒙語』에 대해서는, 이른 段階에서 重要한 硏究가 나온바 있다.『蒙語類解』에 대해서는, 小澤重男(1961)「中・韓・蒙對譯語彙集『蒙語類解』의 硏究(1) ― 朝鮮語와 蒙古語의 약간의 音韻對應도 언급하며 ―」가, 對譯의 韓國語와 한글 轉寫 蒙古語를 로마자로 轉寫함과 동시에, 對應하는 蒙古 文語形과 現代의 하루하 方言形을 對照시키고 있어, 硏究를 진행하는 데 있어서의 基礎를 마련하였다.

『捷解蒙語』에 대해서는, 菅野裕臣(1963)「『捷解蒙語』의 蒙古語에 대하여」

---

14) 原文은 아래와 같다:「昨年節使之回, 購得『蒙文鑑』一帙, 即乾隆新頒之意. …『老乞大』乃『類解』二書, 即隨其字音之差異者, 仍舊版辭而補刊之,『捷解』一書, 即並與而字音語套而改之」
15) 李基文(1967)「蒙學書硏究의 基本問題」, 鄭堤文(1990)「『蒙語類解』의 蒙古語에 對한 硏究」.

가 한글 轉寫의 方式과 거기에 적힌 蒙古語의 音韻的・形態的 特徵을 자세하
게 논하고 있다. 蒙古文字의 한글 轉寫가 지극히 機械的인 것을 指摘하는 것
이외에, 蒙學書에 내포된 여러 問題들을 解明하기 위해서는, 淸代의 滿洲語
文獻이나 滿洲文字 蒙古語文獻과의 對照가 必要하다는 취지의 指摘을 하고
있는 점이 重要하다. 또, 同(2000) 「『捷解蒙語』에 대하여」에서는 硏究史를 槪
觀함과 동시에, 자세한 書誌와 蒙古語・韓國語의 對譯 語彙索引을 첨부하였
다. 이들의 뒤를 이은 최근의 成果로서, 松岡雄太(2005) 「『捷解蒙語』와 滿洲語
資料의 關係」는,『捷解蒙語』全 29 話 가운데 17 話가, 淸・沈啓亮『淸書指南』
(1682年) 卷二「滿洲雜話」와『淸文啓蒙』(1730年) 卷三「兼漢滿洲套話」에서 素
材를 찾은 것이며, 각각의 滿洲語 부분을 蒙古語로 飜譯하는 과정을 거쳐 成立
되었음을 제시하였다. 同(2009) 「『捷解蒙語』의 對譯 텍스트」에서는, 로마자로
轉寫한 텍스트의 對照를 통하여『捷解蒙語』와 滿洲語 資料의 關係를 具體的
으로 보여주고 있는바, 蒙學書를 논의함에 있어 滿洲語 資料와의 關係를 살피
는 것이 不可缺함을 보여주고 있다.

5. 展望

이하에서는, 매우 主觀的이기는 하나, 日本의 譯學書 硏究를 한층 發展시키
기 위해 必要하다고 생각되는 사항을 세 가지 정도 들어서 展望에 대신하고자
한다.

韓國語史・韓國史 측에서의 檢討. 本稿가 다룬 지금까지의 日本 譯學書 硏
究에서는, 中國語・滿洲語・蒙古語 각각의 言語史를 構築하기 위한 資料로서
譯學書를 利用한다는 姿勢가 顯著하여, 譯學書가 韓國語史・韓國史의 資料이
기도 하다는 意識이 希薄하였던 것으로 여겨진다. 이를테면, 각각 言語의 硏究
者가, 譯學書에 적힌 韓國語 部分 및 譯學書의 歷史的 文脈을 그다지 考慮하지
않은 채, 자신이 關心 있는 部分만을 잘라내서 分析을 해 왔다는 側面이 있다.
이러한 점은 中國語의 語彙・語法을 다룬 硏究에서 顯著하여, 中國에서 최근

量産되고 있는 漢學書를 다룬 硏究에서는 더더욱 顯著하다. 譯學書를 對象 言語의 歷史的 資料로밖에 보지 않는 것은, 譯學書를 編纂하고, 그것을 使用해 온 측의 歷史를 捨象해 버리는 것이나 다를 바 없는 것인바, 그 言語의 歷史를 構築하는 데서도 모종의 왜곡된 결과를 초래할 것이다.

앞으로는, 특히『老朴』을 中心으로 이루어지고 있는 中國語語彙・語法硏究의 면에서, 각각의 諺解가 어떻게 解釋하고 있는지는 물론, 改訂됨에 따라 韓國語의 解釋이 어떻게 變化되었는가, 編者인 譯官은 어떠한 人物인가, 그 書籍의 司譯院에서 어떠한 위치를 차지하고 있었는가, 譯學書는 어떻게 使用되었는가, 등과 같은 모든 점을 考慮한 硏究가 요구된다. 이러한 점은, 사실 韓國에서의 譯學書硏究와 相補하는 部分이 있을지도 모른다.

四學상호간에서의 橫的 關係. 위의 指摘과도 關連되지만, 譯學書硏究를 가일층 發展시키기 위해서는, 漢學書・淸學書・蒙學書 각각이 對象으로 하는 言語만, 혹은 그것과 諺解의 關係만을 硏究하는 것이 아니라, 漢學書와 淸學書, 漢學書와 蒙學書, 淸學書와 蒙學書의 關係에 대해서도 배려하면서 硏究를 진행시켜 갈 必要가 있다. 최근의 松岡雄太 선생의 硏究에서 볼 수 있듯이, 특히 淸學書과 蒙學書가 가까운 關係에 있다는 것은 周知의 事實이며, 菅野裕臣 (1974)「書評 : 金炯秀著『蒙學三書硏究』」은『蒙語老乞大』에 관해서, 「어떻든 간에『蒙老』의 蒙古語의 硏究를, 그 對譯 朝鮮語와의 關係에 있어서만 진행하는 것은 잘못이라고 해야 할 것이다.『蒙老』의 蒙韓對譯語彙索引에는 또 하나 中國語를 덧붙이는 것이 바람직한 것이다.」라며, 이른 시기부터 이러한 視點의 重要性을 설파한 바 있다. 筆者 또한, 竹越孝(2012)「『淸語老乞大』・『蒙語老乞大』에 나타나는 漢語『老乞大』의 簡略化」에서, 多言語敎材로서의『老乞大』를 다음과 같은 關係속에서 理解해야 한다고 主張한 적이 있다.

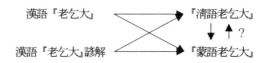

특히『老乞大』나 各種『類解』와 같이 書名을 통하여 相互間의 關聯性이 분

명한 것도 있는가 하면, 『捷解蒙語』와 滿洲語 資料와 같이 關聯性이 숨겨져 있는 것도 있다. 어쨌건, 앞으로는 對象言語와 韓國語라는 세로의 關係뿐만 아니라, 각각의 對象言語끼리라는 가로의 關係를 意識함으로써, 보다 總合的인 譯學書硏究를 目標로 해야 할 것이다.

研究 體制의 面에 대해 말하자면, 淸學, 蒙學 및 倭學의 分野에서는, 日本의 譯學書硏究史는 韓國의 譯學書硏究史와 不可分한 關係에 있다, 다시 말하여 兩國의 學界가 主要한 資料나 學說에 대해서 認識을 共有하고, 서로 繼承·補充·批判을 하면서 一體가 되어서 硏究를 進展시켜 왔다는 감이 있으나, 정작 漢學에 관해서는, 兩國 學界에 있어서 애초에 關心의 範圍가 다르고, 아직도 主要한 問題點의 共有조차 充分히 이루어지지 않고 있는 감이 있다. 이는 中國語라는 對象言語의 巨大함에 더하여, 日本의 中國語學者로서 韓國語를 구사할 줄 아는 사람, 및 韓國의 中國語學者로서 日本語를 구사할 줄 아는 사람이 적다는 것과 관련이 있을 것이나, 어쨌건 앞으로는 보다 글로벌한 硏究 體制를 意識할 必要가 있을 것이라 생각한다.

以上에서 말한 모든 점은 모두 個人的인 印象이나 感想에서부터 出發한 것이며, 筆者의 認識이 짧음으로 인해, 혹은 筆者의 關心에서 倭學이 누락되어 있기 때문에, 展望을 잘못 내다보고 있을 可能性이 있다. 또한, 回顧 部分에서 원래 소개해야 할 重要한 論考를 놓치고 있는 경우도 적지 않게 存在할 것이다. 讀者의 叱正을 바라는 바이다.

付記

本稿의 作成에 즈음하여, 杉山豊씨에게 韓國語의 校閱을 担當해 받았다. 여기에 적어서 謝意를 나타내는 바이다.

<참고문헌>

池上二良(1951, 54), 「滿洲語의 諺文文獻에 關한 一報告」, 『東洋學報』33/2: 97-118; 36/4: 57-74;(1999), 『滿洲語研究』3-42, 東京: 汲古書院.

_____(1963),「ふたたび滿洲語の諺文文獻について」,『朝鮮學報』26: 94-100;(1999),
『滿洲語研究』43-52, 東京: 汲古書院.

伊藤英人(2002),「高宗代司譯院漢學書字音改正について-『華語類抄』の字音を通じて
-」,『朝鮮語研究』1: 129-146.

_____(2007),「『飜譯老乞大』の「了」の朝鮮語譯をめぐって」,『語學研究所論集』12:
1-29.

_____(2008),「『飜譯老乞大』中の句末助詞「了」,「也」,「裏」,「來」の朝鮮語譯につい
て」,『東京外國語大學論集』77: 243-263.

_____(2011),「朝鮮時代の近世中國語の「飜譯」について」,『東京外國語大學論集』
83: 89-109.

井上治・金度亨(2003-10),「蒙語老乞大テキストのローマ字轉寫と和譯」,『開篇』21:
107-130; 22: 110-137; 23: 41-70; 24: 123-155; 25: 73-108; 26: 69-97;
27: 135-174; 28: 201-235; 29: 286-295.

今西春秋(1958),「漢淸文鑑解説」,『朝鮮學報』12: 21-58.

鵜殿倫次(1985),「『華音啓蒙諺解』の漢字音注の特質」,『愛知縣立大學外國語學部紀要
(言語・文學編)』18: 153-198.

_____(1986),「『華音啓蒙』千字文の音注」,『愛知縣立大學創立二十周年記念論集』
459-480.

_____(1992-96),「『華音啓蒙』入聲字の音注(1-4)」,『愛知縣立大學外國語學部紀要
(言語・文學編)』24: 233-250; 26: 219-241; 27: 389-409; 28: 317-342.

遠藤雅裕(2003),「『老乞大』各版本中所見的「將」「把」「拿」-幷論元明淸的處置句-」,『
中國文學研究』29: 74-93.

_____(2005),「《老乞大》四種版本裡所見的人稱代詞系統以及複數詞尾」嚴翼相・
遠藤光曉編『韓國的中國語言學資料研究』203-233, 서울: 學古房.

_____(2008),「淺談『老乞大』各版本中的非完成體標誌-以「着」和「呢」爲中心」遠藤
光曉・嚴翼相編『韓漢語言研究』75-101, 서울: 學古房.

遠藤光曉(1984),「《飜譯老乞大・朴通事》裏的漢語聲調」,『語言學論叢』13: 162-182;(2001),
『中國音韻學論集』253-266, 東京: 白帝社.

_____(1990),『《飜譯老乞大・朴通事》漢字注音索引』(『開篇』單刊3), 東京: 好文出
版.

_____(1993),「《重刊老乞大諺解》牙喉音字顎化的條件・附パリにある朝鮮資料」,『
開篇』11: 102-109;(2001),『漢語方言論稿』182-189, 東京: 好文出版.

_____(1994),「『四聲通解』の所據資料と編纂過程」,『青山學院大學一般教育論集』35:
117-126;(2001),『中國音韻學論集』241-252, 東京: 白帝社.

_____(2004),「中國語の"來"の文法化－『老乞大』諸本におけるテンス・アスペクトマーカーの變化を中心として－」,『コーパスに基づく言語研究－文法化を中心に－』97-116, 東京: ひつじ書房.

_____(2005),「《老朴集覽》裡的音韻資料」嚴翼相・遠藤光曉編『韓國的中國語言學資料研究』31-49, 서울: 學古房.

_____(2008),「韓漢語言史資料研究概述――總論」遠藤光曉・嚴翼相編(2008),『韓漢語言研究』445-454, 서울: 學古房.

_____・伊藤英人・鄭承惠・竹越孝・更科愼一・朴眞完・曲曉雲編(2009),『譯學書文獻目錄』, 서울: 博文社

_____(2010),「崔世珍『韻會玉篇』について」,『譯學과 譯學書』1: 87-112.

太田辰夫(1950),「淸代の北京語について」,『中國語學』34: 1-5;(1995),『中國語文論集語學篇・元雑劇篇』(汲古選書10), 90-96, 東京: 汲古書院

_____(1951),「淸代北京語語法研究の資料について」,『神戸外大論叢』2/1: 13-30.

_____(1953),「老乞大の言語について」,『中國語學研究會論集』1: 1-14;(1988),『中國語史通考』238-252, 東京: 白帝社

_____(1954),「漢兒言語について－白話發達史における試論－」,『神戸外大論叢』5/2: 1-29;(1988),『中國語史通考』253-282, 東京: 白帝社

_____(1959),「朴通事諺解所引西遊記考」,『神戸外大論叢』10/2: 1-22;(1984),『西遊記の研究』69-94, 東京: 研文出版.

_____(1990),「『老朴』淸代改訂三種の言語」,『中文研究集刊』2: 49-69.

_____(1991),「『訓世評話』の言語」,『中國語研究』33: 29-49.

大谷森繁(1981),「『語錄解』について－その書誌的檢討と朝鮮小説史からの考察－」,『朝鮮學報』99・100: 279-301.

大塚秀明(1988),「〈老乞大〉〈朴通事〉の言語について」,『言語文化論集』27: 41-53.

長田夏樹(1978),「蒙古韻略と中原音韻－四聲通解の俗音と今俗音－」,『神戸外大論叢』29/3: 27-43;(2000),『長田夏樹論述集』上: 113-135, 京都: ナカニシヤ出版.

小澤重男(1961),「中・韓・蒙對譯語彙集『蒙語類解』の研究(1), －朝鮮語と蒙古語との若干の音韻對應にもふれて－」,『東京外國語大學論集』8: 11-54.

菅野裕臣(1963),「『捷解蒙語』のモンゴル語について」,『朝鮮學報』27: 65-98.

_____(1974),「書評: 金炯秀著『蒙學三書研究I』」,『朝鮮學報』74: 167-178.

_____(1977),「司譯院漢學書에 記入된 近世中國語聲調表記」『李崇寧先生古稀紀念國語國文學論叢』405-416, 서울: 塔出版社.

_____(2000),「『捷解蒙語』について」,『朝鮮學報』175: 1-83.

_____(2001), 「關於朝鮮司譯院淸學書的諺文對音的性質」, 『滿語硏究』2001/1: 12-16, 75.

_____(2005), 「朝鮮司譯院の淸學書のハングル對音の性格について」, 『韓國語學年報』1: 1-8.

岸田文隆(1989), 「淸學書に現れた滿洲語ハングル表記について―特に滿洲字eに對する2通りのハングル表記をめぐって―」, 『言語學硏究』8: 17-38.

_____(1990), 「三譯總解底本考」, 『알타이學報』2: 87-103.

_____(1994), 「《漢語抄》의 出處」, 『알타이學報』4: 49-55.

_____(1995), 「(資料景印) パリ國民圖書館所藏滿漢『千字文』」, 『富山大學人文學部紀要』23: 113-132.

_____(1994-95), 「パリ國民圖書館所藏の滿漢『千字文』について(1, 2)」, 『富山大學人文學部紀要』21: 77-133; 22: 105-139.

_____(1997), 『「三譯總解」の滿文にあらわれた特殊語形の來源』(「言語文化接触に關する硏究」單刊シリーズ3), 東京: 東京外國語大學アジア・アフリカ言語文化硏究所.

姜信沆(1990), 「訓世評話에 對하여」, 『大東文化硏究』24: 5-61; 古屋昭弘校譯(1991-92), 「訓世評話について(資料篇上・下)」, 『開篇』8; 9: 75-90.

金文京・佐藤晴彦・玄幸子譯注, 鄭光解説(2002), 『老乞大―朝鮮中世の中國語會話讀本―』(東洋文庫699), 東京: 平凡社

金文京(2005), 「漢兒言語考」嚴翼相・遠藤光曉編『韓國的中國語言學資料硏究』83-90, 서울: 學古房.

_____(2013), 「高麗時代漢語教科書『朴通事』の成立年代について」, 『藝文硏究』105/1: 63-75.

日下恆夫(1978), 「近代北方語史における『朝鮮資料』序説―《華音啓蒙》の可能性―(上)」, 『關西大學中國文學會紀要』7: 1-16.

_____(1980), 「『朝鮮資料』の中國語」, 『關西大學東西學術研究所所報』32: 1-2.

栗林均(2003), 「《元朝秘史》におけるモンゴル語と漢語人稱代名詞の對應」, 『東北アジア研究』7: 1-32.

慶谷壽信・陶山信男・讚井唯允・日下恆夫・佐藤進(1976), 『朴通事諺解索引』, 名古屋: 采華書林.

玄幸子(2007), 「李氏朝鮮期中國語會話テキスト『朴通事』に見られる存在文について」, 『關西大學外國語教育研究』14: 1-12.

_____(2012), 『「語録解」研究: 李氏朝鮮において中國語口語辭典はいかに編まれたか』, 吹田: 關西大學出版部.

河野六郎(1940), 「『東國正韻』及び『洪武正韻譯訓』に就いて」, 『東洋學報』27/4: 87-135;(1979), 『河野六郎著作集』2: 181-220, 東京: 平凡社

_____(1951), 「諺文古文獻の聲點に就いて」, 『朝鮮學報』1: 93-140;(1979), 『河野六郎 著作集』1: 407-445, 東京: 平凡社

佐藤晴彦(2002), 「舊本『老乞大』の中國語史における價値」, 『中國語學』249: 20-41.

_____(2003), 「栗林均氏の批判に答える一氏の『『元朝秘史』におけるモンゴル語と漢 語の人稱代名詞の對應』をめぐって一」, 『開篇』22: 137-143.

更科愼一(2005), 「19世紀末朝鮮の北方漢語資料『華音撮要』の研究一ハングル音注を中 心に一」, 『アジアの歷史と文化』9: 63-103.

_____(2008), 「韓漢語言史資料研究概述――近代音韻部分」遠藤光曉・嚴翼相編 (2008), 『韓漢語言研究』471-487, 서울: 學古房.

_____(2010), 「韓字注音對外語音節的處理一以《華音撮要》、《中華正音》兒化詞 注音爲中心」, 『譯學과 譯學書』1: 73-85.

志村良治(1978), 「「與」「餽」「給」一漢語の授與動詞と『給』の來源一」, 『東北大學文學部研 究年報』27: 173-220;(1984), 『中國中世語法史研究』336-408, 東京: 三冬 社.

鋤田智彦(2005), 「東洋文庫本『重刊老乞大諺解』に現れた上聲の連讀變調について」, 『 開篇』24: 85-92.

_____(2006), 「東洋文庫所藏《重刊老乞大諺解》の入聲字に附せられた傍點につい て」, 『中國古籍文化研究』4: 7-13.

_____(2006), 「『四聲通解』における崔世珍「按」」, 『開篇』25: 54-62.

_____(2007), 「『重刊老乞大諺解』三本に見える聲調を表す傍點について」, 『中國文 學研究』33: 69-82.

杉山豐(2011), 「『老乞大新釋』・『老乞大新釋諺解』의 成立過程에 對하여一關聯史料및 文獻內的根據를 通하여一」, 『譯學과 譯學書』2: 29-67.

陶山信男(1973), 『朴通事諺解・老乞大諺解語彙索引』, 名古屋: 采華書林.

_____(1975), 「《朴通事》《老乞大》の言語一「着」についての考察」, 『愛知大學文學 論叢』53: 1-43.

莊吉發(1976), 『清語老乞大』臺北: 文史哲出版社

竹越孝(2002), 「從《老乞大》的修訂來看句尾助詞"了"的形成過程」, 『中國語學』249: 42-61.

_____(2005), 「論介詞"着"的功能縮小一以《老乞大》、《朴通事》的修訂爲例」, 『中國 語研究』47: 20-34.

_____(2005), 「今本系《老乞大》四本的異同點」嚴翼相・遠藤光曉編『韓國的中國語言 學資料研究』129-159.서울: 學古房.

_____(2005), 「朝鮮司譯院の漢學書『象院題語』について」, 『汲古』48: 44-49;(2011), 『象院題語研究』1-7, 서울: 學古房.

_____(2006), 「『象院題語』の語彙と語法」, 『中國語研究』48: 1-14;(2011), 『象院題語研究』15-30, 서울: 學古房.

_____(2006), 「『老朴集覽』と『飜譯老乞大・朴通事』の編纂順序」, 『東ユーラシア言語研究』1: 150-160.

_____(2007), 「老乞大四種對照テキスト」平成15-18年度科學研究費『中國語のコーパス構築および近世中國語テキストの計量言語學的研究』1-156.

_____(2007), 「《老乞大》四種版本中所見的量詞演變」, 『佐藤進教授還曆記念中國語學論集』164-173, 東京: 好文出版.

_____(2008), 「韓漢語言史資料研究概述──詞彙語法部分」遠藤光曉・嚴翼相編(2008), 『韓漢語言研究』489-506, 서울: 學古房.

_____(2009), 「天理圖書館藏の內賜本『老乞大諺解』について─印出後の訂正狀況を中心に─」, 『愛知縣立大學外國語學部紀要(言語・文學編)』41: 379-404.

_____(2010), 「場面の境界から見た『清語老乞大』・『蒙語老乞大』の藍本と編纂過程」, 『譯學과 譯學書』1: 197-217.

_____(2010), 「朝鮮時代末期における中國語會話書─その文法的特徴をめぐって─」内田慶市・沈國威編 『近代東アジアにおける文體の變遷』195-216, 東京: 白帝社

_____(2010, 13), 「『語錄解義』と『語錄解』(一字語の部),(二・三・四字語の部)」, 『神戸外大論叢』61/2: 17-37; 63/4: 1-19.

_____(2012), 「『清語老乞大』・『蒙語老乞大』に見られる漢語『老乞大』の簡略化」, 『譯學과 譯學書』3: 157-178.

_____(2014), 「活字本『老乞大諺解』における印出後の訂正について─奎章閣所藏本を中心に─」, 『譯學과 譯學書』5: 171-204.

田中謙二(1962), 「元典章における蒙文直譯體の文章」, 『東方學報(京都), 』32: 187-224.

田村祐之(1996-2007), 「『朴通事諺解』飜譯の試み(1-8)」, 『饕餮』4: 57-91; 5: 60-93; 6: 46-72; 7: 28-46; 8: 8-28; 9: 8-34; 10: 8-25; 15: 44-63.

_____(2002), 「『朴通事』と日用類書との關係について」, 『姫路獨協大學外國語學部紀要』15: 223-241.

_____(2005), 「『老朴集覽』と『飜譯老乞大』『飜譯朴通事』の成立過程に關する一考察」科學研究費補助金『東アジア出版文化の研究』研究成果報告書本册1: 759-768.

_____(2008), 「《朴通事諺解》與《新釋朴通事》之異同初探」遠藤光曉・嚴翼相編『

韓漢語言研究』111-124, 서울: 學古房.

_____(2014),「『老朴集覽』引書考」,『譯學과 譯學書』5: 205-230.

_____(2015),「續『老朴集覽』引書考─『音義』『質問』そして『譯語指南』─」,『譯學과 譯學書』6: 143-159.

張盛開(2008),「第1人稱複數排余式和包括式的對立─以《老乞大》和《朴通事》爲例」 遠藤光曉・嚴翼相編『韓漢語言研究』125-157, 서울: 學古房.

辻星兒(1997),「『朝鮮資料』の研究」國立國語研究所編『日本語と朝鮮語: 回顧と展望編』(日本語と外國語の對照研究IV), 81-100, 東京: くろしお出版.

津曲敏郎(1977-78),「淸語老乞大の研究─滿州語研究のための一資料─(1-2)」,『札幌商科大學・札幌短期大學論集(人文編)』21: 211-248; 22: 161-192.

寺村政男(1990), 「『伍倫全備忠孝記』に見える胡語考」早稻田大學 『中國文學研究』16: 14-31.

中村完(1961),「〈批評・紹介〉影印『朴通事 上』付金思燁解題」,『朝鮮學報』18: 121-132.

_____(1967),「〈批評と紹介〉李丙疇編校『老朴集覽考』」,『朝鮮學報』45: 118-124.

中村喬(2007),「『朴通事』の看花宴に見る酒名」,『立命館文學』598: 637-643.

_____(2006),「『朴通事』に見る看花宴の料理」,『學林』44: 1-21.

中村雅之(2003),「四聲通解に引く蒙古韻略について」,『KOTONOHA』9: 1-4.

_____(2006),「飜譯老乞大・朴通事の輕聲について」,『KOTONOHA』43: 1-3.

_____(2007),「近世漢語資料における輕聲表示」,『佐藤進敎授還曆記念中國語學論集』199-203, 東京: 好文出版.

橋本永貢子(2010),「量詞の唐代以降における用法の變遷について:『大唐三藏取經詩話』と『老乞大』『朴通事』から」,『岐阜大學地域科學部研究報告』27: 33-45.

服部四郎(1946),『元朝秘史の蒙古語を表はす漢字の研究』, 東京: 文求堂.

花登正宏(1990),「四聲通解所引古今韻會考」,『東北大學文學部研究年報』40: 1-14;(1997),「『四聲通解』所引の「古今韻會」について」,『古今韻會擧要研究』65-76, 東京: 汲古書院.

福田和展(1989),「『譯語類解』中に"上仝"と記された語彙について」『外國語學會誌』18: 128-142.

_____(1990),「『伍倫全備諺解』のことば」,『中國語研究』32: 32-46.

_____(1995),「《你呢貴姓》の言語に關する初步的分析」,『語學敎育研究論叢』12: 189-207.

_____(1997),「《你呢貴姓》の言語に關する初步的分析その2─校注─」,『語學敎育研究論叢』14: 79-103.

_____(2001),「《伍倫全備諺解》語彙、語法分析─《老乞大》《朴通事》との比較

を中心に―」三重大學『人文論叢』18: 97-114.

＿＿＿＿(2002),「《譯語類解》に注記された漢語の同義・類義語について―司譯院類解辭書中の漢語について(その1) ―」三重大學『人文論叢』19: 127-142.

＿＿＿＿(2003),「《譯語類解》《同文類解》《蒙語類解》の漢語見出し語の異同について―司譯院類解辭書中の漢語について(その2) ―」三重大學『人文論叢』20: 145-159.

藤本幸夫(1997),「朝鮮語の史的研究」國立國語研究所編『日本語と朝鮮語: 回顧と展望編』(日本語と外國語の對照研究IV), 65-80, 東京: くろしお出版.

舩田善之(2001),「元代史料としての舊本『老乞大』―鈔と物價の記載を中心として―」,『東洋學報』83/1: 01-030.

古屋昭弘(2002),「書評『老乞大―朝鮮中世の中國語會話讀本―』」,『開篇』21: 268-272.

＿＿＿＿(2008),「《老乞大》與《賓主問答》」遠藤光曉・嚴翼相編『韓漢語言研究』101-109.서울: 學古房.

前間恭作遺稿, 末松保和編纂(1942),『訓讀吏文・附吏文輯覽』京城: 私家版;(1962), 東京: 極東書店;(1975), 東京: 國書刊行會

增野仁(2007),「中國語における人稱代名詞の變遷―『老乞大』諸版本からの檢討―」,『開篇』26: 54-68.

松岡雄太(2005),「『蒙語老乞大』의 重刊에 關한 一考察」,『國語學』46: 355-377; 391.

＿＿＿＿(2005),「《捷解蒙語》와 滿洲語資料의 關係」,『알타이學報』15: 56-70.

＿＿＿＿(2006),「蒙学三書の編纂過程―"語套"の観点から見た"蒙文鑑"―」,『日本モンゴル學會紀要』36: 35-47.

＿＿＿＿(2009),「『捷解蒙語』の對譯テキスト」,『福岡大學人文論叢』41/2: 835-861.

宮紀子(2003-04),「モンゴルが遺した『飜譯』言語―舊本『老乞大』の發見によせて―(上下)」,『内陸アジア言語の研究』18: 53-96; 19: 157-209;(2006),『モンゴル時代の出版文化』177-268, 名古屋: 名古屋大學出版會.

安田章(1967),「類解攷」,『立命館文學』264: 223-254;(1980),『朝鮮資料と中世國語』(笠間叢書147), 190-222, 東京: 笠間書院.

山川英彦(1977),「《老朴集覽》覺え書き」,『名古屋大學文學部研究論集』70: 61-72.

Lamarre, Christine(1994),「可能補語考(I) ―『老乞大』・『朴通事』諸版本の異同を中心に―」大阪女子大學『女子大文學』45: 1-13.

＿＿＿＿＿＿(1998),「大阪女子大學附屬圖書館收藏『華音啓蒙』の言語特徵について」,『環日本海論叢』13『日中韓三國關係と東北アジアの平和的發展國際學術シンポジウム論文集』176-188.

亦隣眞(1982),「元代硬譯公牘文體」,『元史論叢』1: 164-178.

朱德熙(1958),「《老乞大諺解》《朴通事諺解》書後」,『北京大學學報(人文科學)』, 1958/2: 69-75.

張全眞(2005),「《吏文》中的人稱代詞系統」,『言語文化硏究』25/1: 119-134.

_____(2007),「朝鮮官吏漢語敎科書《吏文》中的白話成份」,『現代中國語硏究』9: 100-106.

鄭堤文(1990),「『蒙語類解』의 몽골語에 對한 硏究」서울大學校博士論文.

閔泳珪(1966),「朴通事의 著作年代」,『東國史學』9・10: 5-9.

李基文(1967),「蒙學書硏究의 基本問題」,『震檀學報』31: 91-113.

照那斯图·楊耐思(1987),『蒙古字韻校本』, 民族出版社, 北京.

洪金富(1990),『元代蒙古語文的敎與學』, 蒙藏委員會, 臺北

□ 성명 : 竹越 孝(Takashi TAKEKOSHI)
　　주소 : 日本 651-2187 神戶市西區學園東町 9-1 神戶市外國語大學中國學科
　　전화 : +81-78-794-8111
　　전자우편 : takekosi@inst.kobe-cufs.ac.jp

□ 이 논문은 2016년 11월 4일 투고되어
　　　　 2016년 11월 15일부터 11월 30일까지 심사하고
　　　　 2016년 12월 10일 편집회의에서 게재 결정되었음.

『老乞大新釋諺解』와 『朴通事新釋諺解』에 記入된 聲點에 對하여

高橋 春人

(日本, 東京外國語大學)

<Abstract>

司訳院の漢学書に記された声点に関しては，既に幾つもの研究および報告がなされている.本稿ではそのような先行研究をふまえ,管見では未だ報告がないと思われる資料を中心に声点の記入状況を調査した.その結果を先行研究の報告と対照してみると,大まかな傾向においては一致しているものの,資料によっては特定の記号が使用されていない場合や,特徴的に多く用いられている記号などのあることも観察された.その他,声点以外の書き込みや人名の調査から推測しうる幾つかの事柄についても報告する.

Key Words : 『老乞大新釋諺解』，『朴通事新釋諺解』，聲調，聲點，譯官名

1. 序論

잘 알려져 있는 바와 같이 司譯院 漢學書 中에는 聲調 記號가 記入된 資料가 있다. 이 글에서는 旣存의 硏究 成果를 바탕으로 하여 아직 仔細히 다루어지지 않았던 몇 가지 資料들에 對해서 다음과 같은 觀點에서 살펴보고자 한다. 卽 果然 聲點이 記入된 樣相은 모두 同一하며 先行 硏究의 결과와 一致된 모습을 보이는가? 或是 同一하지 않다면 共通點과 함께 어떤 差異點이 있는가? 아울러 若干의 書誌 情報에 對해서도 報告할 것이다.[1]

2. 對象 資料

이 글에서 主로 살펴볼 資料들은 다음과 같다.2)

『老乞大新釋諺解』(卷一)... 콜롬비아大學校 MN98-8024
『朴通事新釋諺解』(卷一)... 東京大學 小倉文庫 L44546
『朴通事新釋諺解』(卷二)... 東京大學 小倉文庫 L174358
『朴通事新釋諺解』(卷三)... 東京大學 小倉文庫 L174360

그리고 다음과 같은 資料들에 對해서도 副次的으로 言及할 것이다.

『朴通事新釋諺解』(卷一, 卷二)... 서울大學校 奎章閣 一簑古495.18 c456b
『朴通事新釋諺解』(卷三)... 서울大學校 奎章閣 一簑古 495.1824-B15
『重刊老乞大諺解』... 東京大學 小倉文庫 L175175
『重刊老乞大諺解』... 東京大學 小倉文庫 L175177-8
『重刊老乞大諺解』... 東京大學 小倉文庫 L44550

---

1) 이 글은 國際譯學書學會 第7回 國際學術會議(2015年 8月 1日)에서 發表한 內容을 一部
   修正, 追加한 것이다.
2) 『老乞大新釋諺解』는 卷一만이 傳해지는 零本이다. 原本을 볼 수가 없어 不得已하게 黑
   白 複寫本을 利用하였다. 原本의 請求記號는 'RAREBOOK Cha 8.1'이다.
   『重刊老乞大諺解』小倉文庫 所藏本은 二卷 二冊이다. L175175는 卷一의 中間까지 聲點
   이 記入되어 있고 L175177, L44550는 二卷 모두 聲點이 記入되어 있다.
   『朴通事新釋諺解』의 東京大學 所藏本은 L44546과 L174360이 零本이며 L174358은 三卷
   三冊이 갖추어져 있으나 聲點은 卷二에만 보인다. 서울大學校 所藏本은 奎章閣 웹사이
   트에 公開되어 있는 寫眞을 利用하였다. 一簑古495.18 c456b는 卷三이 傳하지 않는 零本
   이며 一簑古 495.1824-B15는 卷三만이 傳해지는 零本이라고 한다. 이 外의 仔細한 情報
   에 對해서는 所藏 機關의 書誌 情報 및 福井(2002, 2007) 等을 參考하기 바란다. 遠藤
   他 編(2009)에 依하면 이 外에 東京大學 法學部에 聲點이 記入된 『朴通事新釋諺解』가
   所藏되어 있다고 하나 筆者는 아직 閱覽하지 못했다.
   東京外國語大學 所藏 『重刊老乞大諺解』 K.II.57은 附屬圖書館 웹페이지에 書誌 事項이
   揭載되어 있지 않으므로 簡略히 記錄해 둔다. 請求記號 K.II.57, 二卷 二冊, 32.1×22.2cm,
   四周雙邊, 半郭 22.5×16.5cm, 版式은 『重老』의 다른 冊들과 같은 體裁로 되어 있으나
   下卷 第 三十四張이 落張이다. 外題는 닳아서 읽을 수 없다. '東京外國語學校圖書'印이
   있고 '敎誨廳'印이 表紙와 本文 곳곳에 있다. 上下卷 모두 卷末에 '壬戌印置' 및 '大正貳
   年貳月拾九日現在圖書'라는 것이 보인다.

『重刊老乞大諺解』... 서울大學校 奎章閣 奎4866
『重刊老乞大諺解』... 東京外國語大學 附屬圖書館 K.Ⅱ.57

3. 譯官名과 挿入 文書

先行硏究에서『老乞大新釋諺解』의 刊行 年度는 1763 年인 것으로 言及되어 있다. (杉山 2011; 62) 이번에 挿入文書에 對하여 調査한 結果 그러한 先行硏究의 刊行年度에 關한 記述을 다른 側面에서 間接的으로 支持해줄 것으로 생각되는 몇가지 事實을 알 수 있었다.

먼저 挿入文書를 살펴보면 콜롬비아大學校 所藏『老乞大新釋諺解』에는 表紙 다음과 本文 뒤에 左右가 反對로 되어 있는 文書가 보인다.

複寫 狀態가 뚜렷하지 않지만 그 內容과 一部만 보이는 版心題를 보면 이 文書는「諸臣賡進抑箴」의 第 二十一張 뒷面과 第 十七張 뒷面임을 알 수 있다. 奎章閣 웹사이트의 情報에 依하면 이 文獻은「御製賡進小識」및「誕日召見諸臣」과 함께 1763 年에 刊行된 冊이라고 한다. 따라서 이 挿入 文書와『老乞大新釋諺解』는 같은 해에 刊行된 것이다. 물론 두 文獻 모두가 初刊本이라는 保障은 없고 처음부터 合綴되지 않았을 可能性도 있다. 그러나 어느 程度 暗示를 주는 事實이 아닐까 싶다.

다음으로『老乞大新釋諺解』와 小倉文庫 L174360『朴通事新釋諺解』(卷三)에는 人名이 筆寫되어 있다.『老乞大新釋諺解』의 境遇 複寫本이기는 하지만 '趙養運'이라는 이름이 보인다. 이 이름을『訳科榜目』에서 찾으면 1758 年 生으로 1777 年 增廣試에 合格한 記錄이 남아 있다. 勿論 이 '趙養運'이라는 人物과『老乞大新釋諺解』에 聲調 記號를 써넣은 人物이 반드시 同一하다는 保障은 없으나 이 人物이 增廣試를 치른 時期가『老乞大新釋諺解』가 刊行된 뒤에『重刊老乞大諺解』가 刊行되기 前이라는 點에 注目할 수 있다.

小倉文庫 L174360『朴通事新釋諺解』(卷三)는 表紙와 本文 사이에 版心 部分이 찢어진 한 張이 挿入되어 있다. 찢어진 안 쪽에도 筆記된 글이 보이는데 오른 쪽 面 下段에 '金澍榮'이라는 이름이 적혀 있다. 이 人物은『訳科榜目』에는 1838年 生, 1861年 式年試 合格으로 되어 있다. 勿論 이 記錄만을 가지고 聲點을 記入한 人物이라고 斷定할 수는 없으나 이 文獻이 위에서 紹介한 '趙養運'이라는 人物보다는 늦은 時期에 應試한 人物에 依해 使用되었던 冊일 可能性이 있다.

　　聲調 記號와 關聯해서 한 마디 덧붙인다면 『老乞大新釋諺解』에는 세 곳에 다음과 같은 同一한 글이 筆記되어 있다.

　　　平聲淸擧濁按
　　　上聲淸放濁擧
　　　去聲淸濁皆擧
　　　入聲或擧或按

　　뒤에서 다시 言及하겠지만 이는 『老乞大新釋諺解』의 聲點 그리고 崔世珍의 右側音의 分類와 一致한다. 그러나 內容은 同一하지만 세 곳의 字體가 各其 다른 것으로 보이며 언제, 누구에 依해 筆記되었는지 알 수 없다.

4. 聲調 記號

4.1. 先行硏究 槪觀[3]

　　『飜譯老乞大』,『飜譯朴通事』의 聲調 表記에 對해서는 遠藤(1984)에 整理되어 있다. 本稿에서는 『飜譯老乞大』,『飜譯朴通事』를 直接 다루지 않기 때문에 여기서 要約은 하지 않는다.

　　菅野(1977)에서는 『翻訳老乞大』,『翻訳朴通事』,『老乞大諺解』(奎5158, 6294),『伍倫全備諺解』(奎1456),『朴通事新釋諺解』(一簣古495.18c456b.v.1-2, 國立中央図書館 한41-20, 舊金澤庄三郎氏所藏本의 東洋文庫 寫眞版[4]),『重刊老乞大

---

3) 以下에서 該當 漢字는 「□」로 表示하고 聲調 記號는 便宜上 비슷한 模樣을 가진 글자를 使用하여 提示하기로 한다.
4) 請求記號는 밝혀져 있지 않으나 아마도 Ⅶ-1-88이 아닐까 싶다.

諺解』(奎4866, 東洋文庫所藏本5), 菅野氏所藏本)를 對象으로 聲調 表記를 다루고 있다. 이 論文에 依하면『飜譯老乞大』,『飜譯朴通事』에서 한글 註音의 左側에 表示되었던 聲調 表記가 漢字의 右側에 옮겨졌고 無點이었던 것은 漢字 左側에 一點을 加하게 되었다. 그리고 變調를 나타내는 記號가 使用되게 되었으며6) 入聲字는 資料마다 다른 表記를 보이는데 大體로『飜譯老乞大』,『飜譯 朴通事』의 右側音이 一點이었던 것이 二點으로 바뀐 境遇가 많다고 한다. 한편, 陰平聲과 去聲이 區別되지 않은 것을 指摘하여 韻書에 依해서가 아니라 直接 들은 바에 따라 表記했기 때문이라고 하고 있다.

姜信沆(1978)에는 主로『朴通事新釋諺解』의 字音을 對象으로 考察을 하면서 聲調 記號에 對해 言及한 部分이 있다. 이 論文에 따르면「·□」,「□·」,「□:」,「□>」,「□<」等과 같은 記號가 使用되었으며 '現代 中國語'와 比較해서「·□」는 上聲,「□·」는 去聲,「□:」는 陽平聲,「□>」陽平聲, 陰平聲, 上聲, 去聲,「□<」는 陽平聲에 各各 쓰인다고 한다.

金完鎭(1978)에서는『重刊老乞大諺解』(奎4866)를 對象으로 하고 使用된 記號는「·□」,「□·」,「□:」,「□ㄱ」,「□く」等이 있다고 한다. 聲調는「·□」이 上聲,「□·」이 陰平聲과 去聲,「□:」이 陽平聲을 나타내는데「□ㄱ」,「□く」는 句節末에 나타나지 않기 때문에 輕聲 標示가 아니라 變調를 나타내는 것이라고 한다. 그 中에서도「□ㄱ」는 上聲이 連續될 境遇와 陽平聲 및 上聲 앞에서의 變調를 나타내고「□く」는 陰平聲이나 去聲 앞에서의 變調를 나타내는 것이라고 하면서「□く」가「□ㄱ」보다 더 높은 調値를 나타내는 것으로 推定하고 있다.

鋤田(2006)는 東洋文庫本『重刊老乞大諺解』의 入聲字를 다루고 있으며 鋤田(2007)는『重刊老乞大諺解』(奎4866, 東洋文庫Ⅶ-1-31, 一簣古495.1824-Y63jc)를 對象으로 聲點에 對한 考察을 하고 있다. 使用되는 記號로서 亦是「·□」,

---

5) 請求記號는 밝혀져 있지 않으나 아마도 Ⅶ-1-31이 아닐까 싶다.
6) '上昇調의 変種'이라는 記號는 論文 初頭의 一覧表에서 찾을 수 없으나 用例의 該當 部分을 온라인으로 公開되어 있는『伍倫全備諺解』(奎1456)에서 確認한 結果, 아마도「□く」와 같은 模樣의 記號를 가리키는 것으로 생각된다. 마찬가지로 國立中央圖書館本의『朴通事新釈諺解』를 亦是 온라인으로 確認하면「□·」와「·□」앞에서「□·」가 다르게 表示된다고 하는 것은「□ㄱ」와 같은 模樣의 記號를 가리키는 것으로 보인다.

「□·」, 「□:」, 「□ㄱ」, 「□ㄑ」를 들고 있으며 變調가 없는 境遇와 變調가 일어난 境遇로 나눠서 說明하고 있다. 즉 變調가 일어나지 않는 環境에서는 「·□」이 上聲, 「□·」이 陰平聲과 去聲과 入聲Ⅰ, 「□:」이 陽平聲과 入聲Ⅱ를 나타낸다. 變調가 일어난 環境에서는 上聲을 除外한 나머지 聲調가 陽平聲, 上聲, 入聲Ⅱ 앞에 올 때, 그리고 上聲이 連續될 때에 「□ㄱ」가 使用되며 陽平聲과 入聲Ⅱ가 陰平聲, 去聲, 入聲Ⅰ 앞에 올 때 「□ㄑ」가 使用된다고 한다. 이러한 變調는 句節末에 나타나지 않고 變調가 일어나는 環境이라고 해서 반드시 實現되는 것이 아니라고 한다. 한편, 上聲字의 連續에서『飜譯老乞大』,『飜譯朴通事』와 달리 後行字가 虛辭나 語助辭인 境遇에도 先行字가 變調된 모습을 보이는 傾向이 强하다고 指摘하고 있다. 奎4866은 愼鏞權(2008)에서도 다루어진 바가 있다.

4.2. 『老乞大新釋諺解』의 聲點

以下에서 各 資料들에 記入되어 있는 記號에 對해서 報告하되 大體的인 傾向을 살펴보는 것을 原則으로 한다. 다시 말해 아무런 例外도 없는 整然한 對應은 찾을 수가 없다. 이것을 念頭에 두면서 各各의 記號가 陰平聲, 陽平聲, 上聲, 去聲(및 全濁 上聲), 入聲字들 中의 어떤 글자에 使用되었는지 報告한다. 다만『廣韻』에서 다른 聲調가 登錄되어 있는 글자, 所屬을 알 수 없는 글자, 記號가 不分明하거나 찍혀 있지 않은 글자 等은 除外한다. 提示되는 글자 數爻는 使用된 回數가 아니라 種類를 나타낸 것이다. 따라서 同一한 글자에 여러 가지 記號가 使用된 境遇 그 글자는 各各의 記號로 重複되어 計算된다.

(1) '我'
　　『老乞大新釋諺解』出現 回數: 114
　　記號가 없거나 不分明한 例: 10 個
　　「·□」의 例: 100 個
　　「□·」의 例: 2 個
　　「□○」의 例: 2 個
　　→ 「□·」, 「·□」, 「□○」에 各各 한 글자씩 登錄

『老乞大新釋諺解』에 使用된 記號는「□·」,「·□」,「□:」,「□く」,「□○」等이 있다. 이 外에 一部「□ㄱ」,「□▷」,「□ㄴ」와 같은 模樣의 記號도 보이나 全體的으로 살펴볼 때 少數에 不過하며「□く」나「□○」와의 區別도 曖昧한 境遇가 많기 때문에 一旦 考察 對象에서 除外하기로 한다. 또한 複寫本이라는 資料的 制約도 있어「□:」와「□く」를 區別하기 어려운 境遇도 많다.

4.2.1. 記號의 使用 樣相[7]

「□○」에 對해서는 4.4.2에서 後述할 것이다.

먼저「□·」는 去聲 110 字, 全濁 上聲 8 字, 陰平聲 85 字, 入聲 39 字, 陽平聲 22 字, 上聲 15 字에 使用되었으며 除外된 글자는 102 字이다. 따라서 去聲과 陰平聲, 그리고 入聲字에 主로 使用됨을 알 수 있으며 亦是 先行研究의 結果와 一致한다. 그러나 比較的 少數이긴 하지만 陽平聲字와 上聲字에도 使用되어있다.

(2) 你愛吃甚麼飯菜(第 31 話, 17a8)[8]

(3) 涼花每一斤(第 10 話, 17b7)

(4) 我從年時正月裏 (第 11 話, 17b7)

(5) 我從年時正月裏 (上揭)

(6) 賣得十/五兩以上(第 7 話, 10a6)

「·□」는 上聲 79 字, 陰平聲 3 字, 去聲 2 字, 陽平聲 1 字에 使用되었으며 위에서 든 理由로 除外된 글자가 31 字 있다. 여기서「·□」가 主로 上聲字에 쓰이는 記號임을 알 수 있으며 이것은 先行研究의 結果와 一致한다.

(7) 我也往北京去(第 6 話, 9b2)

---

7) 「□○」에 對해서는 4.4.2에서 後述할 것이다.
8) 例文에서는 各 漢字 위에 該當 記號를 提示하되「·□」만은「□·」과의 混同을 避하기 爲하여 밑줄로 表示하기로 한다.

「□:」는 陽平聲 45 字, 入聲 24 字, 陰平聲 1 字, 去聲 1 字에 使用되었으며 除外된 글자는 32 字이다.

(8) 也說不出**來** (第 4 話, 6b6)

(9) 往前二**十多**里地 (第 8 話, 12b7)

「□く」는 陽平聲 44 字, 入聲18 字에 使用되었으며 除外된 글자는 27 字이다.

(10) 小**紅**的二錢 (第 10 話, 17a8)

(11) 每一箇**竹**簽上 (第 3 話, 17a8)

따라서「□:」와 「□く」가 主로 陽平聲字와 入聲字에 使用됨을 알 수 있다. 그러나 이 두 記號의 差異가 무엇인지 正確히 알 수 없다. 記號의 模樣이 비슷하여 어느 쪽으로 處理해야 할지 曖昧한 境遇도 많거니와 使用되는 環境, 다시 말해 앞뒤 글자와의 關係에 對한 分析에서도 뚜렷한 差異를 찾을 수 없었다. 그러므로 이 資料의 「□く」가 先行硏究에서 記述된 것처럼 變調를 나타내는지 或은 單純히 「□:」를 붓으로 써넣을 때 若干 模樣이 달라졌을 뿐인지 斷定할 수 없다.

여기서 앞에 言及한 聲調를 描寫한 筆寫 文章을 다시 살펴보면 그 內容과 聲調, 그리고 記號의 쓰임새들 사이의 對應 關係를 다음과 같이 整理할 수 있다.

(12) 擧=陰平聲, 濁音上聲, 去聲, 入聲의 一部→主로 「□·」가 使用됨.
按=陽平聲, 入聲의 一部→主로 「□:」와 「□く」가 使用됨.
放=淸音上聲→主로 「·□」가 使用됨.

4.3. 『朴通事新釈諺解』의 聲點

4.3.1. 卷一 小倉文庫 L44546

위의 『老乞大新釋諺解』의 境遇와 같은 方式으로 記述한다. 小倉文庫

L44546에 使用되어 있는 記號는 「□·」, 「·□」, 「□:」, 「□〈」, 「□フ」 等이다.
「□·」는 總 3442 個의 用例가 發見되었으며 글자 種類는 759 字이다. 그 構成은 去聲字 및 濁上字 218, 陰平聲字 144, 上聲字 86, 陽平聲字 75, 入聲字 60이며 除外된 것은 176 字이다. 大體로 去聲 및 濁上, 陰平聲字가 많아 先行研究 및『老乞大新釋諺解』의 境遇와 一致하나, 上聲과 陽平聲字도 많기 때문에 例外로 處理하기에는 不適切하다고 생각된다. 이 問題에 對해서는 뒤에서 다시 論하기로 하겠다.

(13) 到那走不**動**的時候却怎麼過呢 (第 20 話, 42b2)

(14) 你那條**金**帶是誰廂的 (第 9 話, 21b3)

(15) 這瘡**毒**氣散去便暗消了 (第 5 話, 16a4)

(16) 那**女**孩兒又生的十分**美**貌 (第 22 話, 44a10)

(17) 我在平則**門**外住 (第 4 話, 13a2)

「·□」는 總 1495 個의 用例가 發見되었으며 글자種類는 140 字이다. 그 構成은 上聲字 75, 去聲字 및 濁上字 18, 陰平聲字 3, 陽平聲字 4, 入聲字 2이며 除外된 것은 37 字이다. 大體로 上聲字가 많은 것은 다른 資料의 研究 結果와 一致한다.[9]

(18) **馬**不得夜**草**不肥(第 11 話, 25b7)

「□:」는 總 746 個의 用例가 發見되었으며 글자 種類는 182 字이다. 그 構成은 陽平聲字 66, 入聲字 58, 去聲字 및 濁上字 2, 陰平聲字 9, 上聲字 2이며 除外된 것은 45 字이다. 大體로 陽平聲과 入聲字가 많은 것은 다른 資料의 研究 結果와 一致한다.

---

9) 그런데 이 L44546에는 聲點이 검은 色 붓으로 訂正되어 있는 部分이 26 곳 있다. 그 訂正 部分을 一簑古495.18 c456b와 比較해 보면 19 곳이 一致하며 特히 「□·」→ 「□フ」의 訂正이 11 곳 있어 折半을 차지하고 있다.

(19) 象牙裝鞘小刀

(20) 那雀舌做得牢壯也好 (第 9 話, 29b5)

「□〈」는 總 476 個의 用例가 發見되었으며 글자 種類는 183 字이다. 이 中에는 若干 오른쪽으로 기울어진 「□Z」 模樣의 記號도 包含되어 있다. 그 構成은 陽平聲字 64, 入聲字 56, 陰平聲字 9, 去聲字 5, 上聲字 1이며 除外된 것은 48 字이다. 大體로 陽平聲字와 入聲字에 많이 나타나는 것은 다른 資料의 硏究 結果와 一致한다.

(21) 蜜林檎 (第 1 話, 2a10)

(22) 白綾飄帶 (第 14 話, 29b5)

「□フ」는 總 1479 個의 用例가 發見되었으며 글자 種類는 583 字이다. 그 構成은 去聲字 및 濁上字 133, 陽平聲字 91, 陰平聲字 90, 上聲字 70, 入聲字 66이며 除外된 것은 133 字이다. 이 記號는 뚜렷한 傾向을 잘 보여주지 않는다.

4.3.2. 卷二 小倉文庫 L174358

使用되어 있는 記號는 「□·」, 「·□」, 「□:」, 「□〈」, 「□フ」 等이다.

「□·」는 總 3306 個의 用例가 發見되었으며 글자 種類는 662 字이다. 그 構成은 陰平聲字 155, 去聲字 및 濁上字 127, 入聲字64, 上聲字 29, 陽平聲字 28이며 除外된 것은 159 字이다. 大體로 去聲 및 濁上, 陰平字가 많은 것은 다른 資料의 硏究 結果와 一致한다.

(23) 傾甘露於瓶中濟險途於飢渴 (第 51 話, 29b7)

(24) 傾甘露於瓶中濟險途於飢渴 (上揭)

(25) 都搶奪去了 (第 46 話, 22a10)

(26) 撒網垂鉤的是大小漁船 (第 36 話, 6a6)

(27) <u>我</u>住家裏去取<u>氈</u>衫<u>雨帽</u> (第 34 話, 3a4)

「‧□」는 總 1633 個의 用例가 發見되었으며 글자 種類는 216 字이다. 그 構成은 上聲字 135, 去聲字 및 濁上字 11, 陰平聲字 1, 陽平聲字 7, 入聲字 2이며 除外된 것은 60 字이다. 大體로 上聲字가 많은 것은 다른 資料의 硏究 結果와 一致한다.

(28) 咳<u>女</u>兒<u>你</u>不<u>曉</u>得(第 48 話, 26a5)

「□ㄱ」는 이 資料에서는 若干 「□/」에 가까운 模樣으로 나타나있다. 總 1501 個의 用例가 發見되었으며 글자 種類는 604 字이다. 그 構成은 去聲字 및 濁上字 136, 陰平聲字 103, 陽平聲字 100, 入聲字 80, 上聲字 48이며 除外된 것은 137 字이다. 이 資料의 「□ㄱ」亦是 뚜렷한 傾向을 찾기가 어렵다.

「□:」는 總 760 個의 用例가 發見되었으며 글자 種類는 210 字이다. 그 構成은 陽平聲字 103, 入聲字 60, 上聲字 2, 去聲字 1이며 除外된 글자가 46 字 있으나 그 밖에 陰平聲字는 發見되지 않았다. 陽平聲과 入聲字가 많은 것은 다른 資料의 硏究 結果와 一致한다.

(29) 議定每月房租<u>銀</u>二<u>兩</u>(第 61 話, 45a5)

(30) <u>齒</u>排柯<u>雪</u>眉秀垂楊(第 51 話, 30a1)

「□く」는 總 573 個의 用例가 發見되었으며 글자種類는 229 字이다. 그 構成은 陽平聲字 115, 入聲字 66, 上聲字 4, 陰平聲字 3, 去聲字 1이며 除外된 것은 40 字이다. 大體로 陽平聲字가 많은 것은 다른 資料의 硏究 結果와 一致한다.

(31) 有心拜節<u>寒</u>食不遲(第 35 話, 4b5)

(32) <u>熱</u>炕上爐着出些汗(第 47 話, 24b8)

4.3.3. 卷三 小倉文庫 L174360

使用되어 있는 記號는 「□·」, 「·□」, 「□:」, 「□く」이다.

「□·」는 總 4790 個의 用例가 發見되었으며 글자 種類는 1084 字이다. 그 構成은 去聲字 및 濁上字 273, 陰平聲字 188, 陽平聲字 164, 入聲字127, 上聲字 101이며 除外된 것은 231 字이다. 去聲 및 濁上, 陰平字가 많은 것은 다른 資料의 研究 結果와 一致하지만 卷一 L44546과 마찬가지로 陽平聲과 上聲字 또한 많이 나타나 있다.

(33) 有十萬八千里程途 (第 80 話, 9a2)

(34) 有十萬八千里程途 (上揭)

(35) 有十萬八千里程途 (上揭)

(36) 有十萬八千里程途 (上揭)

(37) 却不見了狗 (第 88 話, 28b1)

「·□」는 總 1456 個의 用例가 發見되었으며 글자 種類는 176 字이다. 그 構成은 上聲字 114, 去聲字 및 濁上字 9, 陽平聲字 3, 陰平聲字 2, 入聲字 4이며 除外된 것은 44 字이다. 大體로 上聲字가 많은 것은 다른 資料의 研究 結果와 一致한다.

(38) 火盆上添些炭火 (第 82 話, 12a10-b1)

「□:」는 總 770 個의 用例가 發見되었으며 글자 種類는 191 字이다. 그 構成은 陽平聲字 92, 入聲字 50, 去聲字 7이다. 除外된 글자가 42 字 있으나 그 밖에 陰平聲字와 上聲字는 發見되지 않았다. 陽平聲과 入聲字가 많은 것은 다른 資料의 研究 結果와 一致한다.

(39) 高麗太祖姓王諱建表字若天(第 106 話, 57a3)

(40) 到車遲**國**(第 88 話, 21b3)

「□く」는 總 466 個의 用例가 發見되었으며 글자 種類는 198 字이다. 그 構成은 陽平聲字 97, 入聲字 49, 去聲字 3, 陰平聲字 1이다. 除外된 것이 48 字 있으나 그 밖에 上聲字를 찾을 수 없었다. 大體로 陽平聲字가 많은 것은 다른 資料의 硏究 結果와 一致한다.

(41) **王**見他多時不出來(第 88 話, 26b4)

(42) 當初怎生建**國**(第 106 話, 57a1)

이 資料의 特徵으로 생각되는 것은 記號 「□ㄱ」를 거의 찾을 수 없다는 點이다. 筆者는 다음과 같은 單 1 個의 例만 찾을 수 있었다.

(43) 即時打發**起**程 (第 88 話, 28b10)

4.4.1. 「□·」이 使用된 上聲字와 陽平聲字

先行硏究에서 「□·」의 使用 樣相은 主로 陰平聲, 去聲, 入聲에 나타난다는 것이었다. 그러나 위에서 살펴본 바와 같이 『老乞大新釋諺解』 및 『朴通事新釋諺解』의 卷一(小倉文庫 L44546)과 卷三(小倉文庫 L174360)에서는 「□·」이 陽平聲字에도 比較的으로 많이 使用되어 있으며 上聲字는 모든 資料에 나타난다.

먼저 「□·」가 使用된 上聲字의 境遇 上聲이 連續된 部分에 나타난 것으로 생각할 수 있다. 『老乞大新釋諺解』에서 「□·」가 使用된 上聲 15 個 글자, 35 個의 用例 中 11 個 글자 30 例는 上聲이 連續된 部分에 나타난 것이다. 이것은 『朴通事新釋諺解』에서도 마찬가지인데 特히 卷二(L174358)와 卷三(L174360)에서 그 傾向이 强하다. L174358에서는 總 57 個의 用例 가운데 上聲이 連續되거나 앞뒤 어느 한 쪽에 「·□」가 나타나 있는 것이 43 個이며, L174360에서는 그것이 總 201 個 가운데 143 個이다.

그런데 卷一 L44546의 경우 上聲字가 連續되어 있는 例는 總 147 곳 中

45 곳이다. 單純히 頻度만으로 判斷한다면 卷一 L44546은 다른 두 卷에 比하여 上聲이 連續되지 않았는데도 不拘하고 「□‧」이 上聲字에 使用되는 傾向이 있다고 볼 수도 있다. 그러나 앞서 말한 理由로, 卽 여러 聲調가 登錄되어 있거나 記號가 不分明하기 때문에 「□‧」이 使用된 上聲字의 前後에 位置한 漢字가 考察 對象에서 除外되었을 可能性도 있다. 여기서는 아직 그러한 例들을 一一이 點檢하지 못하였으므로 斷言할 수 없다.

다음으로 「□‧」이 使用된 陽平聲字에 對해서는 아직 確實한 答을 찾지 못하였다. 다만 『老乞大新釋諺解』에서 「□‧」이 使用된 陽平聲 22 個 글자, 37 個의 用例에 對해서 後行하는 글자를 살펴보면 上聲字가 後行하는 것이 8 個 글자 19 個의 用例, 陽平聲字 7 個 8 例, 去聲字 3 個 4 例, 陰平聲字 2 個 2 例, 「□:」와 「□ㄳ」가 使用된 入聲字가 4 個 5 例가 있으므로 比較的 上聲字 및 陽平聲字 앞에 많이 나타나는 傾向이 있다고 볼 수 있다.

그리고 『朴通事新釋諺解』의 境遇, 小倉本을 一簑본과 對照해 보면 一部 小倉本의 該當 部分이 一簑本에서 「□‧」이 아닌 다른 記號 卽 「□:」, 「□ㄳ」, 「□ㄱ」 等으로 되어 있는 것을 볼 수 있다. 따라서 同一한 時期가 아닐 수 있고 時代的 順序도 알 수 없기는 하지만 比較的 가까운 時期에 그것을 다르게 記錄한 사람이 있었음을 알 수 있다.

(44) 我竟與你同去 (卷一 L44546, 第 2 話, 9a7)

(45) 我竟與你同去 (卷一 古495.18 c456b, 第 2 話, 9a7)

(46) 猪羊鵝鴨等類却不少吃的 (卷三 L174360, 第 86 話, 18a1)

(47) 猪羊鵝鴨等類却不少吃的 (卷三 古495.1824.B15, 第 86 話, 18a1)

그 傍證으로서 一簑本의 該當 部分이 어느 程度 後行 글자와의 相關性을 보인다는 點을 들 수 있다. 卽 小倉本에서 「□‧」으로 되어 있는 陽平聲字가 一簑本에서 다른 記號로 되어 있는 것은 但只 隨意的인 現象만은 아니라는 것이다.

아직 모든 用例를 檢討하지 못하였으나 例를 들어 卷三 中에서 74 話부터

87 話까지를 살펴보면 小倉本의「陽平聲字□·」이 一簑本에서「□ㄱ」로 되어 있는 곳이 70 個 있다. 그 70 個의 例에 對해서 後行하는 글자의 聲調 記號를 살펴보면「□」이 34 곳,「·□」이 32 곳,「□ㄥ」와「□·」이 各各 2 곳이 있다. 한편 一簑本에서「□ㄥ」으로 되어 있는 곳은 20 個인데 後行하는 글자는「□·」이 17 곳,「·□」이 3 곳 있다.

그런데 一簑本에서도 同一하게「□·」로 되어 있는 곳이 40 個 있으나 後行하는 글자는「□·」가 24 곳,「·□」과「□:」이 各各 4 곳,「□ㄥ」가 2 곳, 後行하는 글자가 없는 句節末 部分에 나타난 것이 6 곳이며「□·」가 連續되는 部分이 많음을 알 수 있다.

따라서 小倉本의 卷三에 聲點을 記入한 사람은 적어도 一簑本에 聲點을 記入한 사람에게는 다르게 들렸을 可能性이 있는 聲調를 一括的으로「□·」으로 記錄한 것이 아닐까 생각된다. 이것은 小倉本의 卷三에는 다른 資料들의「□ㄱ」에 該當되는 記號가 거의 보이지 않는다는 點과 關聯이 있을 것이다.10)

4.4.2. 「□○」에 對하여

『老乞大新釋諺解』에 많이 보이는 또 다른 記號로「□○」가 있다.「□○」는 總 298 字에 使用되었으며 除外된 글자를 뺀 나머지 227 字의 構成은 陰平聲 44, 陽平聲 38, 上聲 27, 去聲과 全濁上聲 74, 入聲 44 字이다.

---

10) 이 問題와 關聯하여 筆者는 聲點의 記入 過程을 但只 筆寫者가 귀로 듣고 써넣었을 것이라고만 생각하고 있었다. 한가지 理由는 위의 先行 研究를 槪觀하면서 言及한 바와 같이 菅野(1977; 12)에서 陰平聲과 去聲의 區別이 없는 現象에 對해 譯官들이 韻書에 依해서가 아니라 直接 들은 바에 依해서 表記를 한 것으로 推定하고 있기 때문이었다. 그러나 審査를 해주신 先生님께서 그러한 方法 外에도 다른 冊을 베껴쓴 可能性을 함께 考慮할 것을 提案해주셨다. 앞으로 다시 調査해보아야 할 觀點으로 생각된다. 貴한助言에 對해 이 자리를 빌어 眞心으로 感謝드린다. 그리고 이러한 陽平聲+「□·」의 例는 『重刊老乞大諺解』에서도 찾을 수 있다. 여러 冊에서 共通的으로「□·」이 나타난 陽平聲字의 例를 들면 다음과 같다.

我寫完這契了 (下卷, 奎4866, 第 67 話, 15b3)

我寫完這契了 (下卷, L44550, 第 67 話, 15b3)

我寫完這契了 (下卷, L175177, 第 67 話, 15b3)

(48) 有多少中國人 (第 5 話, 8a9)

(49) 原來是這般 (第 35 話, 8a9)

(50) 我往北京去 (第 1 話, 1a4)

(51) 放在豆子上 (第 14 話, 24b6)

(52) 有多少中國人 (再揭)

이것만으로는「□○」가 무엇을 나타내는 記號인지 알 수 없다.「□○」가「□·」과 겹쳐 있는 것처럼 보이는 部分도 相當히 많으나 아쉽게도 黑白 複寫本이기 때문에 그 色깔이나 겹친 模樣을 仔細히 觀察할 수 없었다. 따라서 이 記號를 同一한 體系 內部의 것으로 看做해야 할지 아니면 나중에 追加되거나 修正된 것으로 보아야 할지 判斷하기 어렵다.11)

---

11) 그런데 이「□○」乃至「□○」가「□·」과 겹쳐 있는 것처럼 보이는 記號는『重刊老乞大諺解』(奎4866)의 黑色 修正 記號에서도 찾을 수 있다. 이 記號에 對해서 鋤田(2007)는 '聲調와 關聯없이 右側에 若干 굵은 검은 붓으로 點이나 동그라미를 써넣은 것'이라고 記述하고 있다. 筆者는 奎4866의 이 記號가 果然 聲調와 전혀 關聯이 없는지 아직 確實한 答을 찾지 못하였다. 奎4866의 該當 部分은 筆者의 調査에서는 191 곳이 發見되었는데 이것을 L175175, L175177-8, L44550과 같은 餘他『重刊老乞大諺解』들과 比較해 보면「□·」과「□フ」로 되어 있는 例가 若干 많은 것 같기는 하나 用例 數爻가 적어 强한 傾向을 보인다고 하기가 어렵기 때문이다. 다만『老乞大新釋諺解』와의 關聯에서 살펴보았을 때 奎4866의「□○」,「□·○」는 特別한 對應을 보이지 않는다. 即,『重刊』과『新釋』의 本文을 並列시켜서 두 資料에서 같은 漢字에 記入된 記號를 對比시켜 보아도「□○」,「□·○」가 共通되어 나타나 있는 例는 191 個 中의 16 個에 不過하며 따라서『老乞大新釋諺解』와 奎4866에 나타나는「□○」,「□·○」는 性格이 다른 것으로 생각된다.
이 奎4866과 關聯해서 한 가지 더 興味로운 事實이 있다. 東京外國語大學 附屬圖書館 所藏本『重刊老乞大諺解』(KII57)에는 드물게 一部 글자에 朱點 또는 黑點이 記入되어 있는데 이것이 出現하는 位置가 奎4866에서 黑色으로 修正되어 있는 部分과 많이 一致한다. KII57는 맨 앞 部分인 '大哥你從那裏來? 我從朝鮮王京來'에만 다른 資料들과 비슷하게「□:」,「□く」,「·□」,「□フ」와 같은 記號가 보이지만 이들은 그 以後에는 出現하지 않게 되고 代身「□」의 四角 中 한 곳에 아주 작은 點이 記入되어 있다. 마치 傳統的인 平上去入을 나타내는 圈點처럼 보일 수도 있으나 現在까지 調査한 바로는 特別한 關聯이 없는 것으로 보인다. 上卷에서 下卷 앞 部分인 第 60 話까지는 朱點으로, 61 話에서 下卷 中間인 87 話까지는 黑點으로 間或 나타나는데 黑點은 마치 鉛筆이라도 쓴 것처럼 光澤이 있고 종이가 若干 눌려 들어가 있는 것을 볼 수 있다. 그런데 KII57에서 이러한 朱點 및 黑點이 있는 곳은 奎4866에서 黑色 修正 記號, 特히「□·」가 나타나

그렇다면『老乞大新釋諺解』의 「□○」, 「□·○」는 果然 聲調와 전혀 關聯이 없는 것일까? 筆者는 이 記號도 亦是 다른 記號들처럼 聲調와 關聯이 있는 것으로 생각하는데 特히 그 中에서도 다른 資料의 「□ㄱ」에 該當되는 것이 아닐까 한다.

그 理由는 첫째, 이 記號의 分布를 살펴보았을 때 모든 聲調에 고루 나타나기는 하지만 後行하는 글자의 聲調에 關해서는 一定한 傾向이 存在하는 것으로 보이기 때문이다. 卽, 上聲字의 境遇는 上聲이 連續된 部分에만 나타나며 나머지 聲調의 境遇 句末 및 上聲字, 陽平聲字, 「□:」가 表示된 入聲字 앞에 出現하고 있다. 反對로 語氣詞, 去聲字, 陰平聲字, 「□·」가 表示된 入聲字 앞에서는 大部分 出現하지 않는다. 이러한 傾向만으로는 이 記號가 나타내는 具體的인 聲調는 알 수 없지만 最小限 聲調와의 關聯은 있다고 볼 수 있을 것이다.

둘째로,『新釋』과『重刊』의 本文을 竝列시켜서 두 資料에서 같은 部分, 같은 漢字에 記入된 記號를 對比시켜 보면『老乞大新釋諺解』의 「□○」가 다른 資料의 「□ㄱ」에 該當되는 記號일 가능성을 생각하게 된다.[12]『新釋』에서 「□○」가 記入된 部分이『重刊』의 奎4866, L175175, L175177, L44550과 같은 冊에서 「□ㄱ」로 되어 있는 境遇가 많기 때문이다.

(53) 有多少中國人 (『老新』, 再揭)

(54) 有多少中國人 (『重老』, 奎4866, L175175, L175177, L44550, 第 5 話, 6a10)

있는 境遇가 많다.

勿論, 두 資料 中의 한 쪽에만 記號가 發見되는 境遇도 많으나 全體 本文이 約 20,000 字가 되는 가운데 奎4866은 1534 곳, KⅡ57은 450 곳밖에 該當 記號가 보이지 않는데도 不拘하고 어쩌다 한 번 드물게 나타난 境遇에 서로 共通된 位置에 記號가 使用된다는 것은 偶然의 一致가 아니라 두 資料 사이에 어떤 關聯性이 있음을 示唆해 준다. 그 關聯이 무엇인지, KⅡ57의 記號가 정말로 네 개 모서리 位置에서 區別되어 있는지, 萬若 그렇다면 무엇을 나타내는 것인지 等은 아직 調査 中이므로 이에 對해서는 後考를 期約하겠다.

12) 물론 이것은 두 資料의 本文을 單純히 竝列시킨 것에 不過하다. 더 正確한 考察을 爲해서는 本文들 사이의 異同, 다시 말해『新釋』에서『重刊』으로 本文이 變更된 部分이 聲調에 미칠 수 있는 影響까지 考慮해야 할 것이다.

『新釋』에서 「□○」로 處理한 例는 829 곳이 있는데 그 中에서 本文이 『重刊』과 對應되지 않고 다른 漢字로 바뀐 例를 除外하면 789 곳이 남는다. 聲點을 調査한 『重刊』이 네 가지이기 때문에 論理上으로는 789×4=3156 個의 例를 얻을 수 있겠으나 資料가 損傷되어 있거나, 落張, 記號가 없는 部分 等도 存在하기 때문에 實際로 論議의 對象이 되는 例는 2869 個이다. 『新釋』과 對應되는 이 2869 個의 『重刊』의 例를 살펴보면 「□フ」로 되어 있는 境遇가 1812 個(約 60%), 「□‧」로 되어 있는 境遇가 856 個(約 30%) 있으며, 그 外에 「‧□」은 97 個, 「□：」은 70 個, 「□〈」가 34 個 있다. 따라서 『新釋』에서 「□○」가 記入된 部分이 『重刊』에서는 「□フ」로 되어 있는 例가 많아 『新釋』의 「□○」가 다른 資料들의 「□フ」에 該當하는 記號일 可能性이 있다. 앞서 다루었던 『朴通事新釋諺解』의 「□フ」는 特定한 聲調와의 關聯을 찾을 수 없었는데 萬若에 『新釋』의 「□○」가 정말로 「□フ」에 該當된다면 그러한 特徵과 잘 附合할 뿐만 아니라 先行硏究에서 指摘된 餘他 資料의 「□フ」의 쓰임새와도 共通點을 찾을 수 있게 된다. 그러나 『新釋』의 該當 部分이 『重刊』에서 「□フ」가 아닌 「□‧」으로 되어 있는 境遇도 적지 않게 나타났기 때문에 앞으로 더 仔細히 考察할 必要가 있다.

여기서 한 마디 덧붙인다면 『新釋』의 「□○」가 다른 資料들의 「□フ」에 該當된다는 假說은 事實 『新釋』만 살펴보아도 어느 程度 豫想되었던 問題이다. 다시 말해 앞에서 言及한 것처럼 처음 『新釋』의 記號를 處理하는 過程에서 「□つ」와 같은 模樣의 記號는 少數에 不過함으로 調査 對象에서 除外시켰던 것이다. 그런데 判讀하는 方式에 따라서는 一部 「□○」는 「□つ」 또는 「□‧」과 「□つ」가 겹쳐 있는 것처럼 보일 수도 있다. 이러한 例는 特히 第 31~36話에 많이 나타나는데 다른 資料의 「□フ」는 모서리가 銳利하거나 아예 「□／」과 비슷한 模樣으로 되어 있는 데 比해 『新釋』의 「□つ」의 模樣은 동그랗게 굽어 있으므로 「□○」와 「□フ」를 筆寫 또는 調査 方法으로 因해 생긴 單純한 變異로 處理해도 無妨할지 모른다. 그러나 이번에 利用할 수 있었던 『老乞大新釋諺解』가 黑白 複寫本이었기 때문에 여기서는 더 以上의 臆測은 삼가도록 한다.

5. 結論

이 글에서는 主로『老乞大新釋諺解』와『朴通事新釋諺解』에 記入되어 있는 聲調 記號를 살펴보았다. 各 資料들의 體系를 表로 比較하면 다음과 같다. 물음標는 代表的 聲調를 定할 수 없음을 意味한다. 다만『老乞大新釋諺解』의「□○」는 同一한 體系 內部에서 比較할 수 있을지 疑問이 남는다.

표 1 각 자료의 성점 체계

聲點	資料와 代表的 聲調			
	老新	朴新一	朴新二	朴新三
「□：」	入聲, 陽平	入聲, 陽平	入聲, 陽平	入聲, 陽平
「□·」	去聲. 陰平, 入聲	？	去聲, 陰平, 入聲	？
「□く」	入聲, 陽平	入聲, 陽平	入聲, 陽平	入聲, 陽平
「□フ」	(없음)	？	？	거의 없음
「·□」	上聲	上聲	上聲	上聲
「□○」=「□フ」?	？	없음	없음	없음

共通點으로서「□：」,「·□」,「□く」는 大體的으로 優勢한 聲調가 定해져 있는 것으로 보이며 이것은 先行硏究에서 이미 指摘된 內容과도 一致한다. 그러나 差異點으로「□·」,「□フ」가 資料마다 다르게 쓰이고 있으며 甚至於「□フ」가 거의 使用되지 않은 資料도 있다. 그리고 先行硏究에서 特別히 言及되지 않았던 사실로서 陽平聲字에「□·」가 記入되는 境遇가 있음을 알 수 있었다.

마지막으로 남은 問題를 指摘해 둔다. 調査 對象과 關聯해서『老乞大新釋諺解』의 原本 確認이 必要하다. 그 外에도 이번에 다루지 못한 資料들이 아직 많이 남아 있다. 聲點과 關聯된 問題로서는「□フ」및「□：」와「□く」의 關係, 陽平聲字에 쓰인「□·」의 正體 등이 밝혀져야 할 것이다. 그리고 入聲字나 輕聲, 上聲의 連續 等에 對해서『廣韻』을 出發點으로 하는 方向과 더부러 現代의 여러 方言을 出發點으로 하는 分析도 必要하다. 그러나 本稿의 論議가 散漫한 報告에 그치고 만 것으로도 알 수 있듯이 筆者는 中國語 音韻史에 있어서 門外漢이므로 再檢討를 期約하는 同時에 關聯 分野의 專門家 분들께 많은 批判과

助言을 付託드리고 싶다.

<参考文献>

菅野裕臣(1977)「司訳院 訳学書에 記入된 近世 中國語의 声調表記」『李崇寧先生古稀
　　　記念 國語國文学論叢』塔出版社

姜信沆(1978)「『朴通事新釋諺解』內 字音의 音系 ― 18世紀 北京語音系의 片貌―」
　　　『学術院論文集』第ⅩⅦ輯 人文社會科学篇

金完鎭(1978)「朱點本 重刊老乞大諺解에 대하여」『奎章閣』2

方鍾鉉(1946)「老乞大諺解」『한글』11-2 한글학회

杉山豊(2011)「『老乞大新釋』·『老乞大新釋諺解』의 成立 過程에 對하여」『譯學과 譯
　　　學書』第2號 譯學書學會

愼鏞權(1999)「≪老乞大新釋諺解≫의 漢語音 研究」『언어의 역사 성백인 교수 정년퇴
　　　임 기념 논문집』태학사

_____(2008)「老乞大諺解書에 나타난 漢語 声調 표기와 관련된 몇 가지 문제에 대하여」
　　　『中國文學』57 韓國中國語文學會

李成茂, 崔珍玉, 金喜福 編(1990)『朝鮮時代雜科合格者總覽』韓國精神文化研究院

千惠鳳(1991; 1997)『韓國書誌學』민음사

遠藤光曉(1984)「《翻訳老乞大·朴通事》裏的漢語聲調」『語言學論叢』13 北京大学中
　　　文系《語言學論叢》編委会

_____ 編(1990)『≪翻訳老乞大·朴通事≫漢字注音索引』好文出版

_____ 他 編(2009)『訳学書文献目録』박문사

小倉進平 著; 河野六郎 補注(1964)『増訂補注朝鮮語学史』刀江書院

鋤田智彦(2006)「東洋文庫所藏『重刊老乞大諺解』の入声字に附せられた傍点について」
　　　『中国古籍文化研究』4 早稲田大学中国古籍文化研究所

_____(2007)「『重刊老乞大諺解』三本に見える声調を表す傍点について―上声の連
　　　讀変調を中心に―」『中国文学研究』33 早稲田大学中國文學會

長澤規矩也(1979)『図書学辞典』三省堂

_____(1976; 1987)『古書のはなし』冨山房

平山久雄(1960)「中古入声と北京語声調の対応規則」『日本中国学會報』12 日本中国学會

_____(1961)「北京語に於ける清入声舒声化の条件について(上, 下)」『中國語学』114,
　　　116 中国語学研究会

福井玲(2002)「小倉文庫目錄 其一 新登錄本」『朝鮮文化研究』9
_____(2007)「小倉文庫目錄 其二 旧登錄本」『韓国朝鮮文化研究』10

『訳科榜目』奎章閣所藏本, 民昌文化社影印(1991)

周祖謨(1988)『廣韻校本: 附校勘記』中華書局

國立中央圖書館 http://www.nl.go.kr/nl/index.jsp
서울大學校奎章閣韓國學研究院 http://e-kyujanggak.snu.ac.kr/search/e-kyu.jsp
韓國古典綜合DB http://db.itkc.or.kr/itkcdb/mainIndexIframe.jsp
韓國歷代人物綜合情報시스템 https://people.aks.ac.kr/index.aks
韓國歷史情報統合시스템 http://www.koreanhistory.or.kr/
韓國學中央研究院 http://www.nl.go.kr/

<謝辭>
　　이 研究는 韓國國際交流財團의 支援을 받은 것이다. 聲調 記號를 記錄하여 電算化하는 데 竹越孝 先生님께 받은 電子 텍스트를 利用하였다. 伊藤英人 先生님과 古屋昭弘 先生님께서 많은 助言을 주셨다. 第242回 朝鮮語研究会와 第7回 國際譯學書學會에서 이 글의 草稿를 發表하였을 때 權仁瀚 先生님, 金文京 先生님, 福井玲 先生님, 杉山豊 先生님 等 여러 先生님들께 貴한 助言을 받았다. 또한 福井 先生님께서는 小倉文庫에서 資料 調査를 할 수 있도록 도와주셨다. 서울大學校 奎章閣 所藏 資料를 閱覽하는 데 擔當 先生님들께서 親切하게 도와주셨다. 이 자리를 빌어 모든 분들께 眞心으로 感謝드린다.

□ 성명 : 高橋 春人(Haruto TAKAHASHI)
　　주소 : 東京都府中市朝日町3-11-1 / 3-11-1, Asahi-cho, Fuchu-city, Tokyo, Japan
　　전화 : +81-42-330-5169
　　전자우편 : harujin1@gmail.com

□ 이 논문은 2016년 3월 1일 투고되어
　　　　　2016년 11월 15일부터 11월 30일까지 심사하고
　　　　　2016년 12월 10일 편집회의에서 게재 결정되었음.

『蒙語老乞大』 改訂에 의한 蒙文表記變化 考察

權一又

(몽골, 몽골國立大)

<Abstract>

Study on a spellings change in 『Mongo-Nogoldae(蒙語老乞大)』 as a result of revision

『Mongo-Nogoldae』 is a Mongolian textbook published in Chosun(朝鮮) dynasty, revised twice in 1766, 1790 since newly published 1741. The last edition of 1790 has only remained while no others have been left. This study is to show how the textbook has undergone a change to its spelling system, and to examine when, why this change happened. Over the years, most researchers have come to settle on a conclusion that the textbook has a spoken form in its spelling system. On the contrary, Matsuoka(松岡雄太), in his paper published 2005, has claimed that the textbook was revised into written form in vol. 1 and 2 (or to 3). Based on statistics data of scripts through the entire textbook, this paper reinforces the claim that Matsuoka has made. Regarding the time when the change happened, the year 1766 is highly suggested with much of possibility rather than 1790. And I discuss the reason why vol. 1 and 2 were only revised from spoken form into written one.

Key Words : 『蒙語老乞大』, 蒙學三書, 蒙文表記方式, 古典形, 口語形, 表記分布, 改訂記錄, 字音과 語套, 蒙文鑑, 한글맞춤법, 發音表記, 意味標示, 木板

序論

『蒙語老乞大』는 朝鮮朝 司譯院에서 刊行된 蒙學譯學書 중 하나이다.[1] 1741年 새롭게 木版本으로 刊行되어 1766年, 1790年 두 차례 改訂되었으나 마지막 改訂本만이 現存한다. 이 敎材의 底本은 中國語敎材를 몽골語로 飜譯한 것이다. 내용은 朝鮮商人이 말(馬)과 모시, 베, 人蔘을 팔러 北京으로 가는 旅程에서 일어나는 逸話들이 會話體로 構成되어 있다.

本稿는 『蒙語老乞大』의 編纂改訂에 관한 歷史的 背景을 槪略하고, 改訂의 結果로 蒙文表記가 어떻게 變化되었는가를 考察하는 것이 目的이다.

古典形으로 表記하는 몽골文語는 口語의 發音과 差異가 심하다. 古典形 表記는 13~14世紀의 口語發音을 表記한 것인데 18世紀 들어 文語의 標準表記로 定着되었다.[2] 『蒙語老乞大』에서는 古典形과 口語形의 두 가지 表記가 섞여서 나타난다. 口語形은 古典形과는 表記形態가 다른 編纂 당시의 口語發音을 따라 表記한 것이다. 古典形으로 나타나는 表記는 13~14世紀의 發音이 아직 변하지 않은 것으로 이 역시 編纂 당시의 口語發音으로 볼 수 있다. 다시 말해 모두 口語發音表記로 보는 것이다. 이런 이유로 18世紀의 몽골語를 硏究하는데 價

---

1) 『蒙語老乞大』, 『捷解蒙語』, 『蒙語類解』로 이른바 蒙學三書가 現存한다. I章 編纂 背景에서 다시 紹介한다.

2) 時期와 理由에 대해 學者들마다 見解가 약간씩 다르다. 이 主題를 다룬 책 Надмид(1967) 『Монгол хэл, түүний бичгийн түүхэн хөгжлийн товч той м』이 있다는 것을 알았다. 아직 구해 읽어보지는 못했지만 이에 대해서도 부족하나마 論議해 보자.

値 있는 資料로 여겨진다. 지금까지의 硏究도 당시의 口語的 特徵을 밝히는데 集中되어 成果를 거두었다.3)

한편 古典形이 口語形에서 修訂되었을 可能性에 대한 關心은 不足했다. 당시 古典形 表記體系가 定着되었고 두 차례 改訂이 있었다. 古典形으로의 修訂도 疑心해 볼 수 있다. 허나 고쳤다고 보기에는 口語形 表記가 너무 자주 登場하고 게다가 會話敎材인 까닭에 오히려 口語形으로 修訂된 것처럼 보인다. 앞서 언급했듯 口語形은 編纂 당시의 發音表記이고, 古典形 역시 아직 변하지 않은 編纂 당시의 發音으로 原來부터 古典形으로 쓰여진 것이다. 그리고 두 가지 表記形態가 모두 나타나는 單語들은 發音이 변해가는 過渡期로 보면 그만이다. 그런데 이것만으로는 說明하기 어려운 두 가지 통계데이터가 나타난다.

하나, 두 가지 表記로 나타나는 單語들이 古典形은 卷1,2에, 口語形은 나머지卷에 偏重되어 分布한다! 이것은 누가 意圖的으로 配置한 것일 수 있다.
둘, 두 가지 表記로 나타나는 單語들의 出現頻度가 古典形 혹은 口語形 하나로만 表記된 單語들보다 높다! 『蒙語老乞大』가 당시의 口語發音으로 表記된 敎材가 맞다면 자주 쓰는 單語일수록 오히려 口語形이어야 한다는 것이다.

이를 解明하는 것이 本稿의 主題이다.4) 原本과 改訂本이 다 存在한다면 對照하여 쉽게 밝혀질 일이나 마지막 刊行된 改訂本 하나뿐이다. 한편 編纂改訂에 관한 記錄과 文獻 資料를 檢討 整理하고,5) 남아있는 木版을 硏究하여6) 編纂改修過程을 밝히는 데에는 큰 成果가 있었다. 本稿에서는 통계데이터에서

---

3) 李基文(1964)에서 音韻論, 形態論, 語彙의 特徵을 硏究했다. 李聖揆(2002)에서는 蒙學三書 간의 文法要素를 比較했다. 모두 會話敎材인『蒙老』는 口語的 特徵을 띤다고 結論짓고 있다. 本論에서 다시 언급된다.
4) 本稿와 同一한 主題로 卷1,2 (혹은 3까지)와 나머지卷의 差異에 注目한 論文 松岡雄太(2005a)가 있다. 本稿는 이 硏究의 主張을 强化하였다. 다만 修訂時期에서 異見을 보인다. 本論에서 자주 比較한다.
5) 鄭光(2014)『朝鮮時代의 外國語 敎育』이 가장 最近에 出刊된 書籍이다. I章의 編纂 背景은 이 책에서 拔萃 槪略했다. 參考로 李基文(1964)의 硏究에서 編纂經緯와 改訂記錄을 檢討 整理했으며, Song Ki-joong(2001) 『The Study of foreign languages in the Choson Dynasty(1392~1910)』이 單行本으로 出刊되었다.
6) 남아있는 木版에 대한 硏究 鄭光(1990)은 現傳하는 版本이 1790年의 改訂本임을 決定하는데 가장 믿을만한 物理的 證據를 提示했다. 本論에서 살펴볼 것이다.

보여지는 表記分布의 疑問点을 追跡해 여기서 나온 結果를 지금까지의 研究成果와 比較 檢討하여 改訂에 의한 表記變化의 樣相을 밝혀보고자 한다.

마지막 刊行本 하나만 가지고 變化를 把握하는 데는 限界가 있다. 그러나 전혀 不可能한 것만은 아니다. 모든 蒙文表記 데이터를 電算化하여 이중에서 長母音表記 데이터를 活用했다. 長母音은 古典形과 口語形 表記가 모두 頻繁히 나타나는 形態素 중 하나이다. 이것을 각 卷別로 統計 내어 表記分布를 調査하고 分類 比較하여 修訂하지 않은 表記를 選別했다. 이를 가지고 改訂以前의 狀態를 推測할 수 있는 初期表記分布 모델을 導出, 現傳하는 改訂本을 이 모델에 對照하여 어떤 變化가 얼마나 일어났는지 變化量(修訂內容)을 測定했다.[7] 그리고 왜 이런 變化가 일어났는지(누가 왜 이렇게 修訂했는지), 改訂記錄을 調査하고 이와 관련된 지금까지의 研究結果와 比較 檢討하여 追跡해 보았다. 여기서 얻어진 推論이 妥當한지, 長母音이 아닌 다른 形態素에서도 同一한 傾向의 變化가 있는지를 檢證했다.

古典形 表記는 口語發音과 差異가 크다. 대략 18世紀에 文語의 標準表記가 되었다고 앞서 언급했다. 地域마다 다른 方言의 發音을 따라 表記하던 것을 統一된 表記體系로 整備하면서 不得已하게 過去의 傳統的인 表記方式을 標準으로 採擇한 것이라 생각된다. 이 時期는 『蒙語老乞大』가 活潑히 改訂 編纂되는 時期와도 一致한다. 어쩌면 『蒙語老乞大』의 改訂이 古典形으로 轉換하는 蒙文表記體系를 보여주는 實質的인 事例가 될 수도 있다. 『蒙語老乞大』의 表記變化 考察을 통해 蒙文表記體系가 變遷하는 흐름의 背景을 짚어보려 한다.

I章에서는 『蒙語老乞大』編纂의 背景이 되는 朝鮮의 外國語 教育, 그 중에서도 몽골語 教育과 『蒙語老乞大』의 體裁에 대해서 이미 整理된 研究結果를 拔萃 槪略했다.

---

7) Озава, III(2002), 小沢重男 教授가 元朝秘史(漢字로 轉寫된 現傳하는 最古의 몽골秘史)가 각 章別로 刊行時期가 다름을 밝혀낼 때 使用한 方法에서 아이디어를 가져와 應用했다.

I章 『蒙語老乞大』의 編纂

1. 朝鮮의 外國語 教育, 몽골語 教育 (이 段落은 鄭光(2014)에서 拔萃 整理했다.)

司譯院과 四學

司譯院은 朝鮮朝 1393年에 設立된 外國語 教育과 通·飜譯 任務를 맡던 官廳이다. 1392年 여름 高麗가 끝나고 朝鮮이 始作되었다. 建國初期 朝鮮은 高麗의 制度와 機構를 대부분 그대로 維持 運營하였다. 司譯院 역시 高麗朝 1276年에 設置된 通文館을 改名한 것이다.

記錄에는 司譯院을 設置하여 華言 즉 中國語를 익혔다고만 나온다. 실제로는 몽골語도 함께 學習하였던 것이 確實하다. 司譯院 制度의 改善策에 대한 記錄에는 몽골語에 대해서도 說明하고 있다. 高麗에서 通文館을 設置했을 때에도 漢語와 몽골語 教育으로 始作하였고 이러한 傳統은 朝鮮에서도 繼續되었다. 日本語 學習課程이 1413年에 設置되었고, 女眞語 課程은 1430年代에 開設된 것으로 보인다. 그리하여 漢學, 蒙學, 女眞學, 倭學, 統稱 四學의 學習課程이 定式으로 設置되었다. 女眞學은 淸(1644~1911)이 樹立된 後에는 淸學이라 하였다.

司譯院은 1894年 甲午更張으로 革罷되기까지 500여 年間 根幹을 維持하였다. 外國語 教育機關으로서 司譯院은 譯官을 養成 管理하고 學習에 必要한 教材를 編纂 改訂하는 役割뿐만 아니라 使臣을 수행하며 通·飜譯 實務를 맡고 國境이나 國內에 居住하는 外國人 監視, 貿易 仲介 등 外國과의 接觸에서 일어나는 모든 業務를 擔當하였다.

蒙學, 몽골語教材

몽골은 高麗 恭愍王(1351~1374) 때 물러간 以後 朝鮮朝 500年 期間 中에는 重要한 接觸이 없었다. 朝鮮初期 비록 中原의 元(1260~1368)은 滅亡했으나 草原으로 물러난 北元(1368~1635)과의 交涉도 있었기 때문에 몽골語 教育이 그대로 持續되었다. 몽골의 勢力이 漸次 衰弱해지고 몽골語에 대한 需要가 줄어든 朝鮮後期에도 훗날을 對備하여 몽골語 教育은 中斷되지 않았다.

朝鮮前期 蒙語學習에 使用된 敎材들의 書名이 史書의 記錄에 남아있다. 現在 전하는 책이 하나도 없기 때문에 構成 內容을 알 수 없으나 書名을 통해 推測할 수 있다. 書名에 드러난 책들의 몇 가지 特徵이 있다. 大部分이 元代에 蒙語敎科書로 使用되던 것을 輸入하여 使用한 것으로 보인다. 또한 記錄에는 '帖兒月眞'과 '偉兀眞'이 나타난다. 前者는 파스파文字의 몽골語 名稱인 四角文字(dörbeljin)의 音借이고, 後者는 몽골文字인 위구르진으로 역시 漢字로 音借한 것이다. 朝鮮初期에는 몽골文字와 더불어 파스파文字가 學習되었음을 알 수 있다.

記錄에는 '老乞大'란 書名이 登場한다. 모든 書籍이 元代의 蒙語敎科書를 輸入하여 쓰던 것인데 이 書籍만은 司譯院에서 直接 編纂한 것이다. 당시에 이미 漢語 老乞大가 있었으며 中國語學習에 널리 愛用되고 있었다. 언제인지는 모르지만 이 漢語 老乞大가 몽골語로 編纂되어 蒙語敎材로 使用된 것으로 보인다. 老乞大의 '乞大'는 'Kitai' 또는 'Kitat'를 漢字로 表記한 것으로 原來 이 말은 10世紀 初부터 200여 年에 걸쳐 몽골, 滿洲 및 北中國 一帶를 領有하며 國家를 建設한 遼(916~1125)의 몽골系 部族인 契丹人을 일컫는 말이다. 이 名稱은 遼가 滅亡한 後에도 北中國 및 그 住民을 가리키는 呼稱으로 널리 使用되었으며, 몽골이 元을 세운 다음에도 中國 및 中國人의 代名詞가 되었다. 現代몽골語 역시 中國을 '햐타드'라 한다. '老'는 中國語에서 敬稱으로 使用된다. 예를 들어 스승을 '老師'라고 하는 경우의 '老'이다.

17世紀 倭亂과 胡亂으로 朝鮮前期에 使用하던 敎材 대다수가 消失되었고, 간혹 殘存한 것들은 敎材로서 適切치 않아 改訂版이나 전혀 새로운 책으로 代替되었다. 17世紀 後半부터 老乞大를 中心으로 譯學書의 改編 刊行 作業이 本格的으로 始作되어 18世紀末까지 繼續되었다. 이 時期『捷解蒙語』,『蒙語類解』,『蒙語老乞大』가 刊行되어 蒙語敎科書는 모두 司譯院에서 編纂한 책으로 바뀌게 된다. 統稱 '蒙學三書'라 불리는 이 敎材들의 編纂 改訂에 관한 履歷을 <表1>에 整理하였다. 蒙學三書는 두 번에 걸쳐 修訂 刊行되었는데 1790年에 刊行된 方孝彦의 蒙學三書 重刊本만이 現在까지 전해지고 있다.

<표1> 朝鮮後期의 蒙語學習敎材, 蒙學三書

書名	年代	履歷
新飜老乞大	17世紀	漢語 老乞大를 새롭게 몽골語로 飜譯한 책. 이전에 쓰이던 몽골語 老乞大가 壬辰倭亂 및 丙子胡亂 중에 消失되자, 새로 飜譯하여 1684年부터 重要한 敎材로 記錄에 登場한다. 現在 남아있는 『蒙語老乞大』의 前身으로 볼 수 있다. 現傳하지 않음.
新飜捷解蒙語	17世紀	蒙語學習書. 『新飜老乞大』와 비슷한 時期에 누가 처음 編纂하였는지는 分明하지 않으나 記錄에 의하면 漢學과 淸學에 능한 사람들이 北京에 가서 難解한 것과 함께 法則이 될 만한 것을 물어가며 얻은 것으로 썼다고 한다. 現傳하지 않음.
捷解蒙語	1737年	『新飜捷解蒙語』를 다시 蒙學官 李世烋 등이 고쳤다고 되어 있다. 現在 남아있는 『捷解蒙語』의 前身이다. 記錄에 의하면 蒙學官 李世烋 등이 財物을 내어 木版本으로 刊行하였으며, 그 해부터 이미 使用하기 適合하지 않은 다른 蒙語學習書를 廢棄하고 이 책으로 代身하게 되었다고 한다. 現傳하지 않음.
	1790年	方孝彦이 다시 改訂. 現傳.
蒙語類解	1768年	蒙語辭典. 語彙集. 이미 있던 책을 李億成이 改訂하여 刊行한 책으로 現傳하지 않으나 『三學譯語』에 引用되어 있다. 現傳하는 『蒙語類解』는 이 책을 다시 修訂한 것이다.
	1790年	方孝彦이 다시 改訂하고 「補編」을 追加하여 刊行. 現傳.
蒙語老乞大	1741年	蒙語會話學習書. 蒙學官 李最大가 木版으로 刊行하였다. 現傳하지 않음.
	1766年	蒙學堂上 李億成이 改訂. 現在 남아있는 『蒙語老乞大』는 이 책을 다시 修訂한 것이다. 現傳하지 않음.
	1790年	方孝彦이 다시 修訂하여 刊行하였다. 現傳.

2. 『蒙語老乞大』의 體裁 (이 段落은 宋基中(2006)에서 拔萃했다.)

<圖2> 『蒙語老乞大』 卷1의 葉1

本稿의 『蒙語老乞大』 資料는 서울大學校奎章閣本[8]으로 8卷 8冊의 木版本이다. 각 卷의 크기는 36 x 24.5cm이다. 각 面은 7칸으로 줄을 쳐 區分하였고, 한 칸에 左右 두 편으로 썼다. 左便에는 蒙文이 쓰여 있고, 右便에는 蒙文의 發音을 한글로 表記하였다. 한 句節이 끝나면 이에 대한 韓國語(朝鮮語) 對譯을 바로 이어서 역시 한 칸에 두 편으로 썼다. 한번에 같이 印刷된 두 面의 가운데를 접어 앞뒤 한 張이 되는데 이를 펼쳐 '葉'이라 한다.(<圖2>) 葉의 中央 版心에는 卷 番號와 그 아래 葉 番號가 매겨져 있다.[9] 통상 葉(張)의 左側面(前面)을 a面, 右側面(後面)을 b面으로 칭한다. <圖2>에서 卷1의 葉1은 左側面이 卷1-1a, 右側面은 卷1-1b가 된다. 卷8 끝에는 1766年의 改訂에 대한

---

8) 宋基中(2006:32), "지금까지 奎章閣 이외에 日本 東洋文庫에 1帙, 東京大学圖書館 小倉進平文庫에 1帙이 所藏되어 있는 것으로 알려져 왔다."

9) 參考로 각 卷의 葉數는 다음과 같다.

卷	卷1	卷2	卷3	卷4	卷5	卷6	卷7	卷8	跋文
葉數	25	25	23	20	23	16	23	22	2

記錄 「跋文(lao kita-yin oyila)」이 本文의 體裁와는 다르게 面當 10칸으로 2葉에 걸쳐 蒙文으로만 실려있다.10)

II章 本論· 『蒙語老乞大』의 表記變化 考察

1. 몽골文語의 長母音表記

古典形 表記로 쓰여진 몽골文語에서 長母音은 주로 '母音+子音G11)+母音'의 形態로 表記된다. 이는 13~14世紀 당시 長母音이 없던 口語의 發音대로 表記한 것인데 이후 두 母音 사이에 있던 子音G의 音價가 脫落되어 長母音으로 發音되는 것으로 보고 있다. 이 밖에도 現代몽골語에서 長母音으로 發音되는

10) 李基文(1964), 鄭光(1990)에서는 모두 序文으로 보고 있다. 어떤 事情으로 인해 卷末에 編輯되어 跋文이 된 것이며 原來는 漢文序文과 함께 序文으로 編輯되었을 것으로 보고 있다. 本論에서 引用할 必要가 있어 그 全文을 미리 現代몽골語 表記로 옮겨 실었다.

[1a] Манай сургуулийн түшмэдийн унших боловсруулах монгол бичиг, хэд буй боловч, үсгийн аялгуу, үзгийн дүрэм, билиг арга үсэг нийлүүлж хэрэглэх хууль бүдэгрэв. Иймийн тул, зовсон нь удав. Тэнэг би хөх бичин жил Бээжин очиход, Хан Шян Шо
луут суурины өмнө айлтгаж, арван хоёр толгой бичгийн үзгийн аялгууг залруулан засуул хэмээсний тул, Гин балгасанд хүрч очсоны хойно, тушаалгаж засваас зохих [1b] хүнийг гүйцэтгэн тойрон эрсээр, завшаанаар хоёр зэргийн түшмэл, Хиуй Мүн Хуйн нэрлэх монгол хүнийг учраад, арван хоёр толгойт бичээд, үсгийн билиг арга, аялгууны хөнгөн хүндийг нарийвчлан тэмдэглэснийг нь, олж авчирсан билээ. Хөхөгчин тахиа жилийн зуны дунд сард, үсэг сийлэх яамандд,
зарлиг буулгаж, сийлж дараад тараав. Энэ цагт яамны тэргүүлсэн түшмэл, Хуйн сайд бас үүнийг зовмуй. Эдүгээ булаалдан боловсруулах [2a] дэвтрийн ташаарсан газрыг жич залруулан засваас сайн болмуй за хэмээн, мөнхүү жил алба юм барьж мөргөхөөр очиход тэнэг намайг, тусгайлан илгээхийн тул Мүтдэн жанжун яамны занги Бо Ло хэмээгч монгол хүнд тушаалгаж нэг нэгнээр залруулан, ташааран бичсэн үсэг, ташаарсан үгийг, цөм халан засаж хойд үед хоцроов. Энэ мөнхүү олон сайдуудын гүн санаа буй за. Тэнэг би олон сайдын хэт зарагдаж, харгалзах [2b] буй за. Сурсан мэдсэн нь мөхөс, үзсэн сонссон нь бас цөөхөн бишүү. Хэрбээр тэр нарийн нууц газар болбоос, түр хойд өдөр мэдэгч хүнийг хүлээмүй.
Тэнгэрийн тэтгэсний гучин нэгдүгээр он, намрын тэргүүн сарын сайн өдөр, сургах дарга Ли И Чин, хичээнгүйлэн үйлдмүй.(ойлмуй.)
Монгол бичгийн сургуулийн түшмэл Ли Шию Жүван бичмүй.

11) 몽골語에는 軟口蓋音/ㄱ/에 相當하는 音聲이 女性形(前舌)의 /g/와 男性形(後舌)의 /ɣ/ 두 가지가 있다. 이 둘을 구분 없이 G로 代標했다.

表記들을 몇 가지 追加하면 古典形으로 表記된 長母音은 傳統的으로 <表3>의 다섯 가지 類型으로 나타난다.(Həprүӥ, Ч. 2008:31,32)

<表3> 長母音의 古典形 表記方式

長母音類型	表記形態	表記 例[12]
母音+G+母音	aүa, aүu, ege, egü, igü, uүa, uүu, ügü	aүula, qoүoson, serigün, toү_a, deger_e, ǰirүuү_a
母音+b+母音	ebe, öbe	debel, öber
母音+yi 또는 iy+母音	eyi, iye, iya	küliyekü, kičiyekü, teyimü, geyičin
連續母音	uu, eü	keüked, duuүaruqu
單母音	o, i, e	o, kikü, kemekü

2. 『蒙語老乞大』의 長母音表記 分布

『蒙語老乞大』에서는 長母音表記가 모두 1,539回 出現한다. <表3>의 古典形 表記方式에 맞게 表記한 것이 862回 즉 56%이고, 이 方式을 따르지 않고 口語의 發音으로 表記한 것처럼 보이는 '口語形 表記方式'라고 해두자-이 677回로 44%을 차지한다. 다음 <表4>에 長母音表記의 出現頻度를 古典形과 口語形으로 나누어 각 卷別로 보였다.

---

12) 예로 보인 單語들의 轉寫表記는 文字轉寫로 發音轉寫가 아니다. 이후에도 역시 해당된다.

<표4> 『蒙語老乞大』의 長母音表記 出現頻度

表記方式	頻度								
	合計	卷1	卷2	卷3	卷4	卷5	卷6	卷7	卷8
合計	1,539	191	240	247	206	176	121	199	159
古典形	862	161	204	119	82	76	61	97	62
	56%	84%	85%	48%	40%	43%	50%	49%	39%
口語形	677	30	36	128	124	100	60	102	97
	44%	16%	15%	52%	60%	57%	50%	51%	61%

古典形 表記의 頻度와 比率이 卷1과 2에서만 높다. 나머지卷에서는 오히려 口語形이 약간 높고 口語形은 相對的으로 나머지卷에서 주로 나타난다. 直觀的으로 人爲的 變化를 疑心할 수 밖에 없다. 두 차례 改訂이 있었다.(<表1>) 修訂의 痕迹으로 볼 수도 있다. 이제부터 이 偏重現象이 修訂의 結果인지 아닌지 疑問을 밝히고자 한다.

우선 修訂에 대해 한번 따져보자. 다음 네 가지 경우로 나누어 볼 수 있다. ①口語形에서 古典形, ②古典形에서 口語形, ③古典形에서 다른 古典形, ④口語形에서 다른 口語形. 本稿의 論議 對象은 ①②같이 表記方式이 바뀌는 修訂으로만 局限한다. ③④같이 表記方式의 變化가 없는 修訂은 修訂되지 않은 것과 同一하게 取扱한다.[13] 고로 以後 언급되는 修訂은 特別한 修飾語가 없는 한 ① 혹은 ②처럼 表記方式의 修訂을 意味한다.

이제 면밀히 살펴보자. 이것이 卷1,2에서 修訂된 것인지, 나머지卷에서 修訂된 것인지, 아니면 修訂된 것이 아니라 原來부터 이렇게 表記된 것을 錯覺한 것인지 밝히기 위해 다음과 같은 節次를 거쳐 통계데이터를 分析할 것이다.

(1) 두 表記方式에 어떤 單語들이 包含되어 있는지 위의 데이터를 다음 네 가지 그룹으로 分類할 것이다.
그룹A 古典形 表記로만 나타나는 單語
그룹B 口語形 表記로만 나타나는 單語

---

13) 『蒙老』 改訂過程에서 分明히 ③④와 같은 修訂도 있었을 것이다. 하지만 本稿의 통계데이터 分析에서는 이런 類의 變化를 밝혀낼 수 없다.

그룹C 두 方式 모두 나타나는 單語의 古典形으로 表記된 경우

그룹D 두 方式 모두 나타나는 單語의 口語形으로 表記된 경우

(2) 그리고 각 그룹에 包含된 單語들의 長母音이 앞서 言及한 <表3>의 다섯 類型 중 어느 것에 해당하는지 살피고, 出現頻度를 比較하여 그룹 간의 差異点을 찾아낼 것이다.

(3) 여기서 修訂되지 않은 表記를 選別해 '長母音類型/出現頻度'라는 두 변수와 '表記方式'의 相關關係를 나타내는 初期表記分布 모델을 導出, 改訂以前狀態 를 類推할 것이다.

(4) 이것을 現傳하는 改訂本과 對照하여 變化量(修訂內容)을 測定할 것이다.

먼저 그룹A의 古典形으로만 나타나는 單語들의 出現頻度이다. 標準表記인 古典形을 먼저 적고 이어 長母音類型을 分類, 실제 나타나는 表記形態를 보였 다. 各各의 長母音類型은 다음의 記號로 代標하였다. +G(母音+G+母音), +b(母 音+b+母音), +yi(母音+yi 혹은 iy+母音), 連續(連續母音), 單(單母音), 그 밖의 其他.

<表5> 그룹A 리스트

#	古典形	類型	表記形態[14]	頻度								
				合計	卷1	卷2	卷3	卷4	卷5	卷6	卷7	卷8
1	alɣur	單	alɣur	4	1	2				1		
2	amu	單	amu	13	1		12					
3	ariɣun	+G	ariɣun	2	1						1	
4	aɣul	單	aɣul	4	1	2					1	
5	aɣula	+G	aɣulan	2		2						
6	aɣur	+G	aɣur/aɣuur	2	1	1						
7	aɣuu	連續	aɣuu	1	1							
8	baraɣan	+G	baraɣan	5	3					1	1	
9	baɣa	+G	baɣa	4		4						
10	baɣlaɣ_a	+G	baɣlaɣ_a	6	4	2						
11	bitegei	連續	bitegei	7		4	1		1	1		
12	bitegümǰi	+G	bitegümǰi	3								3
13	böged	單	büged	6	1			1	1	1	1	1
14	böküyilge	+yi	büküyilge	1	1							
15	bolǰoɣ_a	+G	bolǰoɣ_a	1						1		
16	boɣol	+G	boɣol	3						1	2	
17	büger_e	+G	büger_e	1							1	
18	buruɣu	+G	buruɣu	1	1							

				計	1	2	3	4	5	6	7	8
19	buruɣula	+G	buruɣula	2		2						
20	bütüge	+G	bütege	1				1				
21	čaɣasu	+G	čaɣasu	3		2						1
22	čečegei	連續	čečegei	1						1		
23	čeŋlegür	單	čeŋlegür	4								4
24	čilüge	+G	čilüge	1					1			
25	degesü	+G	degesü	6			5				1	
26	delekei	連續	delegei	1	1							
27	demei	連續	demei	18	1	1	4		5	4	2	1
28	deyil	+yi	deyil	4							4	
29	dotoɣadu	+G	dotoɣadu	2							1	1
30	dutaɣu	+G	dotaɣu	1								1
31	egüde	+G	egüde	1								1
32	egüsger	+G	egüsger	2						2		
33	eǰi	單	eǰi	1					1			
34	emiye	+yi	emiyele	1							1	
35	endegür	+G	endegüri	1							1	
36	eteged	單	eteged	9	1	2	2	2	2			
37	eyimü	+yi	eyimü	30	4	6	11	3	1	2	1	2
38	eyin	+yi	eyin	1	1							
39	gegegen	+G	gegegen	1		1						
40	gegere	單	gegere	7		2	2	3				
41	geyičin	+yi	geyičin	14			13	1				
42	gügürge	+G	kügürge	4		1	3					
43	ibčuu	連續	ibčoo	4						1		3
44	ilari	單	ilari	5						5		
45	imaɣ_a	+G	imaɣ_a	2						1	1	
46	ǰegeli	+G	ǰegeli	5	1			1		2	1	
47	ǰegerde	+G	ǰegerde	2						2		
48	ǰegün	+G	ǰegün	4			1	1	1			1
49	ǰögelen	+G	ǰögelen	3						1	1	1
50	ǰoɣos	+G	ǰoɣos	34	5	13	3	11	1		1	
51	kedüyin	+yi	kedüyin	12	3	1	3	2		2		1
52	keǰiy_e	+yi	keǰiy_e	7	1	1			4			1
53	keme	單	keme	4			1	1		2		
54	kemǰiyele	+yi	kemǰiyele	1	1							
55	kerčigür	單	kerčigür	2	2							
56	keüked	連續	keüked	9			4	1	1		2	1
57	ki	單	ki	56	3	6	12	3	5	5	9	13
58	kiraɣan	+G	kiraɣan	1		1						
59	köbegün	+G	kübegün	3	1					1	1	
60	küliye	+yi	küliye	17	1	4			5	4	2	1

61	kümüǰi	單	kümüǰi	1							1
62	laɣusa	+G	laɣusa	1							1
63	luubaŋ	連續	loobaŋ	2				1			1
64	maɣaliŋɣu	+G	maɣaliŋɣu	1		1					
65	möröyiče	+yi	mürüyiče	1							1
66	neyile	+yi	neyile	16	1				13	1	1
67	niruɣu	+G	niruɣun	2		2					
68	niɣu	+G	niɣu	3						3	
69	o	單	o	1		1					
70	öber	+b	öbere/öberen	6			2	2		1	1
71	odo	單	odo	10	4	1				1	4
72	öger_e[15]	+G	öger_e	2						1	1
73	örlöge	其他	örlüge	11	2		1	3	1		4
74	örösiye	+yi	örüsiye	2	2						
75	qamiy_a	+yi	qamiy_a	2		1					1
76	qariya	+yi	qariya	3		1					2
77	qauli	連續	qauli	2						1	1
78	qaɣan	+G	qaɣan	1	1						
79	qoboɣo	+G	qoboɣu	1		1					
80	qoɣolai	+G	qoɣola	1				1			
81	segki	單	segki	6		4		2			
82	segül	+G	segül	2		1				1	
83	sirege	+G	sirege	2		1	1				
84	siroi	連續	siroi	2		1	1				
85	surɣaɣuli	+G	surɣaɣuli	3	3						
86	tasiyara	+yi	tasiyara	1				1			
87	taulai	連續	taulai	1							1
88	teǰige	+G	teǰige	3						1	2
89	teyimü	+yi	teyimü	16	1	5	3	1		3	3
90	teyin	+yi	teyin	1	1						
91	toɣosq_a	+G	toɣosq_a	2		2					
92	tuɣurɣ_a	+G	tuɣurɣ_a	2		2					
93	ɣačaɣ_a	+G	ɣačaɣ_a	6	1	1	4				
94	ɣurbaɣula	+G	ɣurbaɣula	1		1					

다음은 口語形 表記로만 나타나는 單語들의 出現頻度이다.

14) 蒙文表記는 /u/와 /o/, /ü/와 /ö/의 구분이 없다. 表記形態의 轉寫는 蒙文에 대한 한글表記 'u-ㅜ, o-ㅗ, ü-ㅜ, ö-ㅓ'를 參照하여 구분하였다.
15) 全卷에서 33回가 öber_e/öber로 表記되어 있다. 發音이 같은 öber와 混同한 듯하다. 分類에서 除外했다.

<表6> 그룹B 리스트

#	古典形	類型	表記形態	頻度								
				合計	卷1	卷2	卷3	卷4	卷5	卷6	卷7	卷8
95	ačiy_a	+yi	ača	17			7	10				
96	asaɣu	+G	asa/asau	14	1	1	4	2	1	2	2	1
97	aɣurla	+G	aurla	9			5		2	1		1
98	boroɣ_a	+G	boro	1							1	
99	čaɣajila	+G	čajila	1		1						
100	čaɣan_a	+G	čan_a	1	1							
101	čilaɣu	+G	čilau	3		3						
102	čögeken	+G	čöken	3		1					1	1
103	daɣaɣa	+G	da	2				1		1		
104	debel	+b	del/degel	12						3	7	2
105	degdege	+G	degde	2		1					1	
106	degege	+G	dege	2							1	1
107	doloɣ_a	+G	dolon	6		1		1	1			3
108	duɣul	+G	doola	2						2		
109	emegel	+G	emel	6			1	1			4	
110	gegüü	+G16)	geü	1					1			
111	jalaɣu	+G	jalau	4		1	1		2			
112	jaɣur_a	+G	jaora	1			1					
113	jegüü	+G	jeü	4							1	3
114	jibegür	+G	jibeür	1		1						
115	kečegüü	+G	kečeü	6		2	1		1	1		1
116	küü	連續	keü	1					1			
117	noɣoɣ_a	+G	noɣo	10			3	2		1	4	
118	qajaɣu	+G	qajau	8		5	1		1		1	
119	qamiɣ_a	其他	qana	16	7	1	1	3	2	1		1
120	qataɣu	+G	qatau	2						1	1	
121	qaɣučidar	+G	qaučidar	1	1							
122	samnaɣur	+G	samanur	2								2
123	šaɣajaɣai	+G	šajaɣai	1						1		
124	taɣača	+G	tača	1							1	
125	toɣoɣ_a	+G	toɣo	6	1	3		2				
126	üjügür	+G	üjür	1		1						
127	umdaɣas	+G	umdas	3			1	2				
128	ɣadaɣ_a	+G	ɣada	1					1			

---

16) gegüü는 嚴密히 따져 +G와 連續이 합쳐진 形態이다. 同一 類型의 單語로는 ilegüü, jegüü, degüü, kečegüü 등이 있다. 標準表記는 Лувсанжав, Ч.(1992)에서 確認.

그룹A와 B의 出現頻度를 <表7>에 整理했다. 그룹別로 長母音類型을 +G와 나머지(+b, +yi, 連續, 單, 其他)로 나누어 分類했다.[17)]

<표7> 그룹A, B의 出現頻度

그룹-類型		單語數	頻度								
			合計	卷1	卷2	卷3	卷4	卷5	卷6	卷7	卷8
그룹A 古典形	合計	94	470	57	89	89	45	48	31	65	46
			76%	84%	83%	75%	64%	77%	72%	71%	74%
	+G	47	142	22	45	14	14	9	10	19	9
	나머지	47	328	35	44	75	31	39	21	46	37
그룹B 口語形	合計	34	151	11	18	29	25	14	12	26	16
			24%	16%	17%	25%	36%	23%	28%	29%	26%
	+G	30	105	4	17	21	12	12	7	19	13
	나머지	4	46	7	1	8	13	2	5	7	3

古典形과 口語形의 出現頻度 比率이 76:24로 全卷에서 古典形이 많이 나타난다. 單語數가 94:34로 古典形이 많아서이다. 古典形 그룹A에서 唯獨 卷1,2의 比率이 80%가 넘는데 +G類型의 出現頻度比重이 22/68, 45/107로 높기 때문이다. joɣos(#50)와 卷1,2에서만 出現하는 일부 出現頻度가 높은 單語들이 主要因이다. joɣos는 모두 34回 登場하는데 卷1,2에서만 各各 5回, 13回 出現한다. 이밖에 baɣlaɣ_a(#10, 6回), baɣa(#9, 4回), surɣaɣuli(#85, 3回)가 卷1,2에서만 出現한다. 하지만 이들 데이터만으로는 <表4>의 表記分布에서 보여지는 偏重現象을 代辨하기에 充分치 않다. 口語形 그룹B에서는 偏重現象이 보이지 않는다. 口語形이 나머지卷에 주로 分布하던 것은 그룹B 때문이 아니다. 그룹B는 偏重現象과는 無關하다.

長母音類型을 살펴보자. 古典形 그룹A의 長母音類型別 單語構成比는 +G: 나머지=47:47로 같으나, 口語形 그룹B는 30:4로 대부분이 +G類型이다. 그룹B의 나머지類型의 單語 4개는 ača(#95, +yi), qana(#119, 其他), del/degel(#104, +b), keü(#116, 連續)이다. 이 넷을 除外하면 나머지類型의 單語는 全部 古典形

---

17) 長母音類型은 表記分布 모델을 세울 때 두 변수 중 하나이다. 미리부터 分類해 두었다.

으로만 나타나며, 口語形 그룹B는 +G類型의 單語로만 構成된다고 볼 수 있다. <表6> 그룹B의 리스트에서 보는 바와 같이 表記形態가 古典形에서 子音G가 脫落된 모습이다. 長母音類型 중 口語發音과 差異가 가장 심하기 때문에 +G類型에서만 口語形 表記가 두드러지는 것으로 볼 수 있다. '口語形 表記方式이라 이름 붙일만하다.

한편 +G類型의 出現頻度/單語數를 그룹 간 比較하면 그룹A에서 142回/47개=3이고, 그룹B에서는 105回/30개=3.5로 그룹B의 +G가 약간 높다. 특히 그룹A에서 34回 出現한 joɤos를 除外하면 108回/46개=2.3이 되고, +G類型은 口語形인 그룹B가 더 자주 쓰는 單語라고 쉽게 判斷할 수 있다.

偏重現象과 關連하여 그룹A의 +G類型의 出現頻度에서 일부 特異点이 눈에 띄었다. 그룹B에서는 偏重現象을 說明할만한 데이터가 보이지 않는다. 이에 더해 長母音類型과 出現頻度에 關聯된 몇 가지 情報를 얻을 수 있었다. 여기까지의 내용을 다시 整理하며 살펴보자.

- 『蒙語老乞大』에서 長母音表記는 古典形:口語形=54:46의 比率로 出現한다. 한편 古典形은 卷1,2에, 口語形은 나머지卷에 偏重 分布한다.
- 이중에서 古典形으로만 表記된 그룹A의 單語는 94개가 470回, 口語形으로만 表記된 그룹B의 單語는 34개가 151回 나타난다. 그룹A에서 偏重現象과 關連된 데이터 일부가 보이나 全體인인 偏重現象을 說明하기에는 不足하다. 그룹B는 偏重現象과는 無關하다.
- 長母音類型別 單語數는 그룹A에서 +G:나머지=47:47로 같으나 그룹B에서는 30:4로 대다수를 +G類型이 차지한다. 즉 口語形 表記는 주로(30/34) +G類型이고, 나머지類型은 주로(47/51) 古典形으로만 나타난다고 보아도 無妨하다.
- +G類型의 그룹別 出現頻度比率(出現頻度/單語數)은 그룹A가 142/47, 그룹B가 105/30으로 口語形인 그룹B의 +G가 높다. 특히 그룹A에서 joɤos의 데이터를 除外하고 +G類型은 古典形보다 口語形이 더 자주 쓰는 單語라고 判斷할 수 있다.

그렇다면 두 가지 表記가 모두 나타나는 나머지 그룹에서는 口語形이 많이 出現하고, (全體出現頻度는 古典形:口語形=54:46로 古典形이 200回 가량 많았는데, 古典形 그룹A와 口語形 그룹B에서의 出現頻度는 76:24로 古典形이 300

回 이상 많았다. 나머지 그룹에서는 口語形이 더 많이 나타날 것이다) 長母音
類型은 대부분이 +G일 것이며, (口語形 그룹B는 대부분(30/34)이 +G였다) 卷
1,2에 古典形이, 나머지卷에 口語形이 偏重되어 있는 現象도 보일 것이다. 다음
의 <表8>은 두 가지 表記가 모두 나타나는 單語들의 出現頻度이다. 여기에서
는 表記形態를 古典形과 口語形으로 나누어 함께 보였다.

<表8> 그룹C/D 리스트

#	古典形	類型	表記形態	頻度								
				合計	卷1	卷2	卷3	卷4	卷5	卷6	卷7	卷8
129	baraɣun	+G	baraɣun	4		3		1				
			baron	1					1			
130	baɣu	+G	baɣu	10	7	1	2					
			bau	31			2	7	12	8	2	
131	begejiŋ	+G	begejiŋ	8	6	2						
			begiŋ	2			1	1				
132	boɣorsu	+G	boɣorsu	6		2		4				
			borsu	1							1	
133	budaɣ_ a	+G	budaɣ_ a	10	6	4						
			buda	36			25	6			5	
134	büdügün	+G	büdügün	2	1	1						
			büdün	7						2		5
135	bütege	+G	bütege	2	1	1						
			büte	1							1	
136	čegejile	+G	čegejile	1	1							
			čejile	6	6							
137	daɣu	+G	daɣun	1							1	
			dao/dau	2				1	1			
138	daɣus	+G	daɣusu	1	1							
			daus	1			1					
139	deger_ e	+G	deger_ e	7	3	2				2		
			dere	3			1	1	1			
140	degüü	+G	degüü	13					2	8	1	2
			deü	1					1			
141	door_a	連續	door_a	1		1						
			doro	11			1	4		2	4	
142	dooɣar	連續	dooɣar	1					1			
			doɣor	2		1	1					
143	dügürge	+G	dügürge	1		1						
		dügüreŋ	düreŋ	1				1				
144	egün	+G	egün	1								1

No	Form	Suffix	Variant	Count								
			eün	1		1						
145	ilegüü	+G	ilegüü	3	2	1						
			ileü	16	2	1	1	5	1	3	1	2
146	jaɣu	+G	jaɣu/jaɣun	10	1	5	4					
			jau	30					5			25
147	jaɣusi	+G	jaɣusi	2		2						
			jausi	1			1					
148	jegü	+G	jegü	1		1						
			jeü	1								1
149	jiroɣ_a	+G	jiruɣ_a	2	1			1				
			jiru	4					2		2	
150	jirɣuɣa	+G	jirɣuɣan	9	7	1				1		
			jurɣan	5				1	1		1	2
151	kičiye	+yi	kičiye	3	2	1						
			kiče	1							1	
152	maɣu	+G	maɣu	15	5	5	5					
			mau	25					9	4	5	7
153	naɣadu	+G	naɣadu	2								2
			nadu	1								1
154	niɣur	+G	niɣur	1				1				
			nür	6			1	2			2	1
155	qalaɣun	+G	qalaɣun	1		1						
			qalon/qalauqan	7					5		2	
156	qaɣa	+G	qaɣa	2		2						
			qa	1		1						
157	qaɣalɣ_a	+G	qaɣalɣ_a	8	1	2	2	1	2			
			qalɣ_a	2					2			
158	qaɣura	+G	qaɣura	4		4						
			qaora	2					2			
159	qaɣura	+G	qaɣur_a	2	1			1				
			qaurači	1							1	
160	qoyaɣula	+G	qoyaɣula	1		1						
			qoyala	20			1	15	2			2
161	qoɣorondu	+G	qoɣorondu	2		1		1				
			qorondu	3			1			1	1	
162	qoɣoson	+G	qoɣosun	1							1	
			qosun	4			3	1				
163	qudalduɣa	+G	qudalduɣ_a	10				2	6			2
			qudalda/qudaldu	15	1		1	2	3	2		6
164	quriya	+yi	quriya	6	2	1	2	1				
			qura	4			1	2			1	
165	sanaɣ_a	+G	sanaɣan	3	1	2						

No.	Word	+G	Form	Total								
			sana	3				1			2	
166	sayu	+G	sayu	3		1				2		
			sau	14	2		4		6	1		1
167	serigün	+G	serigün	2		1		1				
	serigüče		sereüče	1								1
168	sitaγa	+G	sitaγa	2		2						
			sita	2				1				1
169	taγala	+G	taγala	1				1				
			tala	6				1		1	1	3
170	taγu	+G	taγu	3		3						
			tau	5				1			4	
171	tegün	+G	tegün	16	4	3		3	3	1	1	1
			teü	14			3	1	2		7	1
172	toγ_a	+G	toγ_a/taγa/toγo	10	1	3		3	1		1	1
			to	2								2
173	uday_a	+G	uday_a	1		1						
			uda	1				1				
174	ulaγan	+G	ulaγan	1							1	
			ulan	3							1	2
175	üneker	+G	üneger	6	1		1				2	2
			üner	8				5		2	1	
176	uuγu	+G	uuγu/uγu/oγo	12		3			2	2	2	3
			u	17				8	1		8	
177	yaγaki	+G	yaγaki	1		1						
			yaki/yaγa	24	5	4	8	3	2	1	1	
178	yaγu	+G	yaγu	7	3	2				1	1	
			yeü/yau	50	3	2	11	13	8	6	3	4
179	yaγum_a	+G	yaγum_a	7	1	2		4				
			yaum_a	13					3	1	8	1
180	γutuγa	+G	γutaγa	1							1	
			γuta	1							1	

이 單語들 52개에서는 古典形/口語形 두 가지 表記方式이 모두 登場한다. 우선 정리해 보자. 古典形 그룹C와 口語形 그룹D로 分類하였다. 여기에서도 각 그룹에 대해 長母音類型을 +G/나머지로 나누어 보였다. +G가 48개, 나머지 類型은 4개이다.

<표9> 그룹C/D의 出現頻度

그룹-類型		單語數	頻度								
			合計	卷1	卷2	卷3	卷4	卷5	卷6	卷7	卷8
그룹C 古典形	合計	52	230 35%	59 76%	70 90%	17 18%	23 22%	20 22%	17 32%	15 19%	9 12%
	+G	48	219	55	67	15	22	19	17	15	9
	나머지	4	11	4	3	2	1	1	0	0	0
그룹D 口語形	合計	52	420 65%	19 24%	8 10%	76 82%	81 78%	69 78%	36 68%	62 81%	69 88%
	+G	48	402	19	7	74	78	65	36	58	65
	나머지	4	18	0	1	2	3	4	0	4	4

예상대로 보여준다. 古典形과 口語形의 比率이 35:65로 口語形인 그룹D의 出現이 많고, 長母音類型의 構成比는 +G가 48/52로 그룹B의 30/34와 類似하다. 각 卷別 出現頻度는 卷1,2과 나머지卷의 差異가 한층 더 分明히 드러났다. 松岡雄太(2005a:360,361)에서 卷1,2(혹은 3까지)와 나머지卷의 差異를 比較하면서 證據로 提示한 'baɣu/bau'(#130), 'buday_a/buda'(#133), 'maɣu/mau'(#152), 'jaɣu/jau'(#146), 'jirɣuɣan/jirɣran'(#150)의 統計數値와도 一致한다.

3. 初期表記分布 모델과 變化量

두 가지 方式으로 表記된 그룹C/D의 單語들에서 偏重現象이 確然히 드러났다. 同一했던 表記가 一部 修訂된 것인가? 修訂된 것이라면 卷1,2에서 古典形인지, 나머지卷에서 口語形인지 어느 것을 修訂했는지 아직 速斷하기 어렵다. 그런데 그룹A, B는 왜 한 가지 表記로만 나타나는가, 이유가 무엇일까? 그룹 간에 差異点이 있다는 것이다. +G類型의 데이터만을 뽑아 그룹 간 다시 比較해보자. 나머지類型은 全部 古典形으로만 登場한다고 치자. 그룹A에서는 joyos의 데이터를 除外하자. 아무런 根據도 두지 않고 口語形으로 나타나는 일부 나머지類型의 單語들과 34回 出現한 joyos를 無視했는데 이에 대해서는 結論에서 論議해보자. 일단 지금은 偏重現象이 뚜렷한 +G類型에만 關心을 두자.

<표10> +G類型의 그룹間 比較

그룹		單語數	頻度								
			合計	卷1	卷2	卷3	卷4	卷5	卷6	卷7	卷8
總計		124	834	95	123	121	115	104	70	110	96
그룹A(古典)		46	108	17	32	11	3	8	10	18	9
그룹B(口語)		30	105	4	17	21	12	12	7	19	13
混在表記	合計	48	621	74	74	89	100	84	53	73	74
	그룹C(古典)		219	55	67	15	22	19	17	15	9
	그룹D(口語)		402	19	7	74	78	65	36	58	65

그룹C/D의 單語는 48개로 모두 621回 出現한다. (그룹C와 D는 同一한 單語가 表記形態만 다를 뿐이다. 그룹C가 219回, 그룹D가 402回 登場했다. 出現頻度는 둘을 합한 621回이다) 單語數는 그룹A의 46개와 엇비슷하고, 그룹B의 30개에는 2배가 조금 못 된다. 出現頻度는 그룹A의 108回, 그룹B의 105回보다 6배 가량 더 높다. 한 가지 表記로만 나타나는 그룹A, B보다 壓倒的으로 자주 登場하는 單語라는 것을 알 수 있다. 대략 輪廓이 잡힌다. 그룹C/D의 어느 쪽이 修訂된 것인지 判定하기에 앞서 그룹A, B에 대해 改訂 以前의 初期狀態를 먼저 判定해야 한다. 修訂 與否에 따라 다음 4가지 경우로 나눌 수 있다.

케이스	古典形그룹A	口語形그룹B	그룹A/B의 初期狀態
I	修訂X	修訂X	古典形/口語形
II	修訂X	修訂O	古典形/古典形
III	修訂O	修訂X	口語形/口語形
IV	修訂O	修訂O	口語形/古典形

本稿에서는 그룹A, B가 모두 修訂되지 않은 케이스I의 경우에 대해서만 檢討하겠다. 어떤 경우든 그룹C/D의 한쪽이 修訂되어 偏重現象이 나타나는 것으로 結果가 나온다. 이중 矛盾 없이 可能性이 제일 높은 結果를 보인 케이스I을 選擇했다. 나머지 케이스는 脚註22에 結果만 보였다. 이제 初期狀態를 比較하여 初期表記分布 모델을 만들자. 케이스I의 경우, 그룹A/B의 初期狀態는 現在狀態와 同一하다. <表7>과 <表10>을 參照해서 같이 보라.

[條件1: 그룹A/B 간 **長母音類型 構成比 比較**] <表7>. 古典形 그룹A의 長母音類型 構成比는 47/94이 +G인 반면, 口語形 그룹B는 30/34로 4개를 除外하면 全部 +G이다. 口語形 表記는 口語와 差異가 심한 +G에서 주로 나타난다. 나머지類型은 주로 古典形으로 表記된다.

[條件2: 그룹A/B 간 +G **出現頻度 比較**] <表10>. +G類型의 出現頻度比率은 古典形 그룹A의 경우 108回/46개(joɣos 除外), 口語形 그룹B는 105回/30개로 口語形이 더 높다. +G는 자주 登場하는 單語일수록 口語形 表記를 選好한다.

이 두 條件을 변수로 表記方式을 配置할 수 있다.[18] <表11>과 같은 傾向으로 分布할 것이다.

<表11> 初期表記分布 모델

條件		長母音類型(口語發音과의 差異)	
		+G(大)	나머지(小)
出現頻度 (使用頻度)	上	口語形	古典形
	中	口語形	
	下	古典形	

이 表記分布는 一種의 言語學的 現象을 보여준다. '口語發音과의 差異/使用頻度'라는 두 변수와 '表記方式'의 相關關係를 나타내는 特定 區間에서의 모델로, 이를 통해 改訂以前의 表記狀態를 어림잡아 斟酌해 볼 수 있다. 口語와 差異가 심한 +G類型의 單語들 중 使用頻度가 높은 자주 쓰는 單語는 口語發音을 따라 表記하고, 使用頻度가 낮은 單語는 正確한 發音을 몰라 혹은 發音이 아직 바뀌지 않아 傳統的인 表記를 그대로 쓰는 것이 아닌가 생각된다.[19] 이 表記分布 모델에 따르면 그룹C/D와 같이 長母音類型이 대부분 +G이고 出現頻度가 높은 單語들은 口語形으로 表記한다는 것이다. 이제부터 假定이다.

---

18) 實質的인 두 변수는 '口語發音과의 差異', '使用頻度'일 것이다. 이를 보여주는 具體的인 指標로 그나마 '長母音類型'과 '出現頻度'가 適當하다. 長母音類型 +G는 口語發音과 差異가 크고 나머지類型은 적다고 볼 수 있다. '出現頻度' 역시 實際 使用頻度와 반드시 一致하는 것은 아니다.

19) Fromkin, V.(2013:547)에서 언급된 '表記가 發音에 미치는 影響'을 근거로 이를 뒤집어서 '發音이 表記에 미치는 影響'을 類推해 본 것이다.

<表10>을 參照해서 같이 보라.

[假定1: 初期狀態] 『蒙語老乞大』를 改訂하기 前, 長母音類型이 +G인 單語 124개
중 자주 쓰는 單語 81개는 口語形, 出現頻度가 낮은 43개는 古典形으로 表記되어
있었다.[20]
[假定2: 修訂內容] 이후 언제인지는 모르지만 어떤 契機로 인해 表記를 古典形으
로 修訂해야 하는 일이 생겼다. 口語形으로 表記된 單語 81개, 이중에서도 더욱
자주 쓰는 單語 51개에 대해 먼저 修訂作業을 始作하였으나, 어떤 이유에서인지
卷1,2만 마치고 全體를 마무리 안 한 채 改訂本을 刊行했다.[21]

그래서 現傳하는 『蒙語老乞大』 改訂本의 모습이 卷1,2에서 古典形 表記가
偏重되어 나타나는 것이다라고 判斷할 수 있다.[22] 다음 表를 보라.

<표12> 初期表記分布와 現傳하는 『蒙語老乞大』 改訂本 對照

그룹	單語數	出現頻度		改訂前 (假定1)	改訂後 (現傳하는 『蒙老』 改訂本)
그룹A	43	95(下)		古典形	古典形 全卷에 分布
	3	13(上)		口語形	古典形 卷1,2에서만 出現. 修訂함.(假定2)
그룹B	30	105(中)		口語形	口語形 全卷에 고르게 分布
그룹C	48	621 (上)	219	口語形	古典形 卷1,2에 偏重 分布.[23] 修訂함.(假定2)
그룹D			402		口語形 나머지卷에 주로 分布.

---

20) 124(總計) = 48(그룹C/D, 頻度上) + 30(그룹B, 頻度中) + 3(그룹A, 頻度上) + 43(그룹A, 頻度下). 앞서 言及한 古典形 그룹A에서 出現頻度가 높고 卷1,2에서만 나타나는 單語 3개 'baγlay_a'(6回, #10), 'baγa'(4回, #9), 'surγayuli'(3回, #85)를 別途로 分類하여 頻度 上에 包含시켰다.

21) 重要한 單語를 먼저 수정하지 않겠는가? 자주 登場하는 單語일수록 重要하게 본 것이다. 修訂 時期와 理由 그리고 卷1,2에서만 修訂된 까닭에 대해서는 곧 論議한다.

22) 케이스II, III, IV에 대해서도 이와 같은 節次를 따라 檢討하면 다음의 結果가 나온다. 어느 것도 假定1 혹은 2에서 論理的 蓋然性이 不足하다.

케이스	初期狀態(假定1)			달라진 現在狀態 즉 修訂內容(假定2)
	그룹A	그룹B	그룹C/D	
II	古典形	古典形	古典形	그룹B(口), 그룹D(口)
III	口語形	口語形	口語形	그룹A(古), 그룹C(古)
IV	口語形	古典形	古典形	그룹A(古), 그룹B(口), 그룹D(口)

單語의 語幹이 아닌 또 다른 事例를 살펴보자. 그룹C/D의 單語들처럼 두 가지 表記가 모두 나타나는 語尾에 대해서도 調査하였다. 長母音으로 發音되는 動詞語尾로 使動形, 先行形, 持續形 語尾이다. 이외에도 長母音이 包含된 語尾가 일부 나타나는데 出現頻度가 드물어 分類에는 包含시키지 않았다.

<表13> 動詞語尾의 表記形態別 出現頻度

表記方式	動詞語尾	表記形態	頻度								
			合計	卷1	卷2	卷3	卷4	卷5	卷6	卷7	卷8
古典形	使動形	ɣul/gül	50	18	14	3	6	3	4	1	1
	先行形	ɣad/ged	108	26	29	10	8	5	9	15	6
	持續形	ɣsaɣar/gseger	4	1	2					1[24)	
	合計		162	45	45	13	14	8	13	17	7
口語形	使動形	ul/ül/ol	77		9	17	11	17	7	10	6
	先行形	ad/ed	28		1	6	7		5	4	5
	持續形	gser	1								1
	合計		106	0	10	23	18	17	12	14	12

語幹의 경우와 同一한 樣相이다. 자주 쓰는 單語뿐만 아니라 長母音이 包含된 語尾에 對해서도 우선 卷1,2에서 口語形이 古典形으로 修訂되었다고 볼 수 있다. 松岡雄太(2005a:364)에서도 마찬가지로 口語形이었던 것을 古典形으로 修訂하였다고 보았다. 이는 結局 옳았다고 判斷된다. 허나 修訂時期에서 異見을 보인다. 곧 論議한다.

아직 갈 길이 남았으니 여기서 잠시 쉬어가자. 卷1,2과 나머지卷에서 실제 表記가 어떻게 差異 나는지 훑어보자. 松岡雄太(2005a)에서도 예로 든 出現頻度가 높은 單語 일부를 그룹C/D에서 選別했다. 典型的인 傾向을 보여주기 위해 古典形은 卷1,2에서, 口語形은 나머지卷에서 뽑았다. 卷別 正確한 出現頻度는 <表8>의 리스트를 參照하라. 주변의 表記도 같이 살펴보라.

---

23) 나머지卷에서 古典形으로 나타나는 單語들은 修訂하지 않은 表記로 볼 수 있다. 그룹D의 卷1,2에서 나타나는 口語形 亦是 無視할 수 없다. 結論에서 論議해보자.
24) saɣar로 나타나지만 長母音에 傍点을 두고 古典形으로 分類했다.

#133: budaɣ_a/buda

卷1-3b-3　gerte qariǰu budaɣ_a ideged ǰiči surɣaɣuli-du ečiǰü bičig-ün üsüg bičiged

卷2-1a-5　či tabun kümün-ü budaɣ_a-yi ödter ki

卷3-2b-1　bida tere ɣačaɣ_a-du ečiǰu amu abuɣad buda kiǰü ided ečin_e

卷4-3a-2　kerbe siŋgen buda kisen bolqula abčir_a

#130: baɣu/bau

卷1-14b-3　bida ečiged qana baɣulɣamui

卷1-15a-7　bi basaču nidünün tende baɣulɣsan bile adabasi sayin

卷4-15a-4　qotun qaɣalɣ_a-yin alban-u diyan-du oroǰu bauy_a

卷5-8b-3　bi bausan gerte ečinem ǰiči ǰolɣoy_a

#146: ǰaɣu/ǰau

卷1-14a-6　odo mün kü tabun ǰaɣun ɣaǰar ilegüü bui

卷2-5b-4　büküde bodoqula tabun ǰaɣu qan ǰoɣos bišeü

卷5-13a-3　bi büküde nige ǰau dečin lang müŋgü-yi abun_a

卷8-4b-5　bi gerte bayiqu-du čiŋlekule nige ǰau arban gin bile

#152: maɣu/mau

卷1-9a-5　tegünü dotor_a maɣu kümün bui buiuu

卷2-10a-4　či erte büü eči bi sonosqula uriduki ǰam maɣu genem

卷5-11a-6　sayin mau-niki qoliǰu bodoy_a

卷7-14b-5　či mau bi sayin geǰü büü nür-ügei bolɣasai

4. 改訂記錄과 木版

이제 記錄에서 누가 언제 왜 長母音表記를 卷1,2에서 그것도 일부 出現頻度가 높은 語彙를 골라 口語形에서 古典形으로 修訂했는지에 대한 端緒를 찾아야 한다.

『蒙語老乞大』가 어떤 改修過程을 거쳤는지는 I章의 <表1>에서 살펴보았다. 1741年 刊行本을 新刊으로 본다면 1766年, 1790年 두 차례 改訂이 있었다는 것은 이미 알고 있다.25) 이 改訂記錄은 「跋文」과 『捷解蒙語』에 실린 「蒙學三

---

25) 여기서 新刊은 木版 全體를 새롭게 製作하여 刊行한 것을 意味한다. 改訂는 일부 木版만을 새로 製作하여 改刊하거나 原木版을 維持하면서 活字 일부를 校訂한 것을 말한다. 偏重現象은 新刊보다는 改訂의 結果로 미루어 斟酌할 수 있다. 鄭光(1990)에서는 남아

書重刊序」(이하「重刊序」)에서 찾아볼 수 있다. 가장 最近에 일어난 變化부터 살펴보자. 1790年 改訂에 대해「重刊序」는 이렇게 썼다.

"… 昨年에 中國에 갔던 使節들이 돌아올 때 蒙文鑑 한 帙을 구해 왔다 … 老乞大 와 類解 두 책은 字音의 差異가 나는 것을 옛날 板本에 依據하여 補刊하였으며 捷解 한 책은 字音과 語套를 함께 고쳤다 …"26)

'字音'과 '語套'가 무엇인지 먼저 確認할 必要가 있다. 글자 그대로의 意味로 字音은 글의 소리이고 語套는 말의 모양새다. 처음엔『蒙語老乞大』의 體裁構 成要素의 한 部分일 거라고만 보고 字音은 한글表記, 語套는 蒙文表記로 判斷 하였으나 잘못된 것임을 알았다.27) 이는 '蒙文鑑'을 考慮해서 찾아야 할 듯싶다. 蒙文鑑을 直接 確認하지 못하고 旣存의 硏究에서 언급된 關聯內容만을 가지고 推測해 보았다. 旣存 硏究에서도 分明치 않다. 蒙文鑑과 더불어 字音과 語套를 糾明해내는 것이 問題解決의 關鍵이지만 限界가 있음을 미리 밝혀둔다.

한편『捷解蒙語』는 古典形으로 表記되어 있다. 長母音表記에서 口語形이 보이지 않는다. 이러한 差異에 대해 李基文(1964:382)에서는「重刊序」의 記錄 을 根據로『蒙語老乞大』는 字音만 修訂했고,『捷解蒙語』는 字音과 語套를 修 訂한 데서 起因하는 것으로 보았다. 長母音表記 差異를 一種의 語套 差異로 判斷한 것이다. 하지만 이는『蒙語老乞大』卷1,2에서 나타나는 古典形 表記를 考慮하지 않은 主張이며, 또한 字音만 修訂한『蒙語類解』의 長母音表記와도 矛盾된다. 李基文(1967:99)에서 蒙文鑑으로 推定한『御製滿珠蒙古漢字三合切 音淸文鑑』(이하『三合切音』)과『蒙語類解』의 한글表記를 比較했는데,28) 長母

있는 木版들을 比較하여 刊行年度別로 1741年 舊版, 1766年 重訂版, 1790年 重刊版으로 分類했다. 이에 대해 곧 살펴본다.

26) 「重刊序」"… 昨年節使之回 購得蒙文鑑一帙 … 老乞大及類解二書 則隨其字音之差異者 仍舊板而補刊之 捷解一書 則並與字音語套而改之 …" 李聖揆(2002:30)에서 再引用

27) 金芳漢(1967)에서도 한글表記/蒙文表記를 主張했다. 하지만 곧 살피게 될 鄭光(1990)에 서 당시 字音만 修訂한『蒙老』의 木版에 남아있는 修訂痕迹을 整理했는데 여기에는 한글表記뿐만 아니라 蒙文表記, 對譯까지 修訂되어 있다.

28) 語彙集인『類解』에는 蒙文表記가 없다. 該當 蒙語가 한글로 轉寫되어 있다. 한글表記로 蒙文表記方式을 類推할 수 있다. 參考로 鄭堤文(1990)에서『類解』와『三合切音』에 실린 全語彙를 對照했다.

音表記가 古典形으로 一致한다. 松岡雄太(2005a, 2005b, 2006)에서는 이에 대해『捷解蒙語』의 古典的 表記는 滿洲語 資料를 飜譯하여 編纂한 데서 起因한 것이며,[29]『蒙語老乞大』卷1,2에서 나타나는 古典形 表記를 字音 修訂結果로 보았다. 그리고 語套에 대해서는 李聖揆(2002:20)를 따라 文法을 意味한다고 생각했다.[30] 다만 語彙資料인『三合切音』에서는 語套가 文法的인 內容을 包含한다는 根據가 充分치 않고 그래서 또 하나의 蒙文鑑으로 文法形式이 記載된『三合便覽』「蒙文指要」(이하『三便』「指要」)를 提示했다.(松岡雄太2006: 38,39) 하지만 어떤 이유로 修訂作業이 中斷된 것인지 疑問이 남는다고 結論짓고 있다.(松岡雄太2005a:375)

그런데 李基文(1967:97)에는 또 다른 생각을 자아내게 하는 대목이 있다.

"생각컨대『蒙語老乞大』와『蒙語類解』는 各各 1766年과 1768年에 李億成에 의하여 改刊되어 字音만 고쳐도 괜찮았음에 비하여『捷解蒙語』는 李世烋 등에 의하여 1737年 改刊된 以來 한번도 改刊을 보지 못하여 字音뿐 아니라 語套에 있어서까지도 改正을 免치 못했던 것으로 생각된다."

修訂內容까지는 밝히지 못하고 있지만 어쩌면『蒙語老乞大』卷1,2의 長母音表記가 1766年의 改訂結果로 1790年 字音 修訂과는 無關할 수 있다는 可能性을 示唆한다. 本稿에서는 이를 端緒로 李基文(1964)를 따라 長母音表記를 語套로 關連지어 볼 것이다. 蒙文鑑에 대해서도 語彙資料인『三合切音』만을 有力한 蒙文鑑으로 選擇하여 字音과 語套를 表記體系(Spelling rules)에 局限해서 살필 것이다. 다만 字音은 發音表記에 맞는 '文字의 音價'(Spelling rules for sound), 語套는 意味標示를 위한 '表記法'(Spelling rules for meaning)이라는 새로운 觀点을 提示하며 長母音表記를 意味標示를 위한 語套의 一種으로 檢討할 것이다. 이미 눈치를 챘겠지만 結論을 미리 말하면『蒙語老乞大』卷1,2

---

29) 松岡雄太(2005b)는 滿漢合璧 資料인『淸文啓蒙』,『淸書指南』이『捷解』의 內容 3/4에 該當하는 部分과 對應함을 보이고, 부자연스런 몽골語가 주로 滿洲語로부터의 直譯일 可能性을 提示했다.
30) 하지만 語套를 文法으로 判斷한 根據는 찾을 수 없었다고도 언급했다.(松岡雄太2006:39) 參考로 李基文(1964:423)의 結論에서도 語套에 대해 이와 類似한 趣旨의 見解가 보인다.

에서 나타나는 長母音의 古典形 表記는 1790年에 修訂된 것이 아니다.

무엇보다 '한글맞춤법'(Spelling rules in Korean)을 먼저 살펴보고 싶다. 字音과 語套를 풀어 갈 실마리를 찾으려는 것이다. 매우 恰似하다.

> "한글맞춤법은 標準語를 소리대로 적되 語法에 맞도록 함을 原則으로 한다."(한글맞춤법 第1項) "標準語를 소리대로 적는다는 것은 標準語의 <u>發音 形態대로</u> 적는다는 뜻이다. 그런데 標準語를 소리대로 적는다는 原則을 適用하기 어려운 경우도 있다. (音節과 音節, 單語와 單語가 結合하여 發音이 바뀌는 경우다.) 이것을 소리대로 적는다면 그 뜻이 얼른 把握되지 않는다. 그리하여 語法에 맞도록 한다는 또 하나의 原則이 붙은 것이다. … 語法에 맞도록 한다는 것은, 結局 <u>뜻을 把握하기 쉽도록</u> 하기 위하여 각 形態素의 本 模樣을 밝히어 적는다는 말이다."
> (한글맞춤법 第1項 解說 一部: 國立國語院)

이는 英文表記法과도 相通한다. 오로지 發音表記만으로는 意味傳達이 까다로운 音素文字에서 適用할 수 있는 表記方式인 것이다. 또한 音素文字는 아니지만 마찬가지로 發音表記를 따르되 意味傳達을 念頭에 두고 漢字를 섞어 쓰는 日本語의 文語表記와도 原理는 同一하다. 甚至於는 表意文字인 漢字 字體에도 適用된다. 表意를 基本으로 하되 대부분의 漢字에는 音과 뜻이 함께 表記되어 있다. 發音表記와 意味標示는 모든 文字表記體系에서 나타나는 普遍的인 現象이다.

이로부터 字音과 語套를 推定해 볼 수 있다. 發音表記와 意味標示를 考慮한 表記體系의 두 要素를 聯想하는 것이 可能하다. 字音 修訂은 標準語의 發音에 맞는 文字로, 語套 修訂은 意味傳達을 考慮하여 蒙文表記體系에서 定한 表記法에 맞도록 고쳤다라고 解釋해 볼 수 있다. 長母音 形態素를 古典形으로 表記한 것은 發音表記에는 어긋나지만, 意味를 把握하기 쉽도록 過去의 傳統表記를 살려 쓴 意味標示裝置로 다시 말해 語套에 맞도록 쓴 것이다. 1790年 字音만 修訂한 채 語套를 修訂하지 않은 『蒙語老乞大』와 『蒙語類解』는 長母音表記를 古典形으로 修訂하지 않았다.

그럼 당시의 字音 修訂이 실제로 어떤 모습이었는지도 살펴보자. 『蒙語老乞大』의 木版이 일부 남아 전해진다.[31] 鄭光(1990)에서 이 木版들과 木版에 남아

있는 修訂痕迹을 調査하여 詳細히 整理했다. 木版은 板材에 따라 3種類로 나뉘고 各各의 特徵을 살펴본 結果, 이것을 製作年度別로 1741年의 舊版, 1766年의 重訂版, 1790年의 重刊版으로 分類했다. 이중에서 重刊版 自體와 重訂版에 남아있는 修訂痕迹을 1790年의 改訂結果로 보았다.[32) 修訂痕迹이 없는 重刊版 自體에서는 正確히 무엇을 修訂한 건지 把握하기 어렵다. 重訂版 역시 事情은 마찬가지다. 修訂痕迹만으로는 修訂 前後의 始末까지 把握하는데 限界가 있다. 修訂된 位置와 結果만 알 수 있지 처음 어떤 表記에서 바뀐 것인지 推定하기가 쉽지 않다. 더군다나 木版은 卷4,7,8에 該當하는 일부분으로 이것만 가지고는 卷1,2에서 長母音表記가 修訂되었는지 直接 判斷할 수 없다. 1790年 字音 修訂이 長母音表記를 包含하는지 與否만이라도 判斷할 수 있기를 바랄 뿐이다.

重訂版 4枚(8葉)의 修訂痕迹을 살펴보자. 鄭光(1990:39,40)에 整理된 修訂目錄을 그대로 옮겨 가져와 檢討해 보았다. 全體 37군데의 痕迹이 있다.

<表14> 重訂版 4枚의 校訂痕迹

#	卷	葉	行	校訂痕迹	備考	檢討內容
1	4	1a	2	bui 뷔		助動詞
2	4	1a	4	bui 뷔		助動詞
3	4	1a	7	yeügenem 여ㅜ거넘		長母音(+G/口語形)
4	4	1b	2	'ečijü 어치쥬'의 jü 쥬	部分 校訂	動詞竝列連結語尾
5	4	1b	3	'abču 압츄'의 ču 츄	部分 校訂	動詞竝列連結語尾
6	4	1b	4	bui 뷔		助動詞
7	4	6a	1	bui 뷔		疑問助詞?
8	4	6a	3	öčügedür 워츄거둘	校訂木 빠짐	e→ö?
9	4	6a	3	bui 뷔	校訂木 빠짐	助動詞
10	4	6a	5	bi öčügedür 비 워츄거둘	校訂木 빠짐	e→ö?
11	4	6a	7	bui 뷔	校訂木 빠짐	助動詞
12	4	6b	1	'segkikü 석키쿠'의 segkikü	蒙文만 校訂	長母音(單/古典形)
13	4	6b	1	serigün 서리군		長母音(+G/古典形)
14	4	6b	2	'güičejü 귀쳐쥬'의 jü 쥬	部分 校訂	動詞竝列連結語尾

31) 鄭光(1990:36) "日本 京都大學에 所藏 중인 2枚가 있고 … 高麗大學校 博物館에 所藏된 木版은 11枚로 …"

32) 1741年의 舊版 1枚(卷4-葉11, 後葉 空欄)의 修訂痕迹은 1766年, 1790年 언제의 修訂結果인지 確信할 수 없으므로 지금은 論議에서 除外하자. 오히려 이 舊版에서는 1741年의 狀態를 보여주는 修訂되지 않은 表記들이 더 注目을 끈다. 結論에서 論議해보자.

15	4	6b	3	küteljü 쿠틸쥬		動詞並列連結語尾?
16	4	6b	4	naran 나란		
17	4	6b	7	bui 뷔	校訂木 빠짐	助動詞
18	7	8a	1	'ide 이더'의 다음 部分 空欄	削除	
19	7	8a	3	örlüge 월루거	校訂木 빠짐	長母音(其他/古典形), e→ö?
20	7	16a	1	ebedčin 어벋친	校訂木 빠짐	
21	7	16a	3	ebedčin 어벋친	校訂木 빠짐	
22	7	16a	3	ilari 이라리		長母音(單/古典形)
23	7	16a	6	ebedčin 어벋친	校訂木 빠짐	
24	7	16a	7	bui 뷔		助動詞
25	7	16b	5	kereg tü 커럭 투	校訂木 빠짐	
26	7	16b	5	'bolɣomǰilaǰu 볼곰지라쥬'의 ǰu 쥬	部分 校訂	動詞並列連結語尾
27	7	16b	6	'ber 벌'의 벌	한글만 校訂	
28	7	16b	7	'ɣutaɣulbasu 구타굴바수'의 ɣutaɣulba 구타굴바	部分 校訂	長母音(+G/口語形)
29	8	1b	6	čimayi 치마기		長母音?(連續/古典形), e→ö?
30	8	5a	1	örgüü 월구ㅜ		
31	8	5a	1	dotaɣu 도타구		長母音(+G/古典形)
32	8	5a	4	dotaǰi 도타지		dotaɣu와 同一語幹
33	8	5a	6	이人蔘을五分	譯文만 校訂	
34	8	12a	4	tu 투	校訂木 빠짐	
35	8	12a	7	bui ǰe 뷔 져		助動詞
36	8	15b	6	gen_e 거너		
37	8	15b	7	'ǰüb 쥽'의 ǰüb	蒙文만 校訂	u→ü?

　　주로 助動詞 'bui 뷔'와 動詞並列連結語尾 'ču/čü 츄', 'ǰu/ǰü 쥬'이다.[33] 'ču/čü, ǰu/ǰü'에 대해 松岡雄太(2005a:368)에서는 口語에서 文語的인 表記로 修訂한 證據로 보았다. 修訂 以前 表記가 口語表記로 볼 수 있는 'ǰi'였을 것으로 推定했다. 'bui'의 경우는 'bei'에서 修訂된 것으로 보인다. #7의 한 곳이 疑問 助詞 bei였던 것을 잘못 修訂한 듯싶다. 실제로 助動詞와 疑問助詞가 bei로도 꽤 자주 나타나고 標準表記도 bui로 形態가 同一한데, 이 당시 助動詞만 bei를 bui로 修訂하면서 疑問助詞가 일부 섞여 들어간 듯하나. #37의 'ǰüb'은 한글表

---

33) 重訂版 4枚에서는 bui가 11回 登場하는데 9곳에서 修訂痕迹이 있다. ču/čü는 3곳 중 1곳이, ǰu/ǰü는 19곳 중 3(혹은 4)곳에서 修訂痕迹이 있다. či나 ǰi가 그대로 남아있는 곳은 2곳, 4곳이었다.

記 '줍'으로 表記 可能한 蒙文表記 'jub'에서 修訂된 것으로 볼 수 있다. 이외에
唯獨 첫 文字가 'ö 워'로 始作하는 修訂痕迹이 #8, 10, 19, 30의 네 곳에서 보이는
데 이 'ö'의 修訂을 推測해 본다.[34] 이처럼 標準表記의 發音에 맞는 適切한
音價의 文字로 個別 文字를 고치는 것이 字音 修訂이 아닌가 생각된다. 하지만
이것만 가지고는 長母音表記가 古典形으로 修訂되었는지 與否를 確信하기에
充分치 않다. 目錄에는 長母音表記를 包含한 痕迹이 여덟 군데 있다. 적잖은
比率이다. 이중에는 +G類型이 네 곳인데 各各 두 곳씩 古典形과 口語形으로
表記되어 있다. 이 痕迹들로부터 字音 修訂의 또 다른 樣相을 斟酌해 볼 수
있다. serigün(#13)에서는 比較對象이 없어 判斷하기 어려우나, 나머지 세 곳
은 長母音表記와는 關連 없는 修訂임을 確認할 수 있었다. yeügenem(#3)의
경우 同一 類型의 yeügeji(卷4-6a-4)가 修訂痕迹이 없고, ɣutaɣulba(#28)의 경
우에도 같은 面에 있는 同一 語幹의 ɣutaɣaqügei(卷7-16b-4) 역시 修訂痕迹이
없으며, dotaɣu(#31)의 경우는 同一 語幹이지만 長母音과는 無關한 dotaji(#32)
가 같이 修訂되어 있다. serigün에 대해서는 確信할 수 없지만 이 表記들은
本論 冒頭에서 設定한 修訂에 대한 4가지 경우를 想起한다면, 修訂하지 않은
것과 同一하게 取扱한 口語形이 다른 口語形으로, 古典形이 다른 古典形으로
修訂된 것, 즉 表記方式의 變化가 없는 修訂을 推測해 보는 것도 可能하다.
　　1790年의 字音 修訂痕迹에서 일부만을 檢討하였다. 字音이 무엇인지 明確
한 實體를 밝히지 못한 채, 表記方式은 건드리지 않는 制限된 修訂이었을 可能
性만을 겨우 보인 未洽한 檢討였다. 이상 重訂版 4枚뿐만 아니라 舊版, 重刊版
을 모두 包含하여 追後라도 다시 綿密히 檢討할 必要가 느껴진다. 이제 1766年
改訂에 대한 記錄 「跋文」으로 가자. 改訂作業을 마친 뒤 簡略한 報告書를 蒙文
으로 남겼다. I章 脚註10에 全文을 現代몽골語 表記로 옮겨 실었다. 여기서는
「跋文」의 趣旨가 歪曲되지 않도록 全體的인 줄거리를 拔萃 飜譯하였다.[35]

　　"蒙學書가 여럿 있으나 發音, 表記法, 母音調和에 맞는 用法이 不分明하여 늘 근

---

34) 重訂版 4枚에서는 첫 文字가 'ö 워'로 始作하는 單語가 8回 登場한다. 修訂痕迹이 없는
　　네 곳은 öčinen(1回), öggüy_e(1回), ögküle(2回)이다.
35) 李基文(1964:376~381)에서 全文을 轉寫, 解釋하고 註釋하였다.

심하던 차에 北京을 訪問하게 되었습니다. 이를 바로잡아줄 만한 사람을 찾아 헤
매다 多幸히도 몽골人 官員을 만나 十二字頭, 文字의 母音調和, 發音의 輕重을
적은 것을 얻어가지고 돌아와 印刷하여 配布하였습니다. 이 當時, 지금 問題가
되는 敎材의 잘못된 部分도 다시 고쳤으면 좋겠다는 指示를 받고 使臣團 行次를
따라 瀋陽에 가서 몽골인 官員으로 하여금 잘못 쓴 글자와 말들을 일일이 바로잡
아 남깁니다. 이는 모두 윗분들의 깊은 뜻이고 小臣은 이를 받들어 主管했을 뿐입
니다. 배움이 微賤하여 미처 몰랐던 부분은 後學을 기다리겠습니다. 乾隆31年 初
가을 吉한 날. 訓長 李億成 所任을 다할 것입니다."

乾隆31年(1766年) 근심거리였던 『蒙語老乞大』의 잘못된 부분을 改訂하였
고, 未洽하지만 後代에 남긴다는 記錄이다.[36) 「跋文」의 蒙文表記도 살펴보
자.[37) 長母音表記가 모두 45回 登場한다. +G類型은 25回로 但3回를[38) 除外한
22回가 모두 古典形이고, 나머지 類型에서도 20回 모두 古典形으로 맞게 表記
되어 있다. 이외 全體的으로 誤記로 보이는 單語 하나만[39) 除外하면 表記法에
어긋나는 事例는 하나도 없다. 또한 文章力과 語彙 驅使力이 相當히 높은 水準
이다.[40)

한편 밑줄 친 첫 文章에서 '字音'과 '語套'로 聯想되는 두 文句가 注目을 끈
다. '發音'과 '表記法'으로 飜譯한 'üsüg-ün ayalɣu'(文字의 소리)와 'üjüg-ün
dürim'(펜pen의 規則)이다.[41) 前者를 直譯하면 그야말로 字音이다. 後者의
'dürim'은 '規則, 規定'인데 '外貌, 態度'라는 意味로도 使用된다.(Bawden, C.

---

36) 李基文(1964)에서는 北京과 瀋陽에서 몽골인의 도움을 받았다는 事實에 着眼하여 이
地方의 方言이 反映된 口語로의 改訂을 推定하는데 重心을 두었다.
37) 「跋文」이 1790年 修訂되었을 可能性을 排除할 수 없다. 「跋文」의 木版이 1790年 重刊版
이기 때문이다. (鄭光 1990:37) 하지만 漢文序文 역시 同一 木版인 것으로 보아 修訂한
것이 아니라고 推測할 수 있다. 漢文序文을 修訂할 이유가 없기 때문이다. 「跋文」과 漢
文序文은 당시 筆寫本으로만 刊行되었고 1790年 처음으로 木版에 새겨진 것이 아닌가
斟酌해 본다.
38) 口語形 表記 3곳은 neyileülǰü(跋文-1a-4), Bejiŋ(跋文-1a-6), čöken(跋文-2b-2).
39) 체. 우누르바얀(Ц. Өнөрбаян, 몽골國立師範大 몽골語文學部 學長) "üilemüi(跋文
-2b-8)는 üiledmüi를 잘못 表記한 듯하다." 李基文(1964:380)에서는 『捷解』에서의 事例
를 들어 oyilamui로 轉寫하고 '記錄하다'는 意味로 解釋했다.
40) 처. 워닐바얀(『蒙老』의 한글轉寫規則을 따라 表記해 보았다) 學長의 意見.
41) 李基文(1964)에서 各各을 '文字의 發音', '文字의 規則'으로 飜譯하였다. 前者에 對해 '語
音어훈○우건ㄱ아얄구'(『類解』上卷-18b)를 註釋으로 言及하였다.

1997:141) 펜이라는 意味의 'üjüg'에 대해서는 疑問이 들지만 어쩌면 語套는 이를 飜譯한 用語인지도 모르겠다. '말(言語)'의 存在樣式은 多樣하다. 소리樣式을 '言', 글로 나타낸 말을 '語'라 할 때 '語套'는 '글로 쓰여진 말의 모양새'로, '펜의 規則 또는 모양새'와 意味가 同一한 用語로 보아도 無妨하다. 表記法 自體라 할 수 있다.

1766年 長母音表記가 修訂되었을 可能性은 確認했으나 卷1,2에서만 修訂했다는 端緒는 보이지 않는다. 하지만 表記 全般을 修訂했을 것이라는 端緒도 얻었다.

5. 旣存硏究와 比較, 推論, 檢證

1790年으로 돌아가서 「重刊序」의 記錄을 다시 한번 引用해보자. "… 昨年에 中國에 갔던 使節들이 돌아올 때 蒙文鑑 한 帙을 求해 왔다 … 老乞大와 類解 두 책은 字音의 差異가 나는 것을 옛날 板本에 依據하여 補刊하였으며 捷解한 책은 字音과 語套를 함께 고쳤다 …" 李基文(1964)에서 『蒙語老乞大』의 音韻論, 形態論, 語彙의 特徵을 硏究했는데 이 記錄을 端緒로 『捷解蒙語』와의 差異에 대해 이렇게 썼다. "『捷解蒙語』는 매우 古典文語的이요, 『蒙語老乞大』는 이와는 反對라고 할 수 있는 바, 이것은 前者가 '字音'뿐 아니라 '語套'에 있어서까지 改訂을 당했기 때문인 것으로 보인다." 李聖揆(2002)에서도 이를 端緒로 『蒙語老乞大』와 『捷解蒙語』의 '語套'를 比較했다. 語套를 文法으로 보고 文法要素의 差異를 比較하여 『蒙語老乞大』는 口語的인 性格을 띠는 文獻이고 『捷解蒙語』는 蒙文鑑의 影響으로 古典的인 性格을 띤다고 結論짓고 있다. 이들 硏究에서 長母音表記는 물론 同一 形態素의 表記形態 差異를 檢討한 結果에 注目하게 된다. 先行形, 持續形의 動詞語尾와 過去形動詞語尾, 일부 數詞들이다. 長母音表記가 包含된 先行形, 持續形의 動詞語尾는 本稿에서도 이미 <表13>에서 살펴보았다. 다른 事例도 곧 보이겠다. 두 硏究와 同一한 結果이다. 비록 두 硏究의 主張이 『蒙語老乞大』 卷1,2를 考慮하지는 않았지만 두 蒙學書의 表記差異가 『蒙語老乞大』 內에서 卷1,2/나머지 간 比較에서도 보인다는 것이다.[42] 語套를 表記法이라 한다면 『蒙語老乞大』 卷1,2의 表記는 1766年에 이미 語套를 古典形으로 고쳤다라고 判斷할 수 있다. 그래서 1790年 『蒙

語老乞大』에서는 語套 修訂이 必要 없었던 것이다.[43] 여기에서 왜 卷1,2만 修
訂했는지에 대한 疑問도 같이 풀린다.[44] 이유는 簡單하다. 全部 다 고칠 必要
가 없다. 『蒙語老乞大』는 外國語敎材다. 表記를 배우고 싶으면 卷1,2를 살펴본
다. 發音을 익히고 싶으면 나머지卷을 열심히 읽는다. 얼마나 效率的인가!

　1766年 卷1,2에서 表記를 古典形으로 修訂한 改訂本을 1790年 字音만 고친
채 그대로 維持한 이유로 妥當한가? 個人이 財物을 내어 出版할 경우 記錄에
빠지지 않고 등장할 정도로 書籍 出版은 國家 水準의 큰 事業이었다. 制限된
資源을 效率的으로 活用하여 最適의 效果를 낼 수 있도록 企劃한 것이다. 다만
1766年 당시 『捷解蒙語』가 古典形 表記의 敎材였다면 이 主張은 矛盾이 된다.
『捷解蒙語』가 있는데 군이 『蒙語老乞大』 卷1,2를 古典形으로 修訂할 이유가
없는 것이다. 松岡雄太(2005a:366)에서는 『捷解蒙語』의 底本이 滿洲語 資料를
飜譯한 古典的 表記의 敎材였으며, 이를 따라 『蒙語老乞大』의 表記도 1790年
改訂에서 蒙文鑑을 利用하여 古典形으로 바꾸려 試圖했다라고 보았다. 하지만
順序를 바꿔서도 생각해 볼 수 있다. 「跋文」의 첫 文章 "蒙學書가 여럿 있으나
發音, 表記法, 母音調和에 맞는 用法이 不分明하여"를 根據로 1766年 당시 蒙
學三書의 表記가 모두 蒙文表記體系에서 어긋난 적어도 表記敎材로는 使用하
기 어려운 狀態였으며, 그래서 우선 『蒙語老乞大』 卷1,2를 修訂했고 이어 2年
後 語彙集인 『蒙語類解』를 修訂하고, 『捷解蒙語』는 1790年에 가서야 字音과
語套를 모두 修訂할 수 있었던 것이 아닌가 생각된다. 結論에서 다시 한번 論
議해보자.

---

42) 李聖揆(2002)에서는 두 蒙學書의 語套 差異로 表記를 包含한 文法의 差異를 指摘하고
　　있다. 이 文法 差異가 『蒙老』의 卷1,2/나머지 간 比較에서는 보이지 않는다. 이에 대해
　　松岡雄太(2005a, 2005b, 2006)에서는 表記를 字音, 文法을 語套로 보고, 『蒙老』 卷1,2의
　　表記를 字音 修訂結果로 判斷했다. 『捷解』의 語套 修訂은 文法의 修訂으로 判斷하고
　　文法形式이 記載된 『三便』 「指要」를 蒙文鑑으로 提示했다. 結論에서 다시 論議해 보자.
43) 1790年 『類解』도 字音만 修訂한 채 語套는 修訂하지 않았다. 語套를 文法으로 본다면
　　語彙集인 『類解』는 語套를 修訂할 이유가 없어 보인다. 그러나 語套를 表記法으로 보고
　　이 역시 1768年 이미 古典形 表記로 修訂했기 때문이라 볼 수 있다. 『蒙老』를 修訂한
　　뒤 이를 反映하여 2年 後 改訂한 것이다.
44) 나머지 혹은 全卷에서 字音과 語套 말고도 또 다른 修訂이 分明히 있었다. 1766年 改訂
　　結果物인 重訂版이 나머지卷에서 다수 發見되기 때문이다. 結論에서 論議해보자.

이제 語套를 包含한 表記 全般이 修訂되었음을 보여주는 長母音 外의 追加 事例를 들어보고 난 뒤 마지막 主題로 蒙文鑑에 관해서도 이야기해보자. 過去 形動詞語尾, 일부 數詞, 그리고 屬格語尾의 表記가 각 卷別로 어떻게 나타나는 지 살펴보자.

過去形動詞語尾는 動詞語幹의 母音에 따라 ɣsan과 gsen의 두 形態가 文語 의 標準表記이다.(王福淸2002:92) 標準表記인 古典形보다 子音G가 脫落된 口 語形 san/sen이 더 자주 나타난다. 表記形態別 出現頻度를 다음 <表15>에 整 理했다.

<表15> 過去形動詞語尾의 出現頻度

表記形態		頻度								
		合計	卷1	卷2	卷3	卷4	卷5	卷6	卷7	卷8
古典形	ɣsan/gsen	95	26	39	9	1	6	10	2	2
口語形	san/sen	154	5	4	26	26	25	22	28	18

長母音 表記分布와 마찬가지로 過去形動詞語尾에서도 古典形이 卷1,2에 偏 重되어 나타난다. 全體出現頻度는 口語形이 더 많지만 卷1,2에서만큼은 古典 形이 壓倒的이다. 松岡雄太(2005a:360)에서 提示한 數値와 正確히 一致하지는 않지만 傾向은 同一하다.

다음은 數詞 dörbe, döči를 調査하였다. 標準表記로 볼 수 있는 dürbe, düči 외에 口語形으로 보이는 derbe, deči가 나타난다.[45] 이외에도 olan, ɣaɣča 두 單語를 調査하였다. 口語形인 olon, ɣanča도 多數 出現한다. 이 경우도 同一한 現象을 볼 수 있다.

---

45) 『三合切音』에는 derbe, deči만이 실려있다.(鄭堤文1990:63) 『類解』에는 '四箇넷○덜번─ 云둘번', '四十마혼○더친─云두친'이 실려있다.(『類解』下卷─16a) 萬一 1766年 改訂에 서도 어떤 蒙文鑑을 參照했다면 이는 그것을 推定하는데 端緖가 될 수 있다.

<표16> 一部 數詞의 出現頻度

表記形態		頻度								
		合計	卷1	卷2	卷3	卷4	卷5	卷6	卷7	卷8
古典形	düči	1	1							
	dürben	7	2	2		1	1	1		
	olan	7	5	1				1		
	ɣaɣča	10	3	4	2	1				
口語形	dečin	6					2		1	3
	derbe/derben	6				1		1	3	1
	olon	16			7	1	1	1	3	3
	ɣanča	12					3	3	2	4

　다음은 屬格語尾 일부를 調查하였다. 몽골文語에서 屬格語尾는 單語 類型에 따라 yin, un/ün, u/ü의 세 가지로 表記된다.(王福淸2002:64)『蒙語老乞大』에서는 이외에도 口語形으로 보이는 gin이 나타난다. gin은 特定 單語 뒤에서 發音되는 形態대로 表記한 것인데 다음의 單語들이다.[46]

Begiŋ[47]　diyan　kübüŋ　　Nan giŋ　sirkeg　　usu[48]
čaɣ　　　ǰoduŋ　Liyooduŋ　Sila　　tariyalaŋ

　이 單語들과 함께 登場하는 屬格語尾의 表記形態를 調查하였다. 同一現象을 볼 수 있다.

---

46) kedü(卷4-18a-3)도 gin과 함께 나타나는데 이는 對格語尾 gi 또는 yi를 잘못 表記한 것이다. 分類에서 除外시켰다.
47) 屬格語尾 yin, ün과 함께 出現할 경우 Begejiŋ(卷1-1a-4, 卷1-10a-1, 卷1-10a-2)으로 表記되어 있다.
48) 屬格語尾 u와 함께 出現할 경우 usun(卷2-22b-1)으로 表記되어 있다.

<表17> 特定 單語의 屬格語尾 出現頻度

表記形態		頻度								
		合計	卷1	卷2	卷3	卷4	卷5	卷6	卷7	卷8
古典形	yin	1	1							
	un/ün	5	4	1						
	u/ü	3		3						
口語形	gin	19			3	2	8	4	2	

追加 事例로 松岡雄太(2005a)에서는 'eyin bolbasu / eŋkigüle', 'teyimü bolbasu / teŋkigüle', 對譯의 '이지/이제', '~든/~든'을 比較하고, 誤植을 비롯하여 부자연스런 몽골語까지 多角度에서 檢討하였다. 『蒙語老乞大』는 卷1,2에서 古典形 表記로 語套 修訂을[49] 비롯 全般的인 修訂이 있었다.

6. 蒙文鑑

마지막으로 蒙文鑑 이야기를 하고 結論을 짓자. 蒙文鑑을 參照하여 1790年 『捷解蒙語』에서만 語套를 修訂하였다. 1766年 『蒙語老乞大』 卷1,2의 古典形 修訂도 이와 對等한 것이었다라고 지금까지 論證했다. 蒙文鑑이 改訂方向에 대한 核心的인 內容을 담고 있는 듯하다. 그럼 蒙文鑑은 무엇인가. 다시 「重刊序」로 돌아가자.

蒙文鑑은 "… 乾隆帝가 새로 頒布한 音으로 淸과 몽골의 여러 臣下들과 함께 몽골 語의 新·舊音이 당시 쓰임에 適合한 것을 折衷하여 옆에 淸文字로 註釋을 다니 곧 몽골語의 큰 틀이다 …"[50] 라고 말한다.

---

49) 日本 京都大學에 卷1-21,22의 1741年 舊版이 所藏되어있다.(鄭光1990) 이 舊版에는 修訂 했을 것으로 보이는 古典形 表記가 多數 包含되어있다. 證據가 될 수 있다. 修訂時期는 確信할 수 없지만 修訂與否만은 確認할 수 있다. 이에 대해 鄭光(1989) 「譯學書의 刊版에 대하여-日本 京都大學 所藏 司譯院 木版을 中心으로」에 이미 언급되어 있는지도 모르겠다. 論文을 確認 못했다.

50) 「重刊序」 "… 乾隆新頒之音 而與淸蒙諸臣 折衷蒙語新舊音之合於時用者 傍以淸書註釋 乃蒙語之大方也 …" 李聖揆(2002:30)에서 再引用.

乾隆帝는 6代 淸皇帝이다. 1735年부터 1796年까지 60年을 在位했다. 淸나라의 全盛期였다. 領土는 위구르와 중가르를 服屬시키고 티베트, 베트남, 버마, 네팔에까지 進出했으며, 古今의 書籍을 收集하여 整理한 四庫全書와 滿語, 漢語, 蒙語 辭典을 編纂한 文化 中興期였다.(위키百科, https://ko.wikipedia.org/wiki/건륭제) 時空을 아우르는 規範을 세워 帝國의 모습을 갖추겠다는 것이다. 이런 背景이 蒙文鑑을 낳았다. 蒙文鑑은 辭典이다.[51] 地域마다 다른 方言에 拘礙받지 않는 統一된 表記體系를 갖추어 따르도록 하였다.

아무리 훌륭한 文字라도 소리를 完璧히 表記할 수 없거니와 文字와 그 表記體系의 本 目的은 소리表記에 있지도 않다. 소리表記 技能만을 가지고 文字의 優秀性을 말할 일이 아니다. 發音表記는 效率的인 手段임에 分明하나 絶對的이지 않다. 絶對的인 手段이란 이 世上에 없다. 더 效率的인 手段이 나오면, 오히려 本 目的을 妨害하는 狀況이라면 手段은 代替된다. 狀況에 맞게 適切히 選擇할 方便일 따름이다. 本來 目的은 무엇인가. 言語를 使用하는 目的과 다르지 않다. 意味傳達을 통한 意思疏通이다. 疏通의 對象과 範圍는 時空間的 概念이다. 늘 變化한다. 手段은 再考된다. 몽골의 再統一이 表記體系에 變化를 불러왔다. 古典形 表記體系로의 轉換이었다. 『蒙語老乞大』의 改訂도 이 흐름을 따랐다. 效率性과 더불어 時代의 흐름까지 反映해 編纂한 外國語敎材이다.

結論

『蒙語老乞大』의 表記變化에 대해 누가 언제 무엇을 왜 어떻게 修訂했는가를 中心으로 밝혀보려 試圖했다. 結論은 내리겠지만 再次 檢證하고, 더 채워야할, 더 밝혀야 할 疑問点이 如前히 남아있다. 여태까지의 內容을 整理하고 이에 대해서도 論議해보자.

---

51) 蒙文鑑을 直接 確認 못했다. 辭典類인 것은 確實하다. 成百仁(1999)에서 辭典類인 淸文鑑을 紹介하였고 『Han i araha manju monggo gisun i buleku bithe. Hagan nu biciksen manju monggol ugen nu toli bicik. [御製滿蒙文鑑]』(1743序), 『御製滿珠蒙古漢字三合切音淸文鑑』(1780序), 『三合便覽』(1780序) 등이 언급되어 있다.

『蒙語老乞大』의 蒙文表記는 古典形이 卷1,2에, 口語形은 나머지卷에 偏重 分布한다. 이는,

1. 改訂以前, 당시의 口語發音에 가까운 表記體系로 編纂 刊行하였다. (會話敎材 이기 때문이라고 이유는 壯談할 수 없다.) 이 表記體系의 特徵은 자주 쓰는 單語는 口語發音에 가까운 口語形으로, 使用頻度가 낮은 單語는 正確한 發音 을 몰라 혹은 옛날 發音이 아직 바뀌지 않아 '傳統的인 古典形'을 좇아 表記했 던 것으로 보인다.
2. 1766年, 李億成 先生이 卷1,2에서 主要 語彙들의 口語形 表記를 古典形으로 고 쳤다. '새로운 表記體系'에 맞도록 일부를 修訂하여 表記敎材로 改刊한 것이다. 나머지卷은 發音學習을 위해 口語形 表記를 그대로 남겨 두었다.[52] 그리고 이 를 反映하여 2年 後 1768年 語彙集인 『蒙語類解』를 改訂하였다.
3. 1790年, 蒙文鑑을 表記基準으로 삼아 發音表記에서 어긋난 '字音(文字의 音價)' 만 고쳐 補刊하였다. 이미 修訂된 卷1,2의 古典形 表記가 蒙文鑑을 따르고 있어 '語套(表記法)'까지 修訂할 必要가 없었기에 옛날 版本의 틀을 그대로 維持한 것이다. 다만 『捷解蒙語』에서 字音과 語套를 모두 修訂하여 表記敎材를 補强 하였다.
4. 口語形 表記가 나머지卷에 남아있다는 것이 오히려 몽골語 硏究를 위한 좋은 資料가 되었다. 重要한 價値라고 본다. 이에 더해 效率性과 時代의 흐름이라는 智慧와 識見을 담아 編纂했다는 데에도 特別한 價値가 있다.

以上의 結論은 몇 가지 假定과 함께 旣存 硏究에 대한 批判을 前提하고 있 다. 이제까지의 硏究에서 나온 主要內容을 먼저 살펴보자. 다음 表로 整理했다. 일부 推測도 包含하고 있다.

---

52) 鄭光(1990)에 언급된 1741年 舊版 1枚에서 修訂되지 않은 口語形 表記들이 證據가 될 수 있다. darusan(卷4-11a-2), qalon(卷4-11a-3), qalaolqu(卷4-11a-5), yeügeji(卷 4-11b-2), ileü(卷4-11b-6).

研究	主要內容
[金芳漢] (1967)	『蒙老』의 口語的 特徵을 指摘하고, 『捷解』와의 差異를 들어 現傳하는 版本이 1766年의 改訂本이며, 字音과 語套에 대해 한글表記/蒙文表記를 主張.
[李基文] (1964,1967)	音韻論, 形態論, 語彙에서 『蒙老』의 口語的 特徵을 具體的으로 밝혀냄. 字音과 語套에 대한 直接的인 언급은 없으나 基本的으로 한글表記/蒙文表記의 觀点에 同意하면서 表記形態뿐만 아니라 文法要素에서도 語套 差異가 보일 거라 언급. 『捷解』와의 字音이 一致함을 들어 『蒙老』 版本이 1790年의 改訂本임을 主張. 蒙文鑑으로 語彙資料인 『三合切音』의 可能性을 最初로 提示하고 이를 蒙學三書와 比較.
[李聖揆] (1997,2002)	語套를 文法으로 보고 蒙學三書의 文法要素를 比較. 文法 差異를 들어 『捷解』의 語套가 文語的이라고 主張.
[延圭東] (1999)	字音과 語套를 한글表記/蒙文表記로 보고 蒙學三書의 字音과 語套를 비롯 諺解, 體裁를 比較하여 『蒙老』 版本의 刊行時期를 檢討.
[松岡雄太] (2005a,b, 2006)	『蒙老』 卷1,2에서 古典形으로 修訂된 表記를 發見. 이 表記를 字音으로 推斷하고, 語套는 表記를 除外한 文法으로 判斷, 새로운 蒙文鑑으로 文法形式이 記載된 『三便』「指要」를 提示. 『捷解』의 底本이 滿洲語 資料로부터 飜譯된 古典形 表記였을 可能性을 提示.

以上의 研究에서 主張하는 字音과 語套를 蒙學三書의 狀態와 比較해서 살펴보자. 字音과 語套에 關聯되어 現在까지 밝혀진 蒙學三書의 狀態는 이렇다.

關聯 項目	『蒙語老乞大』	『捷解蒙語』	『蒙語類解』
한글表記(規則)	蒙學三書 모두 基本的인 轉寫規則은 同一.		
蒙文表記(方式)	口語形을 主로, 卷1,2에서 古典形.	古典形.	古典形.(蒙文表記가 없으나, 한글表記로 類推 可能.)
(表記를 除外한) 文法形式	口語的?	古典文語的?	語彙集이므로 判斷 根據 不足.

[金芳漢] vs. [李基文]의 主要 爭点은 『蒙語老乞大』의 版本이 언제의 改訂本

인가 하는 점이다. [金芳漢]에서는 『捷解蒙語』와 다른 口語的 特徵을 들어 다른 版本임을 主張했고, [李基文]에서는 한글表記規則이 同一함을 들어 字音은 같으며 差異가 나는 것은 語套로 이는 1790年의 重刊에서 『蒙語老乞大』는 字音만 修訂했고 『捷解蒙語』는 字音과 語套를 같이 修訂했기 때문으로 모두 같은 時期의 版本임을 主張했다. 共通된 强調点은 『蒙語老乞大』의 口語的 特徵인 語套가 1766年의 것이라는 主張이다. 당시의 改訂이 口語로의 修訂이었고, 1790年의 『捷解蒙語』는 古典文語로의 修訂이었다는 것이다. 왜 改訂方向이 달랐는가? 疑問이 든다. 會話敎材이기 때문이라고 보았다. 한편 鄭光(1990)의 硏究에서 『蒙語老乞大』의 版本이 1790年의 重刊本으로 밝혀졌고, 字音이 한글表記만을 意味하지 않는다는 또 하나의 事實이 드러났다. 字音이 무엇인지 五里霧中이 되었다. 이를 反映한 것인지 [李聖揆]에서는 字音에 대한 具體的 언급은 없고 『蒙語老乞大』와 『捷解蒙語』간 文法要素에서의 差異를 들어 文法에서도 語套 差異가 보임을 主張하였으나 文法을 考慮한 蒙文鑑 檢討가 빠져 있다. [延圭東]에서는 細細한 部分에까지 關心을 두고 檢討하였으나 鄭光(1990)에서 밝혀진 事實을 充分히 考慮하지 않았다. [松岡雄太]에서는 『蒙語老乞大』卷1,2의 蒙文表記가 古典形으로 修訂되어 『捷解蒙語』와 一致함을 發見하고 字音의 可能性으로 表記를 提案했다. 表記를 除外한 文法만을 語套로 보고 文法을 담고 있는 또 하나의 蒙文鑑을 提示했다. 두 種類의 蒙文鑑을 參照했다는 것과 왜 卷1,2만 修訂했는지가 아무래도 釋然치 않다.

　以上의 硏究는 모두 한 가지 共通된 假說을 前提하고 있다. 1790年「重刊序」의 記錄을 根據로 '字音은 蒙學三書 모두 同一하며, 語套는 『蒙語老乞大』와 『蒙語類解』가 같고 『捷解蒙語』만이 달라야 한다'는 것이다. 이를 前提로 蒙學三書 간의 共通点과 差異点을 찾아내는 硏究였다고 볼 수 있다. 本稿에서는 1766年의 改訂을 再考하여 또 다른 假說을 하나 提起한 것이다. 萬一 1766年의 改訂方向이 1790年 『捷解蒙語』의 것과 같은 對等한 것이었다면 '修訂된 字音과 語套는 蒙學三書 모두 同一해야 한다.' 모두 同一한 狀態는 한글表記와 일부 蒙文表記뿐이다. 字音과 語套는 이 表記들 自體에서 찾아야 한다. 이것이 字音과 語套로 表記體系에서 갖추어야 할 두 要素, '發音表記에 맞는 文字의 音價', '意味標示를 위한 表記法'이라는 새로운 觀点을 提案한 背景이다. 이 假

說에서 蒙文鑑은 表記를 담고 있는 語彙資料『三合切音』하나면 되고, 蒙學三書는 모두 改訂이 마무리된 결코 修訂作業이 中斷된 것이 아니라는 것이다.

이제 結論에서 前提하고 있는 假定을 살펴보자. 結論1은 自體가 假定이다. 통계데이터 分析을 통해 抽出한 初期表記分布 모델을 根據로 내린 判斷이지만, 이에 대한 蓋然性을 說明해야 한다. 이는 1741年『蒙語老乞大』가 어떤 過程으로 編纂된 教材인지를 밝히는 것이다.53) 結論2에서는 1766年 왜『蒙語老乞大』만 修訂했는가? 당시 表記教材로 삼을 만한 것이 없었는가? 라는 疑問이 남는다.『捷解蒙語』역시 1737年 혹은 이전의 底本이 어떤 經緯로 編纂된, 어떤 特徵의 教材였는지를 밝혀야 한다.54)『捷解蒙語』가 처음부터 古典的 表記였다면 結論2와 衝突한다. 結論3에서는 字音과 語套를 明確히 糾明하는 것이 當然하다. 이는『蒙語老乞大』의 字音 修訂이 表記方式과는 關連 없음을 더 보이는 것이며, 蒙文鑑의 實體 그리고 字音과 語套를 모두 修訂한『捷解蒙語』의 改訂內容을 밝히는 것과 直接 連結된다.55) 이러한 疑問을 解明하여 編纂過程에서 起因한 蒙學三書의 特徵을 把握하는 것은 蒙學書에 反映되어 있는 몽골語를 研究하는데 先行되어야 할 基礎作業인 것이다. 以上 結論으로 言及한 蒙學三書의 編纂改修過程을 다음의 圖表로 보였다.

---

53) 李基文(1964)에서 編纂經緯, 改訂記錄을 檢討했다. 金芳漢(1965)에서 編纂目的을 槪括했다.

54) 李聖揆(1997)은 司譯院 譯官의 獨自的 編纂으로 보았다. 松岡雄太(2005b)는 滿洲語 資料를 飜譯하여 古典的 表記로 編纂하였다고 보았다. 後者의 可能性이 높아 보이나 表記에는 疑問이 든다. 오히려『蒙老』와『捷解』간의 文法(혹은 文體) 差異를 再考해본다. 이 差異가 두 蒙學書의 底本인『新飜老乞大』와『新飜捷解蒙語』를 編纂할 때 各各 中國語教材, 滿洲語教材를 飜譯한 데서 비롯된 것이 아닌가 疑心해본다.

55) 李基文(1967)은 蒙文鑑으로『三合切音』을 提示 이를 蒙學三書와 比較했다. 松岡雄太(2006)은『三便』「指要」를 또 하나의 蒙文鑑으로 提示하고『捷解』,『類解』「語錄解」와 比較했다. 鄭堤文(1990)은『三合切音』과『類解』의 語彙를 對照했다. 金芳漢(1966), 李聖揆(1998)은『三學譯語』「語錄解」와『類解』「語錄解」를 比較했다.

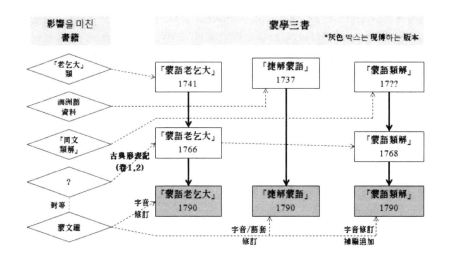

끝으로 本論에서의 未備点도 짚어보자.

性急한 一般化의 誤謬가 없어야 한다. 이를테면 初期表記分布 모델을 세우고 變化量을 測定하는 과정에서 除外된 例外들을 解明해야 한다. 여기에는 出現頻度가 높으면서 古典形으로만 나타나는 +G類型의 joɣos,[56] 口語形으로도 나타나는 나머지類型의 單語들을[57] 비롯하여, 卷1,2에서 口語形으로 나타나는 그룹D의 單語와 나머지卷에서 古典形으로 表記된 그룹C의 單語가 해당된다.[58] 이에 대해서까지 明確히 解明한다면 改訂에 따른 表記變化의 疑問点뿐만 아니라 당시 口語의 特徵까지도 한층 精巧하게 밝혀낼 수 있다.

資料를 充分히 찾아보지 못했다. 蒙文表記體系의 古典形 轉換은 더 밝혀

---

56) joɣos가 全卷에서 34回 出現한다. 對譯에서 낫돈(銅錢)으로 對應하는 이 單語는『蒙老』에서의 出現頻度는 높지만 實際 使用頻度가 낮지 않았을까 생각해 본다.

57) 나머지類型이 全部 古典形으로만 나타나는 것은 아니다. 8개가 口語形으로도 出現하는데 일부는 +G類型과 마찬가지로 卷1,2에서 古典形으로 修訂된 것으로 보이나, 그룹B의 ača, qana, degel/del, keü는 口語形으로만 나타난다. 이중 唯獨 qana는 卷1,2에서도 登場하는데 修訂되지 않은 이유가 疑問으로 남는다. 卷1 첫 句節에서부터 登場한다. "蒙老는 口語로 表記된 敎材다"라는 '先入見'을 갖도록 크게 寄與(?)한 듯싶다.

58) 原來부터 2가지 方式으로 表記된 單語의 可能性을 排除할 수 없다. 發音이 변해가는 過渡期의 單語로도 볼 수 있다. 그룹C/D의 데이터를 다시 綿密히 分類하여 比較하면 端緒가 보일 수 있다.

채워야 한다. 古典몽골語를 배우면서 한글맞춤법만큼 論理的이고 一貫性 있는 正書法에 놀랐다. 십여 명의 學者들이 수년간 백여 차례 회의를 거쳐 정해진 한글맞춤법인데 몽골語도 이 못지 않았을 것이라는 생각을 갖게 되었다. 過去의 傳統表記로 돌아가자라고 쉽게 決定되어 저절로 자리잡은 것이 아니라는 것이다.

그리고 1790年 蒙學三書 重刊에 관한 硏究들에서 檢討한 項目들을 모두 適用해『蒙語老乞大』각 卷別로 다시 살펴 볼 必要가 있다. 세 가지 項目만을 檢討한 本稿의 追加 檢證作業일뿐더러 또 다른 變化를 밝힐 機會를 提供할지도 모른다. 1766年 改訂의 結果物인 重訂版이 卷1,2 以外에서도 多數 發見된 것으로 보아 卷1,2에서만 修訂한 것이 아님을 알 수 있다. 나머지卷에서 表記 외에 어떤 修訂이 있었는지 밝힐 수 있는 端緒가 나올 수 있다. 이를 위해『蒙語老乞大』出典 單語들의 活用形態別 出現頻度를 整理해 두었다.

<參考文獻>

資料:『蒙語老乞大』, 서울대학교奎章閣韓國學硏究院, 2006

資料:『蒙語類解』, 弘文閣, 1995

金芳漢(1965),「三田渡碑蒙文에 관하여」,『東亞文化4』:58-96, 서울大學校東亞文化硏究所

_____(1966),「『三學譯語』,『方言集釋』考」,『白山學報1』:91-132, 白山學會

_____(1967),「韓國의 蒙古語資料에 관하여」,『亞細亞學報 第3集』:125-146, 亞細亞學術硏究會

成百仁(1999),「淸朝의 淸文鑑 編纂」,『새국어생활9 第1號』:145-157, 國立國語硏究院

松岡雄太(2005a),「蒙語老乞大의 重刊에 關한 一考察」,『國語學46』:355-391, 國語學會

_____(2005b),「捷解蒙語와 滿洲語 資料의 關係」,『알타이學報15』:55-70, 알타이學會

_____(2006),「蒙学三書の編纂過程-"語套"の観点から見た"蒙文鑑"-」,『日本モンゴル学会紀要36』:35-47, 日本モンゴル学会

宋基中(2001),『The Study of Foreign Languages in the Choson Dynasty(1392-1910)』, 지문당

_____(2006),「朝鮮時代 蒙古語 學習과 蒙學三書」,『蒙語老乞大』:1-43, 서울대학교奎章閣韓國學硏究院

王福淸(2002),『Moŋγol kel surqu bičig』, 內蒙古人民出版社

延圭東(1999), 「蒙語老乞大 刊行 時期에 관한 몇 問題」, 『알타이學報9』:135-146, 알타이學會

李基文(1964), 「『蒙語老乞大』 研究」, 『震檀學報』:365-425, 震檀學會

_____(1967), 「蒙學書 研究의 基本 問題」, 『震檀學報31』:89-113, 震檀學會

李聖揆(1997), 「捷解蒙語의 蒙古語 研究」, 『몽골學5』:31-91, 韓國몽골學會

_____(1998), 「蒙古語 語錄解 研究」, 『東洋學28』:89-125, 檀國大府設東洋學研究所

_____(2002), 『蒙學三書의 蒙古語 研究』, 檀國大學校出版部

鄭光(1990), 「蒙學三書의 重刊에 對하여-高麗大學校 所藏의 木版을 中心으로」, 『大東文化研究25』:29-45, 大東文化研究院

___(2014), 『朝鮮時代의 外國語 敎育』, 김영사

鄭堤文(1990), 「『蒙語類解』와 『御製滿洲蒙古漢字三合切音淸文鑑』의 語彙對照」, 『알타이學報3』:57-116, 알타이學會

Лувсанжав, Ч.(1992), 『Moŋɣol bičig-ün qadamal toli』, Улаанбаатар хот

Нэргүй, Ч.(2008), 『Bosoɣ_a bičig Монгол бичгий н сурах бичиг』, Улаанбаатар хот

Озава, Ш.(2002), 『Монголын Нууц Товчооны Ертөнц』, Олон Улсын Монгол Судлалын Холбоо

Bawden, C.(1997), 『Mongolian-English Dictionary』, Columbia University Press

Fromkin, V.(2013), 『An Introduction to Language 10th edition』, Wadsworth

□ 성명 : 권일우(權一又)
　　주소 : Mongolian State University of Education, Sukhbaatar District, Ulaanbaatar City, Mongolia
　　전화 : +976-9518-7231
　　전자우편 : kwoniru@gmail.com

□ 이 논문은 2016년 10월 28일 투고되어
　　　2016년 11월 15일부터 11월 30일까지 심사하고
　　　2016년 12월 10일 편집회의에서 게재 결정되었음.

韓國의 譯學書 研究
－回顧와 展望－

鄭丞惠

(韓國, 水原女大)

<Abstract>

Researches on *Yeokhakso* have been revitalized according to new data-finding; for example, discovery of a Chinese Text-Original *Nogeoldae* and Japanese Text-Revised *Cheophaeshino*. Also, the increase in the number of foreign students consequent on globalization has also brought revitalization of researches on *Yeokhakso*. It's because there is a strong point in setting the historical data of the relevant mother tongue as a subject of a paper. In addition, researches and cooperation of native-using speakers and great China region have become a driving force which serves to brisk researches on *Yeokhakso*.

The forthcoming *Yeokhakso* research should be developed in the direction as follows:

First, it's necessary to overcome the data research bias.

Second, Interpretation & annotation work of data on *Yeokhakso* should be preceded. For the data on *Yeokhakso*, understanding of the relative foreign language is essential. When a researcher comes to understand the relevant contents through interpretation & annotation of data, the researcher gets to be able to accumulate a lot more research achievements.

Third, there is the necessity of having to do interdisciplinary research for researches(historical and cultural research) from diverse aspects.

Fourth, it's necessary to continuously do new data-finding and research work.

Fifth, it's necessary to make efforts to lead a new generation's desire for research work.

Key Words : Yeokhakso, globalization, interdisciplinary research, new generation

1. 緒言

譯學書의 硏究는 小倉進平(1920) 『朝鮮語学史』 以後부터 本格的으로 이루 어졌다고 해도 過言이 아니다. 本稿의 主題가 "韓國의 譯學書 硏究 – 回顧와 展望"이므로 여기서는 韓國에서 出刊된 硏究를 주된 對象으로 한다.

　硏究目錄의 작성은 2009年 以前 硏究는 鄭丞惠·遠藤光曉 等編(2009) 『訳学書文献目録』을 基本으로 하고, 以後의 硏究는 2016年 7月까지의 硏究目錄을 部分的으로 追加作成하였다. 目錄作成을 위해 檢索한 엔진은 다음과 같다.

DBPIA http://www.dbpia.co.kr/
KISS(韓國學術情報) : http://search.koreanstudies.net/
KyoboScholar(교보 스콜라) http://scholar.dkyobobook.co.kr/
eArticle(學術敎育院) http://www.earticle.net/
KERIS(韓國學術情報敎育院) http://www.riss.kr/index.do
KSI Kiss(韓國學術情報) : http://search.koreanstudies.net/
위의 검색 엔진에서 찾아지지 않는 논저도 가능한 한 반영하려 했으나, 필자 가 미처 찾지 못한 논문도 있을 것으로 생각한다. 본 연구 목록을 중심으로 추후 보완해 나가기로 하겠다.

2. 譯學書 硏究現況

전술한 바와 같이 本稿는 그동안 韓國에서 이루어진 譯學書의 硏究 現況을 살피고자 하는 目的을 가지고 있다. 주로 韓國에서 發刊된 出版物을 中心으로 譯學書 關聯 硏究目錄을 작성하였으며, 작성된 연구목록을 토대로 하여 다음 과 같이 크게 두 가지 측면에서 분석하였다.

첫째, 司譯院 四學의 學別 연구 현황을 考察하였다. 현재까지 진행된 연구 가운데, 總論 및 學別 硏究 分布와 具體的인 對象을 살펴보았다.

둘째, 年代別, 專攻別 硏究 分布를 살펴보았다. 어느 시기에 어떤 전공의 연구자들이 관심을 가지고 연구했는지, 그 원인도 가능하면 살펴보았다.

2.1. 學別 硏究 現況

우선 譯學書 硏究의 總數는 1,253 篇(論文 및 著書 包含)으로, 參與 學者 433 名이다. 이 가운데 四學 전체를 다룬 總論이 72편, 漢學이 529편, 蒙學 74편, 倭學이 467편, 淸學(女眞學)이 111편이었다. 전체 비율로는 漢學의 연구가 가장 많았고(42%), 倭學(37%) > 청학(여진학)(9%) > 몽학(6%) > 총론(6%)의 순이었다.(표1, 그림1 참조)

이 가운데 가장 많은 비중을 차지한 漢學의 경우, 總論이 41편, 譯註 및 解說이 20편(老乞大, 朴通事), 索引·資料가 8편을 차지했다.

개별문헌의 연구를 살펴보면, 가장 많은 비중을 차지하는 「老朴」의 연구는 『老乞大』,『朴通事』의 총론을 다룬 연구가 21편, 『老乞大』 77편,『朴通事』 27편,『老朴集覽』이 16편이었다. 音韻의 硏究는 『(飜譯)老乞大』·『(飜譯)朴通事』의 연구가 21편,『老乞大諺解』·『朴通事諺解』에 대한 연구가 8편,『重刊老乞大諺解』·『朴通事新釋諺解』의 연구가 8편이었다. 이 가운데 聲調에 대한 연구는 12편이다.『老朴』의 文法 및 語彙 연구는 49편이다.『老朴』의 韓國語에 대한 硏究는 109편, 기타 연구가 11편이다.

『노박』이외의 문헌 연구는『伍倫全備記』의 경우, 譯註가 1편, 관련 硏究가 20편 있다.『華音啓蒙(諺解)』의 연구는 16편,『華語類抄』 3편,『譯語類解』 및 『譯語類解補』에 대한 연구가 19편이다.『語録解』 8편,『吏文』·『吏文輯覽』·『吏文續集輯覽』 관련 연구가 12편, 其他 漢語學習書에 대한 연구는 17편이다. 漢學의 通事 및 譯官에 대한 연구는 5편이 있다.

蒙學의 硏究는 總論 19편,『蒙語老乞大』를 대상으로 한 譯註·索引이 2편, 언어의 硏究가 18편이었고,『蒙語類解』는 26편,『捷解蒙語』 3편,『三學譯語』 중 蒙語 부분의 연구가 6편이었다.

倭學의 硏究는 漢學 다음으로 많은 연구를 했는데, 한국어 전공자와 일본어

전공자의 연구가 구분된다. 總論이 49편, 通事·譯學者 의 연구가 17편이다. 구
체적인 자료의 연구로 들어가면, 『伊路波』 4, 『海東諸國記』의 「語音飜譯」 부분
의 연구가 7편이다. 가장 많은 연구는 왜학서의 대표격인 『捷解新語』이다. 譯
註·解題가 2편, 이에 대한 硏究가 182편이나 된다. 『方言類釋』의 연구는 19편;
『三學譯語』 중 倭學부분의 연구가 4편, 『倭語類解』는 50편이다. 『隣語大方』은
解題·索引이 1편, 硏究가 19편이다. 근대 시기의 일본어 교재 또는 한국어 교재
라 할 수 있는 『交隣須知』의 연구도 많은데, 解題·資料가 3편, 硏究는 80편이나
된다. 『全一道人』은 7편, 『漂民對話』은 解題가 1편, 硏究가 8편이 있다. 기타
일본어 자료에 대한 연구도 15편이나 된다.

清學書는 總論이 24편, 『同文類解』에 대한 연구가 15편, 『清語老乞大』는 譯
註 索引이 3편, 硏究가 9편이다. 『小兒論·八歲兒』는 解題 1편, 硏究 11편이고,
『漢清文鑑』은 索引 5편, 硏究 23편이다. 其他 資料는 9편이다.

[표 1] 譯學書 硏究 全體 現況(2016年 7月 現在)

分類	出刊 論文(著書)數	比率
總論	72	6 %
漢學	528	42 %
蒙學	74	6 %
倭學	467	37 %
清學	111	9 %

[그림 1] 譯學書 全體 硏究 比率(2016年 7月 現在)

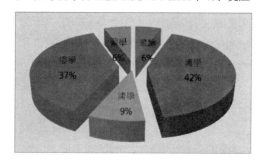

2.2. 年代別 研究 現況

역학서의 연대별 연구를 살펴보면 매우 흥미로운 사실을 발견할 수 있다. 새로운 자료의 발굴 또는 발견이 그 분야 연구에 매우 큰 영향을 미치는 것을 알 수 있다. 漢學書의 경우, 원본 『老乞大』의 발견이 그렇고, 倭學書의 경우는 『改修捷解新語』의 발견이 그렇다.

漢學書 研究의 年代別 分布를 살펴보면 다음 [표 2]와 같다. 이 표에서 드러나는 특징적인 현상은 1990년대 이후의 연구가 그 이전에 비해 급격하게 많아졌다는 것이다. 이는 대한민국이 1992년 8월부터 중화민국과 단교하고 중화인민공화국과 수교를 시작한 것과 무관하지 않은 것으로 보인다.

[표 2] 漢學書 研究論著(1935-2016.7)

年代	研究論著
1998-2016	320
1990-1997	90
1980-1989	63
1970-1979	34
1960-1969	15
1935-1959	5

漢學書의 연대별 연구에서 또 하나 특징적인 사항은 전공(학문)별로 연구성과가 다르다는 것인데, 이는 1998년을 기점으로 바뀌는 것을 알 수 있다.

[그림 2] 漢學書의 年代別 研究(韓國語 專攻) [그림 3] 漢學書의 年代別 研究(中國語 專攻)

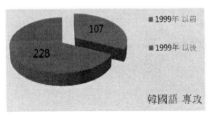

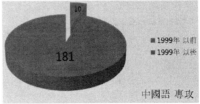

1998년은 原本『老乞大』가 세상에 알려진 해이며, 1999년부터 본격적으로 이에 대한 연구가 시작되었다. 원본『老乞大』의 發見은 漢學書 硏究의 불을 당겼으며 中國語 學界에서도 譯學書에 큰 관심을 보이면서 관련 연구가 활발하게 진행되었다.

蒙學書의 硏究는 1980년 이전이 12편, 1980년 이후가 62편이다(1980년을 기준으로 한 이유는 따로 없다). 이 가운데 몽골인이 한국에서 쓴(학위)논문이 2006년 이후에 4편인데, 이는 한국의 글로벌화로 한국으로 유학을 온 학생들의 논문이 나오기 시작하는 시점이기도 하다.

[그림 4] 蒙學書의 年代別 硏究   [그림 5] 倭學書의 年代別 硏究(전체)

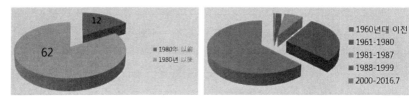

倭學書의 경우, 연대별 연구는 아래 [그림 5]와 같다. 1988년을 기점으로 급속히 연구 성과가 많아진 것을 알 수 있고, 2000년 이후의 연구 성과가 절반 이상을 차지한다.

왜학서의 전공별 연구에서도 특이한 현상이 보이는데, 한국어 전공의 경우, 1988년 이전에는 26편이었던 것이 그 이후에는 126편으로 약 5배 늘어났다.

日本語 專攻은 더 큰 변화를 보이는데 1988년 이후의 연구가 거의 20배나 늘어났다.

[그림 6] 倭學書의 年代別 硏究(韓國語 專攻) [그림 7] 倭學書의 年代別 硏究(日本語 專攻)

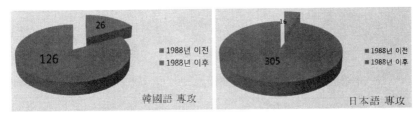

이러한 현상은 1988년의 『改修 捷解新語』의 발견과 영인·출판, 한일 양국의
활발한 유학생 교류 등을 원인으로 들 수 있다.

淸學書 硏究도 漢學書 연구와 마찬가지로 1990년대 초에 이루어진 中華人
民共和國과 修交 시작과 맥을 같이한다.
年代別로는 1990년이전과 이후로 나누어 보았는데, 다음 [그림 8]과 같다.

[그림 8] 淸學書의 專攻別 硏究　　　　　[그림 9] 淸學書의 年代別 硏究

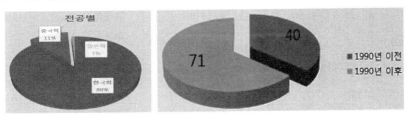

전공별로 보면, 한국학 98 편, 中國學 12편, 일본학 1편 등이고 그 비율은
다음 [그림 9]와 같다.
청학서의 연구는 특히 2010년 고려대학교의 만주학 연구소 창설 이후 젊은
학자들의 연구가 활발하게 이루어지고 있다는 점이 고무적이다.

2.2. 硏究字別 硏究 現況

調査된 譯學書 硏究 總數는 1,253 篇(論文 및 著書 包含)으로, 硏究者 總數가
433 名이다. 이 가운데 日本語 專攻은 大部分 學位論文을 쓰기 위한 前段階의

研究가 많고, 中國語 譯註(老乞大 / 朴通事)는 몇 개의 논문으로 나누어 出刊된 경향이 있다. 이를 다시 가나다순으로 정리하면 [표 3]과 같고, 이를 다시 연구 자별로 정리하면 [표 4]와 같다.

[표 3] 연구자별 논저 편수(가나다順)

연구자(가나다순)	논저편수	전공
權董顯	15	일본어학
金亮鎭	18	한국어학
梁伍鎭	25	중국어학
李基文	13	한국어학
李東郁	10	일본어학
朴泰權	10	한국어학
裵錫柱	13	일본어학
成百仁	12	중국어학
成嘻慶	13	일본어학
愼鏞權	15	중국어학
延圭東	10	한국어학
李陸禾	12	중국어학
鄭光	77	한국어학
鄭丞惠	50	한국어학
齊藤明美	24	일본어학
趙堈熙	17	일본어학
崔彰完	16	일본어학
片茂鎭	27	일본어학
韓美卿	12	일본어학
洪允杓	11	한국어학

[표 4] 연구자별 논저 편수

연구자	논저편수
鄭光	77
鄭丞惠	50
片茂鎭	27
梁伍鎭	25
齊藤明美	24
金亮鎭	18
趙堈熙	17
崔彰完	16
權董顯	15
愼鏞權	15
李基文	13
裵錫柱	13
成嘻慶	13
成百仁	12
李陸禾	12
韓美卿	12
洪允杓	11
李東郁	10
朴泰權	10
延圭東	10

3. 譯學書 研究 傾向 및 提言

3.1. 韓國의 譯學書 研究 傾向

이상에서 살펴본 바와 같이, 譯學書의 研究는 새로운 資料의 發掘에 따라 活性化가 이루어졌다. 漢學書 原本『老乞大』의 發見과 倭學書『捷解新語』改修本의 發見을 들 수 있다.

GLOBAL化에 따른 外國人 留學生의 增加도 譯學書 研究의 활성화를 가져왔다. 논문의 주제로 해당 모국어의 역사적 자료를 대상으로 할 수 있다는 장점이 있기 때문이다. 또한 原語民 話者, 中華圈의 研究와 協力도 譯學書 研究를 활발하게 한 원동력이 되었다.

3.2. 韓國의 譯學書 研究에 대한 提言

앞으로의 譯學書 研究는 어떻게 이루어져야 하는가.

첫째, 資料 研究의 偏向性을 克服해야 한다. 기존의 연구를 보면 몇 가지 자료에 연구가 치우쳐 있는 것을 알 수 있다. 아직도 연구되지 않은 많은 자료가 있으므로 이에 대한 심도 있는 연구가 요구된다.

둘째, 譯學書 資料의 譯註 作業을 活性化해야 한다. 역학서 자료는 해당 외국어의 이해가 필수적이다. 자료의 역주를 통하여 그 내용을 이해하게 되면 더 많은 연구 업적을 쌓을 수 있게 된다.

셋째, 譯學書는 多樣한 側面에서의 研究(歷史 文化的 研究)가 가능하다. 따라서 학제간 연구도 필요하다.

넷째, 新資料의 發掘과 研究가 지속적으로 이루어져야 한다. 아직도 발견되지 않은 역학서 자료들이 많이 남아있다. 이들을 발굴해 내는 것도 연구자들의 몫이다.

다섯째, 새로운 世代의 研究 欲求 牽引을 위한 노력이 필요하다. 譯學書 研究는 어려운 것이라는 先入見을 깨고 후속 세대가 연구에 관심을 기울일 수 있도록 선배 연구자들이 도움을 줄 수 있어야 한다.

韓國의 譯學書 關聯 研究目錄

1. 總論

崔鉉培(1942)『한글갈(正音學)』京城:正音社;(1982)『改正正音學』서울:正音文化社

金貞玉(1956)「高麗時代의 教育制度에 對한 一考察」『梨花女大七十周年紀念論文集』.

姜信沆(1966)「李朝時代의 譯學政策에 關한 考察-司譯院, 承文院設置를 中心으로 하여
　　　　　-」『大東文化研究』2:1-31.

閔丙河(1957)「高麗時代의 教育制度-特히 國子監을 中心으로-」『歷史教育』2:152-170.

金龍德(1959)「高麗光宗朝의 科舉制度問題」『中央大論文集』4/1:141-152.

金敏洙(1964)『新國語學史』서울:一潮閣.

金鐘圓(1965)「<通文館志>의 編纂과 重刊에 對하여-田川氏説에 對한 몇가지 存疑-」『
　　　　　歷史學報』26:180-194.

姜信沆(1966)「李朝初期譯學者에 關한 考察」『震檀學報』29·30:520-534.

姜信沆(1966)「李朝中期以後의 譯學者에 對한 考察」『成均館大學校論文集』11:43-58.

李洪烈(1967)「雜科試取에 對한 考察-特히 燕山君以後에 있어서의 醫·譯·籌學의 境遇-」
　　　　　『白山學報』3:323-378.

鄭光(1970)「司譯院譯書의 表記法研究」『國語研究』25.

金龍卿·都守熙(1974)「李朝時代의 語學機關研究」忠南大學校『論文集』13/1:73-89.

金炯秀(1976)「異民族의 接觸과 異邦語政策(上)」曉星女子大『國文學研究』5:87-134.

元永煥(1977)「朝鮮時代의 司譯院制度」『南溪曺佐鎬博士華甲紀念論叢』.

姜信沆(1978)『李朝時代의 譯學政策과 譯學者』서울:塔出版社

鄭光(1978)「司譯院譯書의 外國語의 発音轉寫에 就いて」『朝鮮學報』89:107-116.

李覲洙(1979)『朝鮮朝의 語文政策研究』서울:開文社;改訂版(1987)서울:弘益大學
　　　　　校出版部.

李建衡(1980)「朝鮮王朝의 譯學教育」大邱教育大『論文集』16:241-263.

Song, Ki Joong(1981, 82)The Study of Foreign Languages in the Yi Dynasty. Journal
　　　　　of Social Sciences and Humanities 54: 1-45; 55: 1-63; 56:1-57.

林東錫(1982)『朝鮮譯學考』國立臺灣師範大學國文研究所博士論文;(1983)서울:亞細
　　　　　亞文化社

林東錫(1982)「「朝鮮譯學考」提要」『백석趙文濟教授回甲紀念論文集』.

金良洙(1983)「朝鮮後期譯官에 關한 一研究」『東方學志』39:31-63.

金良洙(1983)「朝鮮後期譯官家門의 研究-金指南·金慶門等牛峰金氏家系를 中心으로하
　　　　　여-」『白山學報』32:97-152.

鄭光·韓相權(1985)「司譯院과 司譯院譯學書의 變遷研究」『德成女大論文集』14:169-234.

宋基中(1985, 87)「『經國大典』에 보이는 譯學書書名에 對하여(1, 2)」『國語學』14：
　　　　　115-148；16：151-175.

金良洙(1986)『朝鮮後期의 譯官身分에 關한 研究』서울：延世大學校大學院.

金炫榮(1987)「朝鮮後期中人의 家系와 經歷-譯官川寧玄氏家古文書의 分析-」『韓國文
　　　　　化』8：103-134.

白玉敬(1988)『朝鮮前期譯官의 性格에 對한 一考察』梨花女子大學校碩士論文.

白玉敬(1988)「朝鮮前期譯官의 性格에 對한 一考察」『梨大史苑』22-23：415-449.

安美璟(1989)『朝鮮朝譯學書의 版種에 關한 研究』成均館大學校碩士論文.

鄭光(1989)「譯學書의 刊板에 對하여-日本京都大學所藏司譯院木板을 中心으로-」『周
　　　　　時經學報』4：104-113.

鄭光(1990)『朝鮮朝譯科試券研究』(大東文化研究叢書10)서울：成均館大學校出版部.

鄭光(1991)「司譯院譯學書의 近代國語資料的性格」檀國大學校付設東洋學研究所『東洋
　　　　　學學術會議講演』21：25-34；(1992)『東洋學』22：263-272.

姜信沆(1992)「世祖朝부터 中宗朝까지의 譯學者」『李圭昌博士停年紀念國語國文學論
　　　　　叢』33-52.

鄭光(1992)「譯科試券研究의 諸問題-朝鮮朝後期의 譯科試券을 中心으로-」『精神文化
　　　　　研究』15/1：109-122.

鄭光·尹世英·宋基中(1992)「高麗大學校博物館所藏司譯院冊板」『省谷論叢』23：2305-2387.

洪允杓(1993)「國漢會語」「朴通事新釋諺解」「方言類釋」「隣語大方」「漢語抄」『國語史文
　　　　　獻資料研究(近代篇I)』59-71；144-159；160-169；350-361；439-442.
　　　　　서울：太學社

姜信沆(1993)「韓·日兩國譯官에 對한 比較研究」成大人文科學研究所『人文科學』23：
　　　　　33-52. 서울：新丘文化社.

전윤주(1993)『朝鮮後期 譯官의 身分과 그 役割』梨花女子大學校碩士論文.

宋基中(1997)「譯學書研究의 現況과 問題(一)」韓國精神文化研究院『韓國語文』5：119-192.

鄭丞惠(1998)「司譯院譯學書에 對한 基礎的研究」第4回國語史資料研究會겨울研究會
　　　　　發表文.

鄭光(1998)「高麗大博物館所藏의 司譯院譯學書冊板研究」『1998國語史資料研究會 겨
　　　　　울共同研究會發表要旨』國語史資料學會.

鄭光·尹世英(1998)『司譯院譯學書冊板研究』(人文社會科學叢書17)서울：高麗大學校出
　　　　　版部【紹介：古屋昭弘(2001)「李氏朝鮮譯學研究의 高まり」『東洋學報』
　　　　　83/1：84-90】.

鄭光(1998)「日本에있는 國語史資料研究資料-東京大學小倉文庫所藏資料를 中心으로
　　　　　-」『學術振興財團1998研究結果概要報告書』學術振興財團.

鄭光(1999) 「譯學書硏究の諸問題」『朝鮮學報』170 : 29-66.

白應鎭(1999) 『韓國語歷史音韻論』서울 : 博而精.

安秉禧(2000) 「『通文館志』의 刊行과 그 史料檢證」『奎章閣』23 : 47-70.

姜信沆(2000) 『韓國의 譯學』서울 : 서울大學校出版部.

鄭在永(2000) 「譯學書資料에 對하여」『二重言語學』17 : 301-338.

鄭光(2000) 「外國國語史資料硏究(1)-日本의 東京大學圖書館小倉文庫와 駒澤大學金澤·
        江田文庫所藏資料를 中心으로-」『國語史資料硏究』國語史資料學會.

白玉敬(2000) 『朝鮮前期譯官硏究』梨花女子大學校博士論文.

鄭光(2001) 「國語史資料硏究(2)-日本의 京都大學과 大東急記念文庫所藏資料를 中心
        으로-」『國語史資料硏究』2 : 39-82. 國語史資料學會.

鄭光(2001) 「從試卷看朝鮮王朝의 譯科制度-以滿語、蒙古語、漢語考試答案用紙爲中心」
        『飜譯と文化史』硏究會(京都)論文.

Song, Ki Joong(2001)The Study of Foreign Languages in the Choson Dynasty(1392-1910).
        Seoul: Jimoondang Publishing Company.

鄭光(2002) 『譯學書硏究』서울 : J&C.

鄭丞惠(2002) 「韓國에서의 外國語敎育에 對한 歷史的 考察」『二重言語學』21 : 286-312.

鄭丞惠(2003) The History of Foreign Language Education in Korea. Explorations
        in Korean Language and Linguistics 51-71. ICKL.

金良洙(2003) 「朝鮮後期의 敎誨譯官『敎誨聽先生案』의 分析을 中心으로」『朝鮮時代史
        學報』24 : 79-143.

李相揆(2004) 「朝鮮後期川寧玄氏家의 譯官活動」『韓日關係史硏究』20 : 197-239.

이효민(2004) 『司譯院의 職制와 外交機能』朝鮮大學校碩士論文.

박용운(2005) 「高麗時期의 通文館(司譯院)에 對한 檢討-漢語都監、譯語都監、吏學都監、
        漢文都監과도 關聯하여-」『韓國學報』31/3 : 2-23.

朴成柱(2006) 「麗末鮮初通事의 職能과 그 性格」『慶州史學』24·25 : 249-267.

鄭光他(2006) 『譯學書와 國語史硏究』서울 : 太學社

鄭光(2006) 「譯學書와 國語史 硏究」『譯學書와 國語史硏究』43-65. 서울 : 太學社

朴眞完(2006) 「京都大學河合文庫所藏司譯院關聯古文書」『譯學書와 國語史硏究』215-245.
        서울 : 太學社

박미영(2006) 「譯學書의 文體特徵硏究」『譯學書와 國語史硏究』247-292. 서울 : 太學社

梁伍鎭(2006) 「朝鮮時代多重言語辭典類에 對하여」『譯學書와 國語史硏究』67-87. 서
        울 : 太學社

梁伍鎭(2006) 「朝鮮時代外國語辭典類에 對한 考察」『中國學硏究』37/1 : 271-292.

김윤제(2006) 「奎章閣所藏『通文館志』의 刊行과 板本」『奎章閣』29 : 61-92.

李迎春(2007) 「『通文館志』의 編纂과 朝鮮後期韓中關係의 性格」『歷史와 實學』33：
       121-161.

金良洙(2007) 「朝鮮後期牛峰金氏의 成立과 發展-繼全公派의 金指南等中人을 中心으로-」『歷史와 實學』33：5-78.

박찬식(2008) 『유해류 역학서 연구1』서울：역락

鄭光(2009) 「朝鮮半島での外國語敎育とその敎材」『譯學과 譯學書』創刊號 1-22. 譯學書學會

鄭丞惠(2011) 「譯學書類의 譯註 方法論 硏究」『국어사연구』12:49-74

鄭丞惠(2011) 「麗末鮮初의 漢語 敎育과 元代의 童蒙 敎育」『譯學과 譯學書』2:67-93

김성주(2012) 「역학서 언해와 조선의 외국어 교육」『한국어문학연구』59:51-93

최동권외(2013) 「18세기 동북아시아 언어 교류 -이른바 사역원『노걸대』류를 중심으로-」『인문학연구』23:37-82

鄭光(2014) 『朝鮮時代의 外國語敎育』서울:김영사

윤혜영(2015) 「18세기 전기 외국어 학습서에 나타난 인용구조 연구」『한말연구』36:105-137

2. 漢學
2.1. 總論

鄭光(1971) 「司譯院譯學書의 表記法硏究-漢學書을 中心으로-」『國語硏究』25.

安秉禧(1979) 「中世語의 한글資料에 對한 綜合的인 考察」『奎章閣』3：109-147；(1992) 「中世國語의 한글資料」『國語史資料硏究』497-556. 서울：文學과 知性社.

日下恒夫(1980) 「『朝鮮資料』の中國語」『關西大學東西學術硏究所所報』32：1-2.

姜信沆(1984) 「世宗朝의 語文政策」『世宗朝文化硏究』Ⅱ：3-59. 韓國精神文化硏究院.

呂燦榮(1987) 「經書類諺解의 飜譯學的研究」『韓國傳統文化硏究』3：115-216.

鄭光(1987) 「朝鮮朝의 譯科漢學과 漢學書-英正祖代의 譯科漢學試券을 中心으로-」『震檀學報』63：33-72.

鄭光(1988) 「李朝後期的譯科試卷考-譯科漢學, 淸學試卷──」『第五屆韓國語硏究任務前景會議論文集』韓國硏究學會.

呂燦榮(1988) 「朝鮮朝口訣文과 諺解文의 性格硏究」『國文學硏究』11：27-65.

宋基中(1990) 「漢學書에 登場하는 中國語의 價値」基谷姜信沆敎授回甲紀念論文集刊行委員會編『國語學論文集』97-104. 서울：太學社.

劉明章(1993) 「朝鮮歷代漢語文敎學與硏究考略」胡明揚主編『第四國際漢語敎學討論會會論文選』.

朴在淵(1994) 「朝鮮時代漢朝詞典」『李允中敎授停年紀念中國學論集』615-639. 서울：

學古房.

朴在淵(1994) 「朝鮮時代中國小說戲曲詞典」『中國小說論叢』3：304-351.

姜信沆(1994) 「高麗時代의 韻學과 譯學」『우리말 研究의 샘터(연산都守熙先生華甲紀念論叢)』541-557.

朴在淵(1995) 「朝鮮時代中國語詞典」『中國語文論叢』8：381-410.

董明(1999) 「明代朝鮮人的韓語學習」『北京師範大學學報(社會科學版)』1999/6：81-87.

鄭丞惠(2000) 「司譯院漢學書의 基礎的 研究」『藏書閣』3：167-213.

梁伍鎭(2000) 「韓國에서의 中國語譯官養成에 對한 歷史的考察」『中國言語研究』11：59-91.

梁伍鎭(2000) 「中國語會話敎科書에 對한 歷史的考察」德成女大『人文科學研究』5：149-170.

張馨實(2000) 『近代國語母音에 關한 研究：司譯院譯學書를 中心으로』高麗大學校博士論文.

朴京淑(2000) 『試論韓國朝鮮時代的漢語敎學』北京語言文化大學碩士論文.

김지윤(2000) 『朝鮮後期中國語試驗研究：評價領域을 中心으로』梨花女子大學校碩士論文.

金永壽(2001) 『朝鮮中世漢文飜譯本의 言語史的研究』延邊大學碩士論文；서울：圖書出版 亦樂.

汪維輝(2002) 「朝鮮時代漢語敎科書與近代漢語研究」延世大學校『人文科學』84：81-99.

위진(2002) 『朝鮮時代漢字學習書의 國語音韻表記研究』全南大學校博士論文.

鄭光(2003) 「朝鮮時代中國語敎育과 敎材」『中國에서의 韓國語敎育과 敎材 및 二重言語敎育發表論文集』二重言語學會·國際高麗學會·北京外國語大學.

呂燦榮(2003) 「朝鮮朝諺解書의 飜譯批評的研究」『배달말』33：239-262.

金媛熙(2004) 「歷史上的漢語-朝鮮語辭書」『辭書研究』2004/2：132-139.

李得春(2004) 「朝鮮王朝的外語敎育和華語學習」『二重言語學』25：1-20.

梁伍鎭(2004) 「早期中國語辭典의 種類와 特徵에 對하여」『中國學報』50：135-159.

鄭丞惠(2004) 「韓國에서의 漢語敎育과 敎材의 歷史的槪觀」『國語史研究』4：123-171.

柳明佑(2004) 「韓國飜譯史에서 본 朝鮮朝諺解飜譯」『飜譯學研究』5/2：69-91.

기수진(2004) 『朝鮮朝司譯院의 中國語敎育研究』韓國外國語大學校碩士論文.

鄭光·梁伍鎭(2005) 「朝鮮時代의 中國語敎育과 그 評價-朝鮮英祖46年(1770), 47年(1771)에 施行한 譯科漢學初試, 覆試試券을 中心으로」德成女子大學校人文科學研究所『人文科學研究』9：129-147.

신상필(2006) 「漢語學習으로 본 小說環境」『東方漢文學』30：369-393.

高光一(2007) 『朝鮮時代中國語敎育研究：譯官養成 및 敎材를 中心으로』東國大學校碩士論文.

梁伍鎭(2007)「朝鮮時代中國語譯官選拔을 爲한 出題書와 評價方式」『中國語文論譯叢刊』19：31-49.

朱星一(2008)「朝鮮時代學習用中國語와 明代官話의 性質」『中國文學硏究』36：207-246.

梁伍鎭(2008)『老乞大朴通事硏究』서울:제이엔씨

박성원(2009)『老乞大諺解辭典』서울:태학사

박성원(2010)『飜譯朴通事辭典』서울:태학사

梁伍鎭(2010)『漢學書硏究』서울:박문사

鄭丞惠(2010)「『捷解新語』諸本의 編纂과 改修」『譯學과 譯學書』1:113-153

鄭丞惠(2011)「麗末鮮初의 漢語 敎育과 元代의 童蒙 敎育」『譯學과 譯學書』2 :67-93

金亮鎭·張馨實(2012)「원나라 거주 고려인을 위한 漢語 교육-『朴通事』의 편찬 목적과
    교육 대상을 중심으로」『진단학보』114: 277-305

박성원(2015)『朴通事新釋辭典』서울:태학사

판루신(2015)『노걸대, 박통사 고대중국어 연구』서울:부크크

2.2. 譯註 및 解說

a. 老乞大

(舊本)老乞大

鄭光譯注(2004)『原本老乞大』서울：김영사.

(飜譯)老乞大, 老乞大諺解

國語史資料研究會(1995)『譯注飜譯老乞大』서울：太學社

鄭光(2006)『譯注 飜譯老乞大와 老乞大諺解』서울:新丘文化社

鄭光(2010)『(譯註) 原本老乞大』서울:박문사

李陸禾(2015)『原本老乞大 新註新譯』서울:신아사

b. 朴通事

(飜譯)朴通事【存卷上】

장숙영(2008)『飜譯朴通事(上)註釋』서울：韓國文化社

王霞·유재원·최재영(2012)『譯註朴通事諺解』서울:학고방

解說本：정승혜·김양진·장향실·서형국(2010)『박통사, 원나라 대도를 거닐다』서울:
    박문사

李陸禾(2011)「朴通事新註新譯(一)」『中國學論叢』33:173-203

李陸禾(2011)「朴通事新註新譯(二)」『中國學論叢』34:265-294

李陸禾(2012)「朴通事語彙註釋」『중국인문과학』51:129-157

李陸禾(2012)「朴通事新註新譯(四)」『中國學論叢』37:335-367

李陸禾(2013)「朴通事新註新譯(五)」『中國學論叢』39:465-492
李陸禾(2013)「朴通事新註新譯(六)」『中國學論叢』41:351-380
李陸禾(2014)「朴通事新註新譯(七)」『中國學論叢』44:235-263
李陸禾(2015)「朴通事新註新譯(八)」『中國學論叢』48:223-257

朴通事諺解
장숙영(2008)『박통사언해류』서울:韓國文化社
王霞·유재원(2006-08)「『朴通事諺解』譯註(1-4)」韓國外國語大學校『中國研究』37:
　　　　　217-237；40：207-224；42：83-100；
王霞·최재영(2008)「『朴通事諺解』譯註(5)」『中國語文論譯論叢刊』23：589-612

c. 老朴集覽
譯注：鄭光·梁伍鎭(2011)『老朴集覽譯註』서울: 태학사

2.3. 索引·語料
全在昊(1973)「老乞大諺解索引」『語文學』28：129-176；29：81-110.
白應鎭(1997)『老乞大』서울：韓國文化社【『飜譯老乞大』、『老乞大諺解』、『淸語老乞
　　　　　大』、『蒙語老乞大』諺解部分의對照本】.
徐尚揆(1997)『飜譯老乞大語彙索引』(古語資料研究叢書1)서울：博而精.
徐尚揆(1997)『老乞大諺解語彙索引』(古語資料研究叢書2)서울：博而精.
徐尚揆(1997)『平安監營重刊老乞大諺解語彙索引』(古語資料研究叢書3)서울：博而精.
徐尚揆(1997)『重刊老乞大諺解語彙索引』(古語資料研究叢書4)서울：博而精.
鄭光·南權熙·梁伍鎭(2000)「舊本『老乞大』對照」『元代漢語本『老乞大』』211-347. 慶北大
　　　　　學校出版部.
장숙영(2008)『朴通事諺解語類(上)』서울：韓國文化社

2.4. 「老朴」研究
2.4.1. 總論
a. 老乞大·朴通事
鄭光(1974)「飜譯老乞大朴通事凡例研究」韓國全國國語國文學17次大會發表論文.
李敦柱(1989)「「飜譯老乞大·朴通事凡例」攷I」全南大『語文論叢』10·11：311-345；(1988)
　　　　　「「飜譯老乞大·朴通事凡例」攷II」全南大湖南文化研究所『湖南文化研究』
　　　　　18：1-29；「飜譯老乞大·朴通事凡例」攷；(2003)『韓中漢字音研究』
　　　　　323-397. 서울：太學社

張京姬(1993)「老乞大·朴通事의 諺解本」『國語史資料와 國語學의 硏究(安秉禧先生回甲紀念論叢)』209-230. 서울 : 文學과 知性社

金武林(1998)「『飜譯老乞大朴通事』凡例의 새김과 解說」『韓國語學』7 : 63-98.

鄭光(2000)「『老朴集覽』과 『老乞大』·『朴通事』의 舊本」『震檀學報』89 : 155-188.

洪允杓·鄭光(2001)「司譯院漢學書의 版本硏究(1)-『老乞大』,『朴通事』의 成立과 그 變遷을 中心으로-」『韓國語學』14 : 283-332.

石朱娟(2003)『老乞大와 朴通事의 言語』(國語學叢書47)서울 : 太學社

양영희(2003)「『飜譯朴通事』와『飜譯老乞大』바로읽기를 爲한 提言」『우리말글』29 : 155-172.

梁伍鎭(2005) 「試論『老乞大』·『朴通事』的文化史價值」嚴翼相·遠藤光曉編『韓國的中國語言學資料研究』91-128. 서울 : 學古房 ; (2005)『中國語文論叢』28 : 1-26.

신용권(2007)『『老乞大』,『朴通事』諸刊本에 나타난 漢語 문법 변화 硏究 : 漢語의 성격 규명과 文法化 현상을 중심으로』서울대학교박사논문(언어학과)

梁伍鎭(2008)『漢學書老乞大朴通事研究』서울 : J&C.

廉載雄(2009)「從入聲字看『飜譯老乞大』,『飜譯朴通事』左右音在近代漢語中的地位」『中國語文學論集』58:165-187

신용권(2011)「「번역노걸대·박통사」에 나타난 정속음의 개념에 대한 재검토」『한글』293:83-115

盧相峰(2011)『反譯漢語教法的仲介語特性研究: 以朝鮮傳統漢語教科書『原本 翻譯老乞大·朴通事』為例』경성대석사논문

이순미(2012)「『노걸대(老乞大)』,『박통사(朴通事)』및 원잡극한어(元雜劇漢語)에 보이는 몽골어의 영향」『中國語文論叢』52:1-19

이순미(2012)「『노걸대(老乞大)』,『박통사(朴通事)』를 위한 어휘사전 『음의(音義)』에 대한 고찰」『중국어문논총』53:1-24

정윤철(2012)「老乞大·朴通事의 문법 연구 방법론에 대한 제언」『外大論叢』38:5-19. 釜山外國語大學

신용권(2012)「『번역노걸대·박통사』의 한어음 표기와 관련된 몇 가지 문제에 대하여」『언어학』62:33-65

鄭光(2013)「老乞大와 朴通事」『인문언어』15-3:11-57

張馨實(2013)「『飜譯老乞大朴通事凡例가 부재된 原本『飜譯老乞大』,『飜譯朴通事』에 대한 연구」『한국어학』61:283-306

신용권(2013)「老乞大와 朴通事의 諺解書에 나타난 漢語音의 방언배경 연구」『중국언어연구』47:91-118

王霞(2013)「『朴通事谚解』中的名量词浅探」『中國學研究』65:207-225

범노신(2014)『≪老乞大≫, ≪朴通事≫의 漢語 補語 構造 硏究』서울대박사논문(언어학과)

b. 老乞大

方鍾鉉(1935)　「한글硏究圖書解題」『한글』20：20-22；21：17-18；23：17；25：12-1
　　　　　　　3；26：16-17；27：6-7；(1963)『一簑國語學論集』271-284. 서울：民
　　　　　　　衆書館【包括三韻通考和老乞大諺解】.

方鍾鉉(1946)　「老乞大諺解」『한글』95：37-47；(1963) 『一簑國語學論集』327-339. 서
　　　　　　　울：民衆書館.

方鍾鉉(1946)　「老乞大諺解의 影印原本과 訂正本과의 比較」『한글』96：42-55；(1963)『
　　　　　　　一簑國語學論集』340-359. 서울：民衆書館.

閔泳珪(1964)　「老乞大辨疑」『人文科學』12：201-209.

張基槿(1965)　「奎章閣所藏漢語老乞大 및 諺解本에 對하여」『亞細亞學報』1：57-68.

李基文(1969)　「老乞大」『韓國의 古典百選』【『新東亞』1969/1附錄】194-196. 서울：東
　　　　　　　亞日報社.

南廣祐(1972)　「新發見인 崔世珍著「飜譯老乞大」卷上을 보고-語學的인 側面에서 그 文
　　　　　　　獻的價値를 論함-」『國語國文學』55-57：203-212；(2007)『蘭汀南廣祐
　　　　　　　文集I國語學과 國語敎育』381-393. 서울：月印.

南廣祐(1972)　「飜譯老乞大解題」『飜譯老乞大卷上』서울：中央大學校大學院；(1975)『
　　　　　　　飜譯老乞大 卷下』仁川：仁荷大學校附設人文學硏究所.

朴泰權(1974)　「老乞大諺解硏究」『釜山大論文集』18/1：1-16.

金完鎭(1978)　「朱點本重刊老乞大諺解에 對하여」『奎章閣』2：79-88.

노하덕(1981)　『老乞大諺解와 華音啓蒙諺解의 形態比較』成均館大學校碩士論文.

金文雄(1984)　「重刊『老乞大諺解』解題」『重刊老乞大諺解』1-10. 弘文閣.

崔起鎬(1985)　「『老乞大』類硏究의 몇 가지 問題」『祥明大學校論文集』15：71-89.

辛漢承(1990)　『老乞大의 諺解本硏究』成均館大學校博士論文.

金完鎭(1992)　「重刊老乞大諺解의 硏究」『韓國文化』13：19-53.

鄭光(1995)　　「飜譯老乞大解題」國語史資料硏究會譯注『譯注飜譯老乞大』21-31. 서울：
　　　　　　　太學社.

朴泰權(1996)　「崔世珍의『老乞大諺解』硏究」『世宗學硏究』10：3-17.

安秉禧(1996)　「『老乞大』와 그 諺解書의 異本」『人文論叢』35：1-20.

鄭丞惠(1998)　「平壤版老乞大諺解序文譯註」『文獻과 解釋』3：125-135.

鄭丞惠(1998)　「老乞大新釋序文譯註」『文獻과 解釋』4：144-155.

鄭光(1998)　　「新發掘譯學書資料元代漢語『舊本老乞大』」『第25回共同硏究會個人硏究發
　　　　　　　表文』國語學會.

金亨培(1998)「老乞大諺解解題」『國語史講讀選』한말研究學會.

鄭光(1999)「新發見『老乞大』について」大阪市立大學文學部講演提綱.

鄭光(1999)「譯學書資料研究의 몇 問題：漢學書『舊本老乞大』와 倭學書『倭語類解』를 中心으로」『延世大國學研究院講演要旨』.

梁伍鎭(1999)「새로 發掘된 元代漢語老乞大의 文獻的價値에 對하여」中央民族大學『朝鮮學』.

鄭光·南權熙·梁伍鎭(1999)「元代漢語『老乞大』」『國語學』33：3-68；鄭光(1999)「元代漢語の『舊本老乞大』」『開篇』19：1-23；鄭光·南權熙·梁伍鎭(2000)「元代漢語『舊本老乞大』-新發掘譯學書資料『舊本老乞大』-」『元代漢語本『老乞大』』83-124. 慶北大學校出版部；鄭光·梁伍鎭·南權熙·鄭丞惠(2000)「原刊『老乞大』解題」『{原刊}『老乞大』研究』1-32. 北京：外語教育與研究出版社；鄭光·梁伍鎭·鄭丞惠(2002)「原本老乞大解題」『原本老乞大』1-32. 北京：外語教育與研究出版社.

梁伍鎭(2000)「『老乞大』諸刊本의 漢語文」『21世紀國語學의 課題(솔미鄭光敎授回甲紀念論叢)』395-422. 서울：月印.

김성란(2001)「『飜譯老乞大』와 『老乞大諺解』의 表記法對照」祥明大『紫霞語文論集』16.

鄭丞惠·南權熙·梁伍鎭(2001)「『元刊老乞大』와『直解孝經』의 言語」國語史資料學會『國語史研究』2：5-38.

鄭光(2001)「『老乞大』의 成立과 그 變遷」『2001 가을研究會主題發表論文資料集』韓國言語學會；(2002)Pathways into Korean Language and Culture. 서울：博而精.

玉泳晟(2001)「漢文本『老乞大』解題」嶺南大『民族文化論叢』24：217-319.

金武植(2002)「飜譯老乞大諺解文의 正誤」『文學과 言語』24：1-36.

金文京(2002)「『老乞大』-高麗時代의 中國語教科書」『月刊韓國文化』268：26-29.

鄭光·金文京·佐藤晴彦(2002)「解説」『老乞大-朝鮮中世の中國語會話讀本-』(東洋文庫699)349-384. 東京：平凡社【書評：古屋昭弘(2002)『開篇』21：268-272；大島吉郎(2002)「元代"中國(語)通"への指南書」『東方』261：26-29】.

鄭光(2003)A Study on Nogeoldae, Lao Chita by Analyzing some Dialogue Situations in its Original Copy. Gregory K. Iverson Sang-Cheol Ahn(eds) Explorations in Korean Language and Linguistics 31-49. Seoul: Hankook Publishing Co.

陳高華(2002)「舊本『老乞大』書後」『中國史研究』1：123-130.

梁伍鎭(2003)「『原本老乞大』의 文化史的價値에 對하여」『中國學報』47：43-65.

梁伍鎭(2003)「『老乞大』의 文化史的價値에 對한 考察」『中國에서의 韓國語教育과 教材

及 二重言語敎育發表論文集』二重言語學會·國際高麗學會·北京外國語大學

鄭光(2004) 「解題」『原本老乞大』422-532. 서울 : 김영사.

鄭光(2004) 「朝鮮時代中國語敎育과 敎材-『老乞大』를 中心으로-」『二重言語學』24 : 21-43 ; (2004) 「朝鮮時代的漢語敎育與敎材-以<老乞大>爲例-」『國外 漢語敎學動態』5.

鄭丞惠(2004) 「外國語敎材로서의 『老乞大』」『二重言語學』26 : 291-328.

류기수(2005) 「『老乞大』의 몇 가지 問題에 關하여」『中國學硏究』33 : 211-230.

金文雄(2005) 「『老乞大諺解』의 顯宗版(1670)과 英祖版(1745)에 對한 比較硏究」『國語 史硏究』5 : 7-48.

愼鏞權(2006) 「『老乞大』가 反映하는 漢語의 性格에 對하여」嶺南中國語文學會『中國語 文學』48 : 537-572.

김현주·정경재(2006) 「飜譯『老乞大』, 刪改『老乞大』, 『老乞大諺解』의 漢文原文對照」鄭 光他『譯學書와 國語史硏究』293-335. 서울 : 太學社

鄭光(2006) 「山氣文庫所藏刪改『老乞大』에 對하여」韓國語文敎育硏究會『語文硏究』13 3 : 7-29.

鄭光(2006) 「嘉靖本<老乞大>의 欄上朱記에 對하여」『國語史硏究』6 : 19-48.

柳岳梅(2007) 「論『老乞大』的商務漢語敎學特徵及其啓示」『韓中言語文化硏究』12 : 25-37.

鄭光(2007) 「漢語敎材『老乞大』의 場面分析」『國語學』49 : 225-252.

장은경(2007) 『現代中國語敎育觀點에서 본 『老乞大』分析』慶熙大學校碩士論文.

烏雲高娃(2008) 「朝鮮司譯院"漢學"與『老乞大』」遠藤光曉·嚴翼相編 『韓漢語言硏究』 35-50. 서울 : 學古房.

古屋昭弘(2008) 「『老乞大』與『賓主問答』」遠藤光曉·嚴翼相編『韓漢語言硏究』101-109. 서울 : 學古房.

신아사(2009) 「『老乞大』諺解本 중의 中古 入聲字 韻尾 '몽'에 대하여」『中國學硏究』 50:81-103

李禾範(2009) 「原本『老乞大』의 명령어기표현 分析考」『中國語文論譯叢刊』24:477-506

李禾範(2010) 「元代 漢語敎材 原本『老乞大』의 特指疑問文 유형과 특성 고찰」『인문학 논총』15:21-51; 경성대학교 인문과학연구소

鄭丞惠(2010) 「東洋文庫所藏 漢文本 <老乞大>의 新發掘」『文獻과解釋』52:236-257

鄭丞惠(2011) 「新發掘 華峯文庫所藏 <老乞大>에 대하여」『<포럼>그림과책 논문집』1 :237-258

이윤자(2012) 「『老乞大』異本에 따른 表記와 內容의 變化 比較 : 漢語本과 飜譯·諺解本 의 각 樣相을 중심으로」『語文論集』52:85-124.

鄭丞惠(2012) 「嶺南大 所藏『老乞大(古貴727)』의 자료적 특성에 대하여」『민족문화논

총』51:161-187

최재영 서지은(2012)「'不要'의 연원 고찰 : 양상논리와 『老乞大』4종 판본의 문법화를
　　　　　중심으로」『中國語敎育과硏究』:307-331

韓美鏡(2012)「국내연구자의『노걸대』연구 및 판본활용에 대한 계량적 분석」『서지학
　　　　　연구』51:445-471

韓美鏡(2012)「『노걸대(老乞大)』언해본에 대한 서지적 연구」『서지학연구』52:323-352

李陸禾(2010)「原本老乞大語彙註釋(一)」光州大『人文科學』10輯

李陸禾(2015)「原本老乞大新註新譯(八)」『CHINA연구』18:47-76

c. 朴通事

末松保和(1943)「朴通事諺解解題」『朴通事諺解』(奎章閣叢書第8)1-3. 京城帝國大學法
　　　　　文學部 ; (1997)『末松保和朝鮮史著作集6·朝鮮史と史料』152-154. 東京：
　　　　　吉川弘文館.

劉昌惇(1960)「朴通事考究」『人文科學』5：1-37.

閔泳珪(1966)「朴通事의 著作年代」『東國史學』9·10：5-9.

金永信(1966)「朴通事(上)의 整理<國語學의 資料整理>」『한글』136：28-58 ; 137：
　　　　　41-63.

金永信(1968)『朴通事의 硏究』釜山大學校碩士論文.

金永信(1969)『朴通事(上)의 硏究』東亞大學校碩士論文.

李鉉奎(1974)「朴通事諺解硏究」嶺南大學校『國語國文學硏究』16.

金永信(1976)「『朴通事 上』의 硏究」東亞大學校『國語國文學』1：72-90.

趙奎尙(1984)「飜譯朴通事에 나타난 談話性」『牧泉兪昌均博士還甲紀念論文集』673-695.
　　　　　大邱：啓明大出版部.

김원석(1990)『朴通事諺解와 朴通事新釋諺解의 比較硏究』慶北大學校碩士論文.

梁伍鎭(1995)「朴通事編纂小考-漢語原文을 中心으로-」『韓國語學』2：247-264.

鄭丞惠(1998)「朴通事諺解序文譯註」『文獻과 解釋』5：143-151.

金亨培(1998)「朴通事諺解解題」『國語史講讀選』한말硏究學會.

鄭丞惠(2003)「『朴通事新釋』,『朴通事新釋諺解』의 刊行에 對한 一考察」『國語史資料와
　　　　　口訣-口訣學會, 國語史資料學會共同全國學術大會發表論文集』; (2004)「『
　　　　　朴通事新釋(諺解)』의 刊行에 對한 一考察」『語文硏究』32/1：63-83.

이정일(2003)「『飜譯朴通事(上)』에 나타난 中國語表記法의 歷史的 理解」『語文硏究』4
　　　　　0：29-50.

유수정(2003)「『『朴通事』의 敎材性格硏究 : 文化敎育의 側面을 中心으로」』韓國外國語
　　　　　大學校碩士論文.

박청희(2007) 「『朴通事』類 文體硏究」『한말硏究』21 : 107-126.

張馨實(2008) 「『飜譯朴通事』編纂者에 對한 再考」民族語文學會『語文論集』57 : 121-144.

張馨實(2008) 「『飜譯朴通事』의 編纂者」『國語史資料와 音韻硏究』137-161. 서울 : 보고사.

장숙영(2008) 『<노걸대>·<박통사> 언해류에 나타난 한국어 이음씨끝의 통시적 연구』 건국대박사논문

金亮鎭(2009) 「『朴通事』에 등장하는 몇몇 난해 지명에 대하여」『지명학』15:33-61

金亮鎭·張馨實(2009) 「『박통사(朴通事)』의 지명 연구1 -대도 성내(城內)를 중심으로」『한국어학』45:141-174

梁伍鎭(2010) 「『노걸대(老乞大)』,『박통사(朴通事)』에 보이는 숙어(熟語)의 표현에 대하여」『中國學論叢』30:53-78

金亮鎭(2011) 「『朴通事』上의 몇몇 난해어들」『한성어문학』30:171-195

金亮鎭(2012) 「(번역)『박통사』(上)의 명사류 난해어에 대하여」『국어사연구』13: 239-266

양린린(2012) 『『박통사』번역 문헌류에 나타난 오류 양상 분석』 전남대석사논문

孟柱億(2013) 「漢語教材『朴通事』的編寫特點」『중국어문학논집』78:81-91

金亮鎭·余彩麗(2014) 「『박통사(朴通事)』內 難解 漢語의 語彙史的 硏究」『중국언어연구』52 : 21-47

金亮鎭·張馨實(2014) 「(번역)『박통사』(상)의 난해어」『국어국문학』166: 5-29

d. 老朴集覽

李丙疇(1965) 「老·朴集覽考究」『東國大學校論文集·人文科學篇』2 ; 李丙疇編校(1966)『老朴集覽考』서울 : 進修堂

朴泰權(1967) 「『老·朴集覽』小考」『國語國文學』34·35 : 198-200.

朴泰權(1968) 「老朴集覽研究」『李崇寧博士頌壽紀念論叢』255-268. 서울 : 乙酉文化社.

李丙疇(1972) 「月印釋譜第十七과 '老朴集覽'補缺紀實」『東岳語文論集』8 : 263-290.

金裕範(1997) 「『老朴集覽』의 落張復原에 關한 研究」『國語國文學』119 : 109-130.

金裕範(1999) 「『老朴集覽』의 成立에 對하여」『國語史資料研究』서울 : 太學社.

鄭光(2000) 「『老朴集覽』과 『老乞大』『朴通事』의 舊本」『震檀學報』89 : 155-188.

金裕範(2000) 「『老朴集覽』의 成立에 對하여 : 音義, 質問, 譯語指南의 性格糾明을 通하여」國語史資料學會『國語史研究』1.

梁伍鎭(2001) 「『老朴集覽』을 通해 본 元代語 成份」『中國言語研究』12 : 153-180.

곽진영(2004) 「『老朴集覽』의 「單字解」,「累字解」研究」韓國外國語大學校碩士論文.

정윤철(2006) 「『老朴集覽』에 보이는 "語助", "語助辭", "助語辭"의 쓰임 研究」『中國學研究』35/1 : 213-234.

金裕範(2010) 「노박집람(老朴集覽)중 '박통사집람(朴通事集覽)'과 『박통사언해(朴通

事諺解)』협주(夾註)의 비교 연구」『어문논집』62:119-142

梁伍鎭(2011) 「『老朴集覽』과 표제어에 대하여」『中國言語研究』37:

梁伍鎭(2012) 「『老朴集覽』에 보이는 인용 예문과 참고 문헌 고찰1：『字解』와 『老乞大
集覽』을 중심으로」『중국학보』65:

梁伍鎭(2012) 「『老朴集覽』에 보이는 인용 예문과 참고 문헌 고찰2：『朴通事集覽』(上)
을 중심으로」『국어사연구』15:

梁伍鎭(2013) 「『老朴集覽』에 보이는 인용 예문과 참고 문헌 고찰3：『朴通事集覽』(中·
下)을 중심으로」『국어사연구』17:. 271-300

梁伍鎭(2015) 「최세진의 輯覽類 사전에 대하여：『老朴集覽』과 『吏文輯覽』을 중심으로」
『한국사전학』11:150-176

2.4.2. 音韻
a. 飜譯老乞大·飜譯朴通事

兪昌均(1967) 「朴通事諺解의 中國音에 對한 考察」『嶺南大學校論文集』1/2：1-12.

鄭光(1970) 「司譯院譯書의 外國語表記法研究：飜譯朴通事를 中心으로」【111頁】 서
울大學校碩士論文.

姜信沆(1974) 「飜譯老乞大·朴通事의 音系」『震檀學報』38：123-150；(1983)『國語學資
料論文集』1音聲學·音韻論13-40. 서울：大提閣；(2003)『韓漢音韻史研
究』471-523. 서울：太學社

鄭光(1974) 「飜譯老乞大朴通事의 中國語音表記研究-四聲通解歌韻內諸字의 中聲表記
를 中心으로-」『國語國文學』64：1-26.

康寔鎭(1986) 「『飜譯老乞大朴通事』의 右音聲母體系」 大韓中國學會 『中國語文論集』
3：111-132.

李得春(1990) 「飜譯朴通事의 中國語標音에 對한 初步鑒別」『朝鮮學研究』Ⅲ. 延邊大學
出版社；(1990)『二重言語學』7(第2回國際學術大會：中國에서의 韓國
語敎育2)：311-325.

李莊熙(1991) 『飜譯老乞大漢語韻母의 表記法研究』慶北大學校碩士論文.

김선옥(1991) 「『飜譯老乞大』와 『老乞大諺解』의 音韻體系變遷研究」建國大『中原語文』7.

鄭光(1991) 「飜譯老乞大朴通事凡例의 國音·漢音·諺音에 對하여」『서울大語學研究所國
際學術會議』.

李長熙(1992) 『飜譯老乞大漢語韻母의 表記法研究』慶北大學校碩士論文.

張馨實(1994) 「『飜譯老乞大』의 中國語 注音에 對한 研究』高麗大學 校碩士論文.

鄭光(1995) 「飜譯老朴凡例의 國音·漢音·諺音에 對하여」『大東文化研究』30：185-208.

李鍾九(1996) 「『老乞大、朴通事』漢語語音研究』復旦大學博士論文.

진지연(2002)『飜譯老乞大의 表記法과 音韻研究』慶星大敎育大學院.

金武植(2003)「飜譯老乞大의 表記와 音韻」『文學과 言語』25 : 19-46.

愼鏞權(2004)「飜譯老乞大』에 나타난 左側音의 性格에 對하여」『中國文學』42 : 243-269.

崔玲愛(2006)「『飜譯老乞大』入聲字의 訓民正音表記研究』『中國語文學論集』37 : 83-119.

柳在元(2006)「『飜譯老乞大』,『朴通事』中國語表音에 關한 考察-變則의 類型을 中心으로-」『中國學研究』36 : 27-74.

김명금(2008)『『飜譯老乞大』의 漢字音과 中國現代漢字音對比』全北大學校碩士論文.

김은희(2010)「捲舌音 생성시기에 관한 논의와 한계 -『朴通事新釋諺解』『華音啓蒙諺解』에 나타난 捲舌音 對譯音 표기와『音沖』의 捲舌音과 관련하여」『中國語文學論集』61 : 67-82

엄지(2014)『조선시기 역학서 분석을 통한 中古 知莊章系 성모의 통시적 연구』이화여대석사논문

b. 老乞大諺解·朴通事諺解

朴泰權(1974)「老乞大諺解研究」『釜山大學校論文集(人文社會科學編)』18 : 1-16.

金仁經(1974)「『老乞大』의 中國音表記法研究』서울大學校碩士論文.

林東錫(1977)『老乞大朴通事의 譯音과 諸韻書와의 關係』建國大學校碩士論文 ; (1977, 79)『國語敎育』31 : 23-47 ; 34 : 173-205.

姜信沆(1978)「老乞大·朴通事諺解內字音의 音系」『東方學志』18 : 61-86 ; (2003)『韓漢音韻史研究』525-559. 서울 : 太學社

安世鉉(1988)「『老乞大諺解』와『朴通事諺解』의 表音을 通한 16-17世紀中國漢字音體系에 對한 考察」『朝鮮語文』72 : 22-27.

李得春(1992)「『老·朴諺解』의 中國語借用語와 그 沿革」『한글』215 : 5-28.

李得春(1992)「老乞大、朴通事諺解朝鮮文注音」『延邊大學學報(社會科學版)』1992/1 : 85-93.

愼鏞權(1994)『老乞大諺解의 漢字音研究-以18世紀刊本的左右字音爲中心-』서울大學校碩士論文 ; (1994)서울大『言語學研究』22.

愼鏞權(1996)「18世紀刊本老乞大諺解의 漢語音轉寫에 對하여」서울大『言語研究』14 : 53-75.

c. 重刊老乞大諺解·朴通事新釋諺解

姜信沆(1978)「『朴通事新釋諺解』內字音의 音系-18世紀北京音系의 片貌」『學術院論文集(人文·社會科學篇)』79-102 ; (2003)『韓漢音韻史研究』561-601. 서울 : 太學社

愼鏞權(1995) 「『漢清文鑑』의 漢語音表記에 對하여-『朴通事新釋諺解』와의 比較를 中心으로-」서울大學校言語研究會『言語研究』10-12：57-79.

李鍾九(1999) 「新釋本『朴通事諺解』의 漢語語音」韓國外國語大學校外國學綜合研究센타 中國研究所『中國研究』23：169-180.

愼鏞權(1999) 「老乞大新釋諺解의 漢語音研究」『言語의 歷史(成百仁敎授停年退任紀念論文集)』455-480. 서울：太學社

李政桓(2002) 『重刊老乞大諺解의 中國語音韻體系研究』韓國外國語大學校碩士論文.

柳在元(2003) 「老乞大新釋諺解의 中國語聲母表音體系에 關한 考察」『中國研究』32：31-48.

愼鏞權(2003) 「『漢清文鑑』의 漢語音表記에 對하여-『朴通事新釋諺解』와의 比較를 中心으로」『言語研究』10/12：57-79.

金周弼(2013) 「口蓋音化의 擴散 過程과 『老乞大新釋諺解』의 特異性」『한국학논총』39：379-409

d. 聲調

金完鎭(1973) 『中世國語聲調의 研究』(韓國文化研究叢書11)서울：韓國文化研究所(1977) 서울：塔出版社.

朴泰權(1973) 「老乞大諺解研究-崔世珍의 聲調說을 中心하여-」『文敎部研究報告書(語文學系2)』서울；(1983) 『國語學資料論文集1音聲學·音韻論』513-527. 서울：大提閣.

吳鐘甲(1988) 「16世紀國語漢字語의 聲調型」『國語音韻의 通時的研究』241-295. 大邱：啓明大學校出版部【(1974)『16世紀國語聲調研究』嶺南大學校碩士論文(153頁)】.

菅野裕臣(1977) 「司譯院漢學書에 記入된 近世中國語聲調表記」李崇寧先生古稀紀念國語國文學論叢刊行委員會編『李崇寧先生古稀紀念國語國文學論叢』405-416. 서울：塔出版社

康寔鎭(1980) 「老乞大朴通事研究(I)-調値說을 中心으로-」釜山大學校『文理科大學論文集』19.

康寔鎭(1982) 「老乞大朴通事研究(II)-入聲字의 派入樣相을 中心으로-」『人文論叢』(釜山大學校)22：41-59.

李敦柱(1989) 「飜譯老乞大·朴通事의 漢音上聲變調에 對하여」『周時經學報』3：89-102.

李敦柱(1989) 「飜譯老乞大·朴通事의 漢音調値에 對하여」韓國國語學會『國語學』18：42-63.

權仁瀚(1995) 「＜老·朴＞在右音傍點變動例의 考察」『南鶴李鍾徹先生回甲紀念韓日語學

論叢』341-359. 서울 : 國學資料院
李鍾九(1997) 「『飜譯老乞大·朴通事』所反映的漢語聲調調值」『古漢語研究』1997/4 : 36-40.
최범용(1998) 『飜譯老乞大·朴通事의 聲調體系研究』延世大學校碩士論文.
朱星一(2007) 「『飜譯老乞大·朴通事』에 나타난 中國語入聲의 性質考察」『中國言語研究』24 : 185-207.

2.4.3. 文法·語彙
黃碧麗(1974) 『老乞大朴通事諺解研究-特히 虛詞을 中心으로하여-』成均館大學校碩士論文.
康寔鎭(1982) 「老乞大朴通事研究(III)-原刊에서 新釋重刊까지의 語法變化研究(1)-」『中國語文學』5 : 185-208.
尹正鉉(1983) 「朴通事研究」『中國文學研究』1/1 : 45-75.
許成道(1987) 「重刊老乞大에 보이는 中國語語法에 對한 研究」서울大學校東亞文化研究所『東亞文化』25 : 31-87.
朴淑慶(1990) 「老乞大朴通事에 보이는 接尾辭 兒과 子의 研究」『中語中文學』12 : 351-389.
이육회(1991) 『近代漢語代詞用例演變考：老乞大, 朴通事, 朴通事新釋, 重刊老乞大, 華音啓蒙을 中心으로』國民大學校碩士論文.
서미란(1994) 『老乞大의 特殊助詞研究』忠南大學校碩士論文.
유영기(1997) 「老乞大漢語에 對한 考察」京畿大學校『論文集』41/1 : 15-40.
梁伍鎭(1998) 「老乞大·朴通事의 漢語文性格에·對한 研究」『韓國語學』8/1 : 207-236.
梁伍鎭(1998) 『老乞大朴通事研究：漢語文에 보이는 語彙와 文法의 特徵을 中心으로』高麗大學校博士論文.
梁伍鎭(1998) 『老乞大朴通事研究』서울 : 太學社
李泰洙(2000) 「『老乞大』四種版本從句句尾助詞研究」『中國語文』2000/1 : 47-56.
李泰洙(2000) 「古本、諺解本『老乞大』裏方位詞的特殊功能」『語文研究』2000/2 : 30-38.
李泰洙(2000) 「古本『老乞大』的語助詞"有"」『語言敎學與研究』2000/3 : 77-80.
李泰洙(2000) 「『老乞大』四種版本語法專題比較研究」『元代漢語本『老乞大』』125-145. 慶北大學校出版部.
劉性銀(2000) 「『老乞大』,『朴通事』에 보이는 "的"와 "着"의 用法考察」『中國言語研究』10 : 1-22.
劉性銀(2000) 「『老乞大』·『朴通事』의 複文에 對하여」『人文科學研究』5 : 329-352.
梁伍鎭(2000) 「論元代漢語『老乞大』的語言特點」『民族語文』2000/6 : 1-13 ; (2000)『中國言語研究』10 : 145-178.

劉性銀(2001) 『老乞大·朴通事語法研究』延世大學校博士論文.

劉勳寧(2001) 「新發現的『老乞大』裏的句尾"了也"」『中國語文研究』2001/1：93-94.

王霞(2002) 『『老乞大』四版本詞滙研究』韓國外國語大學校博士論文.

王建軍(2003) 「『老乞大』和『朴通事』存在句的對比研究」大邱大學校『人文藝術論叢』26：
111-128.

金光照(2002) 「老乞大에 나타난 "將/把"字文의 文法化研究」『中語中文學』30：1-20.

李泰洙(2003) 『『老乞大』四種版本語言研究』北京：語文出版社【書評：竹越孝(2004)「
中國語北方方言の通時的研究のために」『東方』285：39-43】.

愼鏞權(2003) 「『老乞大』에 나타난 後置詞에 對하여」嶺南中國語文學會『中國語文學』1
2：523-546.

랑홍매(2003) 『『老乞大』의 제 刊本을 通해 본 中國語의 文法變化樣相：『舊本老乞大』
와『飜譯老乞大』를 中心으로』서울大學校 碩士論文.

劉性銀(2003) 「近代中國語類義語小考-『老乞大』,『朴通事』에 보이는 常用動詞를 中心
으로-」『中國言語研究』16：107-131.

王霞(2003) 「『老乞大』詞彙研究瑣記」韓國外國語大學校 外國學綜合研究센타 中國研究
所『中國研究』32：131-142.

文盛哉(2003) 「近代漢語의 家/價研究-元代雜劇을 中心으로-」『中國語文論叢』25：
21-49.

소은희(2004) 「"古本"『老乞大』中的選擇問句」『中國語文論叢』26：25-41.

劉性銀(2004) 「『老乞大』·『朴通事』에 보이는 常用動詞類義語」延世中國語學研究모임『
中國語學의 主體探求』429-454. 서울：韓國文化社

張林濤(2004) 「『朴通事諺解』與『朴通事新釋』"來"字比較研究」『中國學研究』28：445-467.

王霞(2004) 「『老乞大』中"賣買"相關的幾條詞的變遷」『中國學研究』29/1：547-562.

蘇恩希(2004) 「"古本"『老乞大』中的選擇問句」『中國語文論叢』26：25-44.

王霞(2005) 「『老乞大』四版本中的稱謂系統淺探」嚴翼相·遠藤光曉編『韓國的中國語言
學資料研究』161-202. 서울：學古房.

崔宰榮(2005) 「『老乞大』4版版本副詞研究」『中國學研究』33/1：231-258.

김미랑(2005) 『『老乞大』4種版本前置詞研究』韓國外國語大學校碩士論文.

최욱(2005) 『『老乞大』의'V着'研究』韓國外國語大學校碩士論文.

鄭潤哲(2005) 『老乞大方向動詞研究』韓國外國語大學校博士論文.

愼鏞權(2005) 「『老乞大』에 나타난 語順變化에 對하여-文法化(Grammaticalization)를
中心으로-」嶺南中國語文學會『中國語文學』45：641-673.

遠藤雅裕(2005) 「『老乞大』四種版本裡所見的人稱代詞系統以及複數詞尾」嚴翼相·遠藤
光曉編『韓國的中國語言學資料研究』203-233. 서울：學古房.

金和英(2006) 「『飜譯老乞大』에 나타난 動補構造考察」『中國學』27 : 109-126.

이수진(2006) 「『老乞大』處置文의 把/將字研究」『中國學』27 : 85-107.

愼鏞權(2006) 「『老乞大』에 나타난 漢語統辭變化의 類型과 原因에 對하여」『中國文學』48 : 199-225.

정수현(2006) 「『老乞大』에 나타난 名詞句內包文의 變化」建國大學校碩士論文.

愼鏞權(2007) 「『老乞大』,『朴通事』諸刊本에 나타난 漢語文法變化研究 : 漢語의 性格究明과 文法化現象을 中心으로」서울大學校博士論文.

金初演·崔宰榮(2007) 「『老乞大』4種板本의 ‘將’字小考」『中國語文論譯叢刊』19 : 3-29.

遠藤雅裕(2008) 「淺談『老乞大』各版本中的非完成體標誌-以「着」和「呢」爲中心」遠藤光曉·嚴翼相編『韓漢語言研究』75-101. 서울 : 學古房.

이윤선(2008) 『舊本『老乞大』語氣詞의 用法과 發展』明知大學校碩士論文.

김정림(2008) 「『老乞大』四種版本의 助詞的, ‘得’研究」韓國外國語大學校碩士論文.

이주은(2008) 「『老乞大諺解』,『朴通事諺解』의 ‘是’字構文分析」淑明女子大學校碩士論文.

최재영·김초연(2008) 「『老乞大』4種版本의 "得", "的"考察」『中國研究』42 : 145-163.

2.4.4. 「老朴」의 韓國語 研究

李基文(1964)Mongolian Lorn-words in Middle Korean. Ural-altaische Jahrbücher 35 : 188-197 ; (1991) 「中世國語의 蒙古語借用語」『國語語彙史研究』123-139. 서울 : 東亞出版社

李基文(1965) 「近世中國語借用語에 對하여」『亞細亞研究』8/2 : 193-204 ; (1991) 『國語語彙史研究』214-226. 서울 : 東亞出版社

南豐鉉(1968) 「中國語借用에 있어 直接借用과 間接借用의 問題에 對하여-初刊「朴通事」를 中心으로하여-」『李崇寧博士頌壽紀念論叢』213-223. 서울 : 乙酉文化社

鄭和子(1969) 『飜譯朴通事와 朴通事諺解의 比較研究』梨花女子大學校碩士論文.

李承旭(1971) 「18世紀國語의 形態論的特徵-「老乞大」類의 國語關係資料를 中心으로하여-」『東洋學』1 : 87-133.

金昇坤(1974) 「 [오/우] 形態素考-老乞大와 朴通事를 中心으로-」『國語國文學』65·66 : 1-28.

金完鎭(1975) 「飜譯朴通事와 朴通事諺解의 比較研究」『東洋學』5 : 15-28.

金完鎭(1976) 『老乞大의 諺解에 對한 比較研究』(韓國研究叢書31)韓國研究院.

金炯哲(1978) 「『飜譯老乞大』와 『老乞大諺解』의 比較」慶北大學校碩士論文.

吳今子(1978) 『『飜譯老乞大』와 『老乞大諺解』의 比較研究』誠信女子大學校碩士論文.

吳鍾甲(1978) 「16世紀國語의 Hiatus 回避現象-飜譯朴通事, 老乞大를 中心-」『韓民族語

文學』5：67-86.

趙奎高(1979)「朴通事諺解의 構文에 對하여」『余泉徐炳國博士華甲紀念論文集』螢雪出版社.

連圭東(1980)「『老乞大』의 母音調和」『한글』242：31-46.

梁泰植(1980)「[飜譯老乞大]의 서법소」釜山水産大『論文集』25：173-189.

朴泰權(1980)「飜譯老乞大의 물음씨끝 研究」釜山大『言語研究』18.

朴泰權(1981)「『飜譯老乞大』의 물음법에 對하여」『한글』173·174：455-482；(2002/2006)『國語學史研究』183-208. 釜山：世宗出版社.

梁泰植(1981)「『飜譯老乞大』의 서법소」『송천 김용태先生回甲紀念論文集』소문出版社.

하치근(1983)「16世紀國語助詞의 갈래-老乞大를 中心하여-」『진주文化』4：211-223.

朴泰權(1983)「물음과 응답의 關係-'飜譯老乞大'를 中心하여」『白影鄭炳煜先生還甲記念論叢』1.

朴泰權(1984)「飜譯老乞大의 가리킴말에 對한 意味論的研究」釜山大『語文教育研究』8；(2002, 06)『國語學史研究』209-233. 釜山：世宗出版社.

全哲雄(1984)「飜譯老乞大와 老乞大諺解의 語彙比較研究」『改新語文研究』3：19-45.

趙奎高(1984)「飜譯朴通事에 나타난 談話性」『牧泉兪昌均博士還甲紀念論文集』673-695. 大邱：啓明大出版部.

朴貞秀(1984)「『飜譯老乞大』의 안맺음씨끝」한글學會釜山之會『釜山한글』3.

金文雄(1984)「近代國語의 語彙變遷-老乞大諺解와 重刊老乞大諺解의 比較를 通하여」『牧泉兪昌均博士還甲紀念論文集』85-114. 大邱：啓明大學校出版部.

金文雄(1984)「近代國語의 表記와 音韻-『老乞大諺解』와『重刊老乞大』의 比較를 通하여-」『한글』185：3-33.

李基文(1985)「蒙古語借用語에 對한 研究」『語學研究』21/1：1-14；(1991)『國語語彙史研究』164-178. 서울：東亞出版社.

李基文(1985)「'祿大'와 '加達'에 對하여」『國語學』14：9-18；(1991)『國語語彙史研究』179-187. 서울：東亞出版社.

奇周衍(1986)「『飜譯老乞大』와『老乞大諺解』의 比較研究」崇田大學校碩士論文.

奇周衍(1986)「老乞大의 諺解上比較研究」崇實大『崇實語文』3：193-227.

王汶鎔(1986)「'飜朴'과'朴諺'의'-를'」江原大『人文學研究』24/1：3-16.

朴貞秀(1987)「『飜譯老乞大』의 形態音素的變動」한글學會釜山之會『釜山한글』6.

成光秀(1987)「諺解類에 난타난 '이'(是)의 強調用法과 解釋」『語文論集』27：777-789；(1987)『石軒丁奎福博士還曆紀念論叢』777-789.

리상호(1987)「16-17世紀朝鮮말 말소리 發展에서의 몇 가지 問題-『朴通事』上(飜譯)과『朴通事諺解』의 對比的考察를 通하여-」『朝鮮語文』1987/4：38-43, 48.

朴喜龍(1988)『老乞大諺解의 諺解와 飜譯에 對한 比較研究』서울大學校碩士論文.

朴喜龍(1988)「老乞大諺解의 諺解와 飜譯에 對한 比較研究」『國語研究』82.

장숙영(1989)『16世紀國語의 이음씨끝 研究 : 『飜譯老乞大』와 『飜譯朴通事』를 對象으로』建國大學校碩士論文.

閔賢植(1988)「『老乞大諺解』의 漢字語에 對한 考察 : 原文對譯文의 漢字語對比目錄作成을 爲하여」江陵大『人文學報』56.

金永根(1988)「朴通事·老乞大諺解의 否定表現」啓明大『啓明語文學』4 : 1-34.

이희룡(1988)「老乞大의 諺解와 飜譯에 對한 比較研究」『國語研究』82.

金彦姝(1989)「飜譯老乞大와 老乞大諺解의 比較研究」釜山大『國語國文學』26 : 173-199.

王汝鎔(1989)「飜朴'과 '朴諺'의 사이시옷」齊曉李庸周博士回甲記念論文集刊行委員會編『齊曉李庸周博士回甲記念論文集』355-368. 서울 : 한샘出版社

辛漢承(1990)「老乞大諺解本比較研究(1)」『姜信沆敎授回甲記念國語學論文集』209-239. 서울 : 太學社 ; (1990)「老乞大諺解本比較研究(2)」『語文學』9 : 161-219 ; (1992)「『老乞大』諺解本의 研究(3)-語彙變遷을 中心으로-」『語文學』11 : 87-100.

이병숙(1990)『16, 18世紀國譯本의 使動文研究 : 『朴通事』, 『老乞大』를 中心으로』漢陽大學校碩士論文.

金元錫(1990)「朴通事諺解와 朴通事新釋의 比較研究」慶北大學校碩士論文.

박향숙(1992)『老乞大諺解類의 比較研究』曉星女子大學校碩士論文.

李得春(1992)「『老·朴諺解』의 中國語借用語와 그 沿革」『한글』215 : 5-28.

손성지(1992)『『飜譯老乞大』와 『老乞大諺解』의 語尾體系研究』啓明大學校碩士論文.

김연순(1992)「『老乞大』類에 나타난 同義語研究1-名詞類를 中心으로-」德成女大『德成語文』7.

高明均(1992)「『飜譯朴通事』와 『朴通事諺解』에 對하여 : 文章의 終結語尾를 中心으로」韓國外大『韓國語文學研究』4 : 3-20.

이근열(1993)「諺解서의 'ㅅ'研究-特히 老乞大, 朴通事類를 中心으로-」釜山大『國語國文學誌』30 : 299-330.

조용상(1994)「諺解文에 나타난 數詞와 數量詞 : 『飜譯朴通事』와 『朴通事諺解』를 中心으로」『弘益語文』13.

金完鎭(1995)「『老乞大諺解』에서의 意圖形의 崩壞再論」서울大『韓國文化』16 : 1-30.

이익(1995)『語尾'-대'의 通時的研究 : 老乞大諺解의 異本들을 中心으로』慶北大學校碩士論文.

정병량(1995)『『老乞大』諺解類의 比較研究』全州大學校碩士論文.

朱庚美(1996)「『朴通事』·『老乞大』諺解에 나타난 疑問法의 通時的研究」『國語學』27 :

29-64.

김현종(1996)『『朴通事』諺解類에 나타난 疑問語尾의 分布와 機能에 關한 研究』崇實大學校碩士論文.

金興洙(1996)「諺解文間의 差異에 對한 文體的解釋」『李基文教授停年退任紀念論叢』182-201. 서울 : 新丘文化社

金美亨(1997)「諺解文의 文體特徵研究」『語文學研究』.

윤혜준(1998)「引用文構成의 實現樣相考察 : 『飜譯老乞大』와 『老乞大諺解』를 中心으로」서울大『言語研究』18 : 109-120.

국경아(1998)『『老乞大新釋諺解』에 나타난 18世紀 韓國語의 語尾研究』서울大學校碩士論文.

石朱娟(1998)「『老乞大』, 『朴通事』類異本들의 '거/어'에 對하여-終結形 거다/어다'를 中心으로」서울大『冠岳語文研究』23/1 : 165-193.

李玩鎬(1998)「飜譯老乞大에 나타난 時間副詞의 意味」『抽象과 意味의 實在(李勝明博士華甲紀念論叢)』博而精.

정병량(1998)『老乞大諺解類의 比較研究』全州大學校碩士論文.

金亨培(1998)「16世紀初期國語의 使動詞派生과 使動詞의 變化 : 『飜譯老乞大』와 『飜譯朴通事』를 中心으로」『한말研究』4 : 105-125.

金亨培(1999)「16, 17世紀國語의 使動詞의 變化 : 『飜譯老乞大』와 『老乞大諺解』의 比較를 通하여」『한말研究』5 : 95-115.

구현정(1999)「『老乞大』를 通해서 본 條件形態의 文法化」『第42回全國國語國文學學術大會發表論文集』國語國文學會.

김원석(1999)『朴通事諺解와 朴通事新釋諺解의 比較研究』慶北大敎育大學院.

김성란(2000)『『飜譯老乞大』와 『老乞大諺解』의 對照研究』祥明大學校碩士論文.

이태욱(2000)「『飜譯老乞大』에 나타난 否定法考察」成均館大『成均語文研究』35.

김준희(2000)「토씨 '와'의 機能變化研究-<老乞大>類를 中心으로-」『겨레語文學』25 : 47-67.

이광(2001)「時間副詞의 通時的考察 : 老乞大의 異本을 中心으로」『言語科學研究』20 : 229-248.

石朱娟(2001)『『老乞大』와 『朴通事』의 諺解에 對한 國語學的研究』서울大學校博士論文.

高明均(2001)「助詞 '-에'의 類型·意味 및 그 限定性에 關한 研究 : 『朴通事諺解』를 中心으로」韓國外大『韓國語文學研究』13.

김혜정(2001)『『飜譯老乞大』의 對話構造研究』仁濟大學校碩士論文.

김수현(2002)『『老乞大』類諺解書의 因果關係接續研究』釜山外國語大學校碩士論文.

김수정(2002)『『朴通事』諺解本의 形態·統辭變化研究』建國大學校碩士論文.

안주호(2002) 「'原因'을 나타내는 連結語尾에 對한 通時的考察 : 『老乞大諺解』類를 中心으로」韓國言語學會『言語學』34 : 133-158.

高明均(2002) 「『老乞大諺解』에 나타난 單位性依存名詞의 類型·意味에 關한 研究」『韓國語文學研究』韓國外大韓國語文學研究會.

석주연(2002) 「"둘우다"의 形態와 意味」『韓國語意味學』11 : 79-92.

임혜원(2003) 「『老乞大』諺解類에 나타난 空間概念隱喩研究」『한말研究』13 : 217-247.

강연임(2003) 「『飜譯老乞大』의 텍스트 言語學的研究」『韓國言語文學』51 : 89-114.

김성란(2004) 「『老乞大』類諺解本에 對한 研究」祥明大學校博士論文.

栗田諭(2005) 「<老乞大>와 <華音啓蒙諺解>의 介詞와 그 諺解에 對한 研究」 서울大學校碩士論文.

조신옥(2006) 『朴通事比較研究 : 中國語原文과 韓國語와의 比較를 中心으로』 서울市立大學校碩士論文.

장숙영(2006) 「『老乞大·朴通事』類에 나타난 國語의 이음씨끝 變化研究」『한말研究』19 : 253-270.

장숙영(2006) 「『老乞大·朴通事』類에 나타난 國語의 이음씨끝의 消滅」『겨레語文學』36 : 37-59.

허재영(2006) 「「『老乞大·朴通事』類에 나타난 國語의 이음씨끝 變化研究」에 對한 討論文」한말研究學會『學會發表集』24 : 128-129.

고은숙(2006) 「近代國語連結語尾의 機能研究-譯學書資料를 中心으로-」『우리語文研究』27 : 7-45.

劉京玟(2006) 「『飜譯老乞大』終結語尾의 反意表現에 對하여」 『國語史研究』6 : 101-124.

張馨實(2006) 「『飜譯朴通事』와 『朴通事諺解』의 飜譯樣相差異研究」鄭光외『譯學書와 國語史研究』121-143. 서울 : 太學社.

孟柱億(2006) 「老乞大諺解類諸版本 飜譯의 問題에 關한 研究(1)-"是"의 對譯을 中心으로-」『中國學研究』36 : 3-25.

孟柱億(2006) 「老乞大諺解類諸版本中"將"의 飜譯에 關한 研究」『中國學研究』38 : 31-56.

孟柱億·金廷林(2006) 「老乞大諺解類諸版本中'就'의 飜譯에 關한 研究」『中國文化研究』9 : 269-290.

孟柱億(2007) 「老乞大諺解類諸版本中'着'의 飜譯에 關한 研究」『中國研究』39 : 205-228.

孟柱億(2007) 「老乞大諺解諸版本에 反映된 統辭規則難點의 類型」『中國學研究』42 : 121-138.

南黎明(2007) 「『老乞大諺解』類諸版本飜譯問題硏究-以"却"字爲中心」『韓中言語文化硏究』12 : 3-23.

李鐘琴(2007) 「『老乞大』諺解類諸板本中‘往’의 飜譯에 關한 硏究」『韓中言語文化硏究』13 : 123-136.

劉京玟(2007) 「『飜譯老乞大』語彙의 反意表現에 對하여」『國語史硏究와 資料』2 25-256. 서울 : 太學社.

김희선(2007) 「『飜譯老乞大』와 「老乞大諺解』의 連結語尾比較硏究』濟州大學校碩士論文.

김주국(2008) 『<飜譯老乞大>와 <老乞大諺解>의 比較硏究』圓光大學校碩士論文.

장숙영(2008) 『<老乞大>·<朴通事>諺解類에 나타난 韓國語 이음씨끝의 通時的硏究』建國大學校博士論文.

김영석(2008) 「『飜譯老乞大』와 「老乞大諺解』에 나타난 語尾의 比較硏究 : 先語末語尾와 終結語尾를 中心으로」明知大學校碩士論文.

김성란(2008) 「老乞大諺解本에 나타난 疑問法終結語尾」『東方學術論壇』2 : 141-149.

최재영·김초연(2008) 「『老乞大』4種版本의 ‘득’, ‘적’考察」『中國硏究』42 : 145-163.

이윤화(2008) 『『老乞大』諺解類諸版本에 나타난 ‘還, 再, 又’의 飜譯樣相硏究』韓國外國語大學校碩士論文.

孟柱億(2008) 「『老乞大』諸諺解本所反映的對"又", "再", "還"語法功能的掌握情況」『中國硏究』42 : 197-210.

孟柱億(2008) 「老乞大諺解諸版本所反映的語法難點類型初探」遠藤光曉·嚴翼相編『韓漢語言硏究』51-74. 서울 : 學古房.

張馨實(2008) 「『飜譯朴通事』와 『朴通事諺解』의 飜譯樣相」『國語史資料와 音韻硏究』162-184. 서울 : 보고사.

손달임(2008) 「『飜譯老乞大』와 『老乞大諺解』의 疑問文硏究-『老乞大』諺解類에 나타난 ‘하리體’疑問語尾의 變化樣相을 中心으로-」『韓國文化硏究』15 : 217-249.

김어진(2009) 「『老乞大』,『朴通事』被動句硏究」『중국어문학』54:519-543

高明均(2014) 「『朴通事新釋諺解』에 나타난 연결어미 ‘-(으)라’와 ‘-(으)려’에 관한 연구」『언어와문화』10:1-19

박용찬(2014) 「중세국어 "다가"와 "-어 다가"의 문법화: 번역노걸대, 번역박통사와 노걸대언해, 박통사언해의 비교를 중심으로」『한국어학』65:175-209

한재영(2015) 「'老乞大'類의 종합적 검토(Ⅰ) - 副詞를 중심으로」『어문논집』61:7-55

2.4.5. 其他

나영아·김상빈·이성우(1992) 「『老乞大』를 通하여 본 高麗末食生活考」『東아시아食生

活學會誌』2/2 : 243-250.

나영아·남궁석·김상보(1993)「朴通事와 老乞大를 通하여 본 14世紀高麗末食文化考察」
『東아시아食生活學會誌』3/1 : 1-9.

위은숙(1997)「元干涉期對元貿易-『老乞大』를 中心으로-」『地域과 歷史』4 : 53-94.

李鍾九(1997)「明代北方民間에서 쓰여진 俗字-『老乞大』『朴通事』飜譯本, 諺解本을 中
心으로-」『中國語文學』29/1 : 257-278.

이순미(2002)『貿易中國語敎材로서의 '老乞大' 研究』梨花女子大學校碩士論文.

서정원(2003)『『老乞大』刊本들을 通해본 14~18世紀의 服飾關連用語比較研究』梨花女
子大學校碩士論文.

장윤희(2005)「『飜譯老乞大』를 通해 본 中國의 生活問題」『韓中人文科學研究』14 :
267-291.

孫紅娟(2006)「『老乞大』民俗學研究初探」『亞細亞文化研究』10 : 337-353.

이강한(2007)『13-14世紀高麗-元交易의 展開와 性格』서울大學校博士論文.

정승혜·서형국(2009)「『박통사(朴通事)』에 반영된 물가와 경제 -산개본(刪改本)의 화
폐 단위를 중심으로-」『어문논집』60:153-187

서형국(2013)「역법(曆法)과 천문(天文) 정보로 본『朴通事』」『국어사연구』17:243-270

2.5. 伍倫全備記
2.5.1. 譯註
譯注：丘濬·柳在元·鄭蓮實·趙娟廷(2006-07) 「『伍倫全備諺解』譯註(1)~(3)」:『中國語
文論譯叢刊』17 : 355-387；同18 : 331-356；(2007)韓國外大『中國研究
』39 : 455-471.

2.5.2. 研究
田光鉉(1978)「18世紀 前期國語의 一考察：「伍倫全備諺解」를 中心으로」全北大『語學』
5 : 15-24.

田光鉉(1982)「伍倫全備諺解解題」『伍倫全備諺解』1-9. 서울：亞細亞文化社

박종은(1984)『18 世紀前半期의 안맺음씨 끝 研究：『伍倫全備諺解』를 中心으로』漢陽
大學校碩士論文.

鄭季順(1986)『『伍倫全備諺解』의 國語學的研究』慶南大學校碩士論文；(1986)「伍倫全
備諺解의 國語學的研究」『慶南語文』14.

정영인(1989)「近代國語의 否定法에 對한 한 考察-伍倫全備諺解의 境遇」全北大『語學』
16 : 129-143.

金永根(1990)「伍倫全備諺解의 漢字音研究」『語文學』51 : 1-23.

林光淑(1990)『伍倫全備諺解에 對한 國語學的의 研究』德成女子大學校碩士論文.

이숭연(1996) 「『伍倫全備諺解』의 研究」高麗大學校碩士論文.

洪允杓(1997) 「伍倫全備諺解解題」『伍倫全備諺解』1-3. 弘文閣.

金永根(1998) 「伍倫全備諺解의 疑問法研究」『語文學』65：1-36.

吳秀卿(1998) 「『五倫全備記』研究(1)-『五倫全備記』의 版本系統과 作者問題」韓國中國語文學會『中國文學』29：95-113.

柳在元(2002) 『伍倫全備諺解의 中國語音韻體系研究』韓國外國語大學校博士論文.

石朱娟(2003) 「『伍倫全備諺解』의 國語學的研究」『震檀學報』96：173-201.

朴相珍(2003) 「伍倫全備諺解一考」檀國大『國文學論集』19：31-55.

박상권(2003) 『『伍倫全備諺解』의 語彙研究』慶南大學校碩士論文.

柳在元(2003) 「『伍倫全備(諺解)』의 敎材의 價値 및 特性에 對한 研究」Foreign Languages Education 10：197-213. 韓國外國語敎育學會.

김형철(2004) 「伍倫全備諺解의 語彙研究」『國語敎育研究』36：77-102.

蘇恩希(2004) 「伍倫全備諺解 中의 動詞重疊式」『中國文化研究』3：199-208.

蘇恩希(2005) 「『伍倫全備諺解』中의 選擇問句」『中國文化研究』6：97-107.

정연실(2007) 「伍倫全備諺解 異體字의 類型分析」『中國學研究』40：33-68.

2.6. 華音啓蒙

姜信沆(1980) 「『華音啓蒙諺解』內字音의 音系」『東方學志』23·24：167-192；(2003)『韓漢音韻史研究』603-637. 서울：太學社

정향숙(1989) 『華音啓蒙의 虛詞와 句法結構研究』高麗大學校碩士論文.

이유화(1991) 『近代漢語代詞用例演變考：老乞大, 朴通事, 朴通事新釋, 重刊老乞大, 華音啓蒙을 中心으로』國民大學校碩士論文.

이상란(1992) 『華音啓蒙諺解에 나타난 19世紀中國語音研究』釜山大學校碩士論文.

노하덕(1998) 『『老乞大諺解』와『華音啓蒙諺解』의 形態比較』成均館大學校碩士論文.

박신영(1999) 『華音啓蒙諺解의 漢語語音研究』韓國外國語大學校碩士論文.

張衛東(2000) 「『華音正俗變異』考」『國際中國學研究』3.

王淸棟(2001) 「『華音啓蒙諺解』의 語彙的特徵」『中國言語研究』13：235-255.

王淸棟(2001) 「『華音啓蒙諺解』에 보이는 近代漢語의 特徵」『中國學論叢』14：105-124.

李在弘·金瑛(2002) 『華音啓蒙諺解』(漢語資料叢書)鮮文大學校中韓飜譯文獻研究所.

권병로·李得春(2002) 「19世紀中國語學習書의 한글表記가 보여주는 近代中國語語音의 몇 特徵考察-『華音啓蒙』과『華音啓蒙諺解』를 中心으로-」『國語文學』37：31-52.

崔銀喜(2002) 『華音啓蒙과 華音啓蒙諺解의 中國語音韻體系研究』韓國外國語大學校碩士論文.

이숭연(2002) 「「華音啓蒙諺解」의 表記와 文法」國語史資料學會『國語史硏究』3 : 125-151.
김영수(2002) 「『華音啓蒙諺解』의 言語的特徵과 翻譯에 對하여」朝鮮語文事業協議小組
　　　　　　　『中國朝鮮語文』119.
栗田諭(2005) 「<老乞大>와 <華音啓蒙諺解>의 介詞와 그 諺解에 對한 硏究」 서울大學
　　　　　　　校碩士論文.
이숭연(2006) 「19世紀漢學書『華音啓蒙諺解』硏究」鄭光외『譯學書와 國語史硏究』183-214.
　　　　　　　서울 : 太學社
이재정(2007) 「『華音啓蒙』을 통해 본 개항기 조선 지식인의 중국 인식」『동북아역사논
　　　　　　　총』16: 237-282
정몽양(2015)『화음계몽언해의 국어학적 연구』국민대학교석사논문

2.7. 華語類抄

洪惇赫(1946) 「華語類抄小考」『한글』97 : 32-36.
이은지(2008) 「『華語類抄』의 中國語音韻體系硏究」梨花女子大學校碩士論文.
金哲俊·조광범·박진하(2009) 「『同文類解』와『華語類抄』에서 보여지는 表記法의 變化
　　　　　　　에 對한 考察」『中國朝鮮語文』2009/2 : 22-26.

2.8. 譯語類解·譯語類解補

鄭光(1978) 「類解類譯學書에 對하여」『國語學』7 : 159-188.
李喆鏞(1983) 『類解類譯學書의 國語學的考察』漢陽大學校碩士論文.
안종복(1986) 『類解類書에 나타난 國語의 表記法硏究』檀國大學校碩士論文.
孔在錫(1989) 「『譯語類解』의 中國語音系」高麗大亞細亞問題硏究所『亞細亞硏究』82 :
　　　　　　　67-101.
沈載箕(1991) 「近代國語의 語彙體系에 對하여-譯語類解의 分析를 中心으로-」『國語學
　　　　　　　의 새로운 認識과 展開 金完鎭先生回甲紀念論叢』783-801. 서울 : 民音社
權仁瀚(1991) 「類解類譯學書의 音節末 ㅅ', 'ㄷ'表記法—考察」『國語學의 새로운 認識과
　　　　　　　展開 金完鎭先生回甲紀念論叢』162-173. 서울 : 民音社
鄭秀惠(1992) 『『譯語類解』의 造語法硏究』德成女子大學校碩士論文.
沈小喜(1992) 「『譯語類解』小考」『中國語文學論集』4 : 383-390.
郭在鏞(1994) 『類解類譯學書의 '身體'部語彙硏究』慶南大學校博士論文.
郭在鏞(1995) 「類解類譯學書의 '身體'部語彙硏究」『한글』228 : 31-64.
洪允杓(1995) 「譯語類解·譯語類解補解題」『譯語類解』1-9. 弘文閣.
延圭東(1995) 「譯語類解現存本에 對한 一考察」『國語學』26 : 293-316.
延圭東(1996) 『近代國語語彙集硏究 : 類解類譯學書를 中心으로』서울大學校博士論文.

延圭東(2001) 「近代國語의 낱말밭 : 類解類譯學書의 部類配列順序를 中心으로」『言語
　　　　　　 學』28 : 101-128.
金榮一(2003) 「『譯語類解』속의 우리말 難解語」『語文學』80 : 27-43.
박찬식(2005) 『類解類譯學書에 나타난 語彙의 硏究』暻園大學校博士論文.
김은정·강순제(2006) 「朝鮮時代外國語學習書를 中心으로 본 服飾名稱硏究」『服飾』
　　　　　　 56/6 : 72-86.
이주리(2007) 『『譯語類解』를 通해 본 朝鮮時代漢語語彙硏究-品詞分類를 中心으로-』
　　　　　　 木浦大學校碩士論文.
강용중(2010) 「『譯語類解』'매매(買賣)'문상업(門商業) 어휘(語彙)의 분류와 풀이」『중
　　　　　　 국문학연구』41:219-257
강용중(2012) 「『譯語類解補』상업어휘 연구」『중국문학연구』45:381-409

2.9. 語録解
安秉禧(1983) 「<語録解>解題」서울大『韓國文化』4 : 153-170 ; (1992) 『國語史資料研
　　　　　　 究』474-494. 서울 : 文學과 知性社.
朴甲洙(1983) 「『語録解』에 對하여」『蘭臺李應百博士回甲論文集』普晉齋.
朴甲洙(1983) 「『語録解』解題」(大谷森繁譯)『朝鮮學報』108 : 155-168.
宋河振(1985) 「『語録解』의 註釋語彙考」全南大『語文論叢』7·8.
박대현(2000) 『『語録解』 研究 :『語録解』의 成立과 發展』嶺南大學校碩士論文.
閔寬東(2009) 「<水滸誌語録>과 <西遊記語録> 硏究」『중국소설논총』29: 105-125
윤지양(2011) 「筆寫本 <西廂記語録>의 分類 및 각 筆寫本의 特徵 考察」『中語中文學』
　　　　　　 50:103-124
강용중(2014) 「송유어록(宋儒語録) 언어사전의 구상과 실제」『한국사전학』24:7-32

2.10. 吏文·吏文輯覽·吏文續集輯覽
方鍾鉉(1946) 「吏文輯覽」『한글』94 : 27-30. ; (1963)『一簑國語學論集』322-326. 서울 :
　　　　　　 民衆書館.
朴泰權(1973) 「吏文과 吏文輯覽 硏究」釜山女大『睡蓮語文論集』1 : 77-105.
安秉禧(1988) 「崔世珍의 吏文諸書輯覽에 對하여」『周時經學報』1 : 49-68 ; (1992)『
　　　　　　 國語史資料研究』371-395. 서울 : 文學과 知性社 ; (2007)『崔世珍研究』
　　　　　　 109-139. 서울 : 太學社.
安秉禧(1996) 「增訂吏文·增訂吏文續集·比部招議輯覽解題」『季刊書誌學報』17 ; (2007)
　　　　　　 『崔世珍研究』161-176. 서울 : 太學社.
朴在淵·張俊寧(2001) 「『吏文』前言」『世界華文文學論壇』3 : 66-68.

梁伍鎭(2002)「吏文과 吏文諸書輯覽의 言語」『中國言語硏究』14：193-222.
김경록(2006)「조선시대 事大文書의 생산과 전달체계」『韓國史硏究』134: 35-74
김경록(2007)「朝鮮初期『吏文』의 編纂과 對明外交文書의 性格」『梨花史學硏究』34：219-253.
김경록(2007)「조선시대 대중국 외교문서의 접수·보존체계」『韓國史硏究』136: 133-177
김순자(2010)「고려·조선-明관계 외교문서의 정리와 분석：『吏文』,『고려사』,『조선왕조실록』소재 문서를 중심으로」
Yang, O-Jin(2015)「Imun Education and the Language of Imun in the Joseon Dynasty」한국어문학국제학술포럼『Journal of Korean Culture』8: 31-61
梁伍鎭(2015)「최세진의 輯覽類 사전에 대하여：『老朴集覽』과『吏文輯覽』을 중심으로」『한국사전학』11:150-176

2.11. 其他 漢語學習書
2.11.1. 硏究 論文
洪允杓(1985)「國語語彙文獻資料에 對하여」『素堂千時權博士華甲記念國語學論叢』.
洪允杓(1986)「最初의 國語辭典國漢會語에 對하여」『白旻全在昊博士華甲紀念國語學論叢』.
李寶蓮(1992)「國漢會語에 나타난 音響象徵硏究」『檀國語學』2：80-99.
福田和展(1995)「『你呢貴姓』の言語に關する初步的分析」『語學教育研究論叢』12：189-207.
福田和展(1997)「『你呢貴姓』の言語に關する初步的分析その2-校注-」『語學教育研究論叢』14：79-103.
李鍾九(2000)「『官話指南』에 보이는 清末官話의 모습」『中國學研究』19/1：167-182.
鄭丞惠(2000)「<譯語指南>의 編纂經緯와 意義에 對하여」『文獻과 解釋』10：133-143.
朴在淵·周發祥(2002)『你呢貴姓·學清』(漢語資料叢書3)牙山：鮮文大學校中韓飜譯文獻研究所.
柳在元(2005)「『漢談官話』中國語聲母表音上의 特性에 關한 考察」『中國學研究』32：93-119.
柳在元(2005)「『你呢貴姓』中國語音表記體系에 關한 基礎的研究」『語言와 語言學』36：47-70.
채진원(2006)「『你呢貴姓』의 中國語音韻體系研究」梨花女子大學校碩士論文.
姜恩枝(2007)「『方言類釋』의 "中州鄉語"에 나타나 있는 言語資料研究」서울大『言語研究』26：65-82【書評：愼鏞權(2007)『言語研究』26：83-86】.
李在敦(2008)「『你呢貴姓』所反映的漢語音系」遠藤光曉·嚴翼相編『韓漢語言研究』205-236.

서울 : 學古房.

박애니(2010) 『『方言類釋』에 반영된 中國語 音韻 體系 研究』이화여대석사논문

李禾範(2013) 「六堂文庫本『騎着匹』的疑問句分析考」『인문학논총』(경성대학교인문과
학연구소):31:149-168

이태수(2013) 「新發掘된 古代의 中國語教材『忠義直言』考」『중국문학』75:295-323

박윤지(2014) 『日本 小倉文庫『象院題語』의 注音에 반영된 中國語 音韻 體系 研究』이
화여대석사논문

2.12. 通事·譯官

朴成柱(2006) 「麗末鮮初 通事의 職能과 그 性格」『慶州史學』24·25: 249-267

朴成柱(2009) 「朝鮮前期 對明 御前通事」『慶州史學』29: 27-51

서인범(2013) 「조선전기 通事에 대한 加資와 관료층의 반발」『歷史學報』218: 131-171

김선민(2014) 「朝鮮通事 굴마훈, 淸譯 鄭命壽」『明淸史研究』41: 37-65

김경록(2014) 「宣祖代 洪純彦의 외교활동과 朝·明관계」『明淸史研究』41: 1-35

3. 蒙學
3.1. 總論

李基文(1964) Mongolian Lorn-words in Middle Korean. Ural-altaische Jahrbücher
35 ; (1991) 「中世國語의 蒙古語借用語」『國語語彙史研究』123-139. 서
울 : 東亞出版社.

金芳漢(1965) 「三田渡碑蒙文에 關하여」『東亞文化』4 : 59-96.

金芳漢(1967) 「韓國의 蒙古語 資料에 關하여」『亞細亞學報』3 : 125-146.

李基文(1967) 「蒙學書研究의 基本問題」『震檀學報』31 : 91-113.

Lie, Hiu(1972) Die Mandschu-Sprachkunde in Korea. Bloomington: Indiana
University; The Hague: Mouton.

金炯秀(1974) 『蒙學三書研究』大邱 : 螢雪出版社【書評 : 菅野裕臣(1974) 「金炯秀著『
蒙學三書研究』」『朝鮮學報』74 : 167-178 ; 宋基中(1977)「두 篇의 蒙古
語研究書-『蒙文滿洲實錄上』(최학근)과 『蒙學三書研究1』(김형수)-」『
國語學』5 : 137-167】.

金炯秀(1982) 「司譯院蒙古語學習」『肯浦趙奎卨教授華甲紀念國語學論叢』373-391. 서
울 : 螢雪出版社

李基文(1985) 「蒙古語借用語에 對한 研究」『語學研究』21/1 : 1-14 ; (1991)『國語語彙
史研究』164-178. 서울 : 東亞出版社.

李基文(1985) 「'祿大'와 '加達'에 對하여」『國語學』14 : 9-18 ; (1991)『國語語彙史研究』

179-187. 서울 : 東亞出版社.

鄭光(1987) 「來甲午式年譯科初試의 蒙學試券小考」『國語學』16 : 197-219.

鄭光(1987) 「朝鮮朝における譯科の蒙學とその蒙學書-來甲午式年の譯科初試の蒙學試卷を中心として」『朝鮮學報』124 : 49-82.

鄭光(1990) 「蒙學三書의 重刊에 對하여-高麗大學校所藏의 木版을 中心으로-」『大東文化研究』25 : 29-45.

宋基中(1993) 「蒙學書」 서울大大學院國語研究會編『國語史資料와 國語學의 研究(安秉禧先生回甲紀念論叢)』271-296. 서울 : 文學과 知性社

李聖揆(1994) 「『蒙學三書』의 蒙古語에 對한 基礎的 研究」 韓國몽골學會『몽골學』2 : 21-47.

Seong, Baeg-in(1998) Mongolian Language Studies in Korea.『알타이學報』7 : 177-199.

李聖揆(1999)『蒙學三書의 蒙古語文法研究』成均館大學校博士論文.

李聖揆(2002)『蒙學三書의 蒙古語研究』東洋學研究所研究叢書4. 서울 : 檀國大學校出版部.

산기도르지 바트이식 Batkhishig. S(2009)『17-18세기 몽골어의 음운론적 연구』단국대博士論文

심영환(2014) 「蒙學三書 몽골어의 한글 轉寫 연구」『歷史와實學』54:145-189

에르덴토야 Erdenetuya Purevdorj(2014)『조선시대 몽골어 역학서 연구』상지대博士論文

3.2. 蒙語老乞大

3.2.1. 譯註·索引

徐尚揆(1997)『蒙語老乞大語彙索引』서울 : 博而精.

최동권(2009)『譯註 蒙語老乞大』서울:피오디월드

3.2.2. 研究

金芳漢(1957) 「"蒙語老乞大"의 蒙古語에 關한 研究」『弘益續』1.

金芳漢(1962) 「奎章閣所藏『蒙語老乞大』의 刊行年代에 關하여」 서울大學校『文理大學報』10/1 : 26-30.

李基文(1964) 「蒙語老乞大研究」『震檀學報』25·26·27合 : 368-427.

李承旭(1983) 「『蒙語老乞大』解題」『(國學資料第3輯)蒙語老乞大』서울 : 西江大學校人文科學研究所.

崔起鎬(1985)『「蒙語老乞大」의 形態論的研究』延世大學校博士論文.

崔起鎬(1991) 「몽골어 讀本과「蒙語老乞大」의 板本」延世大『東方學志』71-72 : 581-593.

金燕順(1988) 『蒙語老乞大의 國譯文硏究』德成女子大學校碩士論文.

崔起鎬(1994) 『蒙語老乞大硏究』서울 : 祥明女子大學校出版部.

김미현(1994) 『몽골語의 否定法硏究 : 『蒙語老乞大』를 中心으로』서울大學校碩士論文.

李得春(1996) 「『蒙語老乞大』解題」『朝鮮語言學史硏究』; (2001) 『朝鮮語歷史言語學硏究』343-347. 서울 : 圖書出版亦樂.

延圭東(1999) 「蒙語老乞大刊行時期에 關한 몇 問題」『알타이學報』9 : 135-146.

崔起鎬·朴永光(2000) 「韓國的蒙古學硏究槪述」中央民族大學文學藝術硏究所 『蒙古學信息』2000/2 : 49-52.

최형원(2000) 「蒙語老乞大語彙小考」『알타이學報』10 : 169-192.

Choi, Hyong-Won(2002) Sprachliche Untersuchung zum mongolischen Laokida(Mong-oe Nogeoldae)aus dem 18. Jahrhundert. Central Asiatic Journal 46 : 34-111 ; Errata et Corrigenda : Central Asiatic Journal 47/1 : 127.

松岡雄太(2005) 「『蒙語老乞大』의 重刊에 關한 一考察」『國語學』46 : 355-377 ; 391.

차익종(2009) 「『蒙語老乞大』의 漢字表記語와 그 表音 양상」『열린정신 인문학연구』10(2) :155-172

채영희(2011) 「몽어 학습서「몽어 노걸대(蒙語老乞大)」이야기 구조」『동북아 문화연구』29:5-21

항가이마 Khangaimaa Galbaatar(2011) 『『蒙語老乞大』와『捷解蒙語』의 구문에 대한 연구:몽골어와의 비교를 중심으로 서울大學校博士論文

3.3. 蒙語類解

金芳漢(1971) 「『蒙語類解影印本』解題」1-7. 『蒙語類解』서울 : 서울大出版部.

崔鶴根(1977) 「蒙語類解附錄語錄解評釋」『增補알타이語學論攷-文獻과 文法』604-639. 서울 : 保景文化社 ;『語文論集』19·20(月巖박성의博士還曆紀念號) : 203-238.

鄭光(1978) 「類解類譯學書에 對하여」『國語學』7 : 159-188.

Song Ki joong(1978) Mongŏ Yuhae[Categorical Explanation of the Mongolian Language], A Chinese-Korean-Mongolian Glossary of the 18th Century, Unpublished Ph. D. Dissertation, Inner Asian and Altaic Studies, Harvard University.

辛美英(1980) 「蒙語類解의 國語學的考察」서울大『國語國文學論文集』9 : 1-35.

李喆鋪(1983) 『類解類譯學書의 國語學的考察』漢陽大學校碩士論文.

宋基中(1985) 「『蒙語類解』硏究」『歷史言語學』(金芳漢先生回甲紀念論文集編輯委員會)337-388. 전예원.

안종복(1986) 『類解類書에 나타난 國語의 表記法硏究』檀國大學校碩士論文.

鄭堤文(1987) 「『蒙語類解』와 「御製滿珠蒙古漢字三合切音淸文鑑」」『鄭炳浣先生華甲記念論文集』學文社

宋基中(1988) 「18世紀朝鮮朝蒙學官들이 理解한 蒙古語文法-/蒙語類解/附錄"語錄解"를中心으로」『韓國學의 課題와 展望(第五回國際學術會議論文集(I))』660-686. 城南：韓國精神文化硏究院.

鄭堤文(1989) 「『蒙語類解』에 보이는 圓唇母音分布의 制約性」『알타이學報』1：35-45.

鄭堤文(1989) 「『蒙語類解』의 '一云' 表記에 對하여」『閑沼鄭漢基敎授華甲記念論文集』255-274. 高麗苑.

鄭堤文(1990) 「『蒙語類解』와 「三學譯語」의 몽골語語彙에 對하여」『愼翼晟敎授停年退任紀念論文集』457-476. 서울：韓佛文化社

鄭堤文(1990) 「『蒙語類解』의 몽골語에 對한 硏究」서울大學校博士論文.

權仁瀚(1991) 「類解類譯學書의 音節末ㅅ', 'ㄷ'表記法一考察」『國語學의 새로운 認識과 展開 金完鎭先生回甲紀念論叢』162-173. 民音社

鄭堤文(1991) 「『蒙語類解』와『御製滿珠蒙古漢字三合切音淸文鑑』의 語彙對照」『알타이學報』3：57-116；(1992)『『蒙語類解』의 몽골語에 對한 硏究』177-238. 弘文閣.

鄭堤文(1992) 『『蒙語類解』의 몽골語에 對한 硏究』弘文閣.

김성혜(1993) 『『同文類解』와『蒙語類解』의 國語語彙比較硏究』德成女子大學校碩士論文

郭在鏞(1994) 『類解類譯學書의 '身體'部語彙硏究』慶南大學校博士論文.

郭在鏞(1995) 「類解類譯學書의 '身體'部語彙硏究」『한글』228：31-64.

延圭東(1995) 「同文類解와 蒙語類解의 比較-表題를 中心으로-」『言語學』17：183-202.

延圭東(1996) 『近代國語語彙集硏究：類解類譯學書를 中心으로』서울大學校博士論文.

李聖揆(1998) 「蒙古語語錄解硏究」『東洋學』28：89-125.

裵錫柱(1999) 「類解書ハングル轉寫表記再考『方言集釋』と他の類解書の外國語音轉寫表記の比較を中心に」『日本語文學』7/1：19-41.

延圭東(2001) 「近代國語의 낱말밭：類解類譯學書의 部類配列順序를 中心으로」『言語學』28：101-128.

박환영(2002) 「蒙語類解에 나타난 親族語彙硏究」韓國알타이學會『알타이學國際學術會議發表論文集 第5次』.

박환영(2004) 「『蒙語類解』에 나타난 親族語彙의 民俗學的硏究」『알타이學報』14：111-127.

박찬식(2005) 『類解類譯學書에 나타난 語彙의 硏究』暻園大學校博士論文.

가르드잡 바야르마(2006) 『『蒙語類解』「語錄解」의 譯注硏究』韓國學中央硏究院碩士論文

大井秀明(2007) 18世紀 朝鮮朝 蒙譯官들의 文法意識水準과 蒙語類解 語錄解의 形成過程에 대한 考察『口訣研究』18:359-408.

최형원(2012)「『몽어유해(蒙語類解)』에 나타난 동물 관련 어휘 검토 -가축 이름을 중심으로-」『몽골학』32: 299-325

3.4. 捷解蒙語

李基文(1991)「捷解蒙語」『韓國民族文化大百科事典』22:77. 城南：韓國精神文化研究院

李聖揆(1997)「『捷解蒙語』의 蒙古語研究」『몽골학』5:31-91.

이근영(2003)「捷解蒙語의 音韻論的研究」『한말研究』13:145-165.

Khangaimaa Galbaatar(2011)『『蒙語老乞大』와『捷解蒙語』의 구문에 대한 연구:몽골어와의 비교를 중심으로 서울大學校博士論文

3.5. 三學譯語

金芳漢(1963)「『三學譯語』所載蒙古語에 關하여」서울大學校『文理大學報』11/1:20-23.

金芳漢(1966)「『三學譯語』『方言集釋』考：主로 蒙古語資料에 關하여」『白山學報』1:91-132.

鄭堤文(1990)「『蒙語類解』와『三學譯語』의 몽골語語彙에 對하여」『慎翼晟教授停年退任紀念論文集』韓佛文化社

노은주(1997)『三學譯語研究』大邱曉星가톨릭大學校博士論文.

裵錫柱(1999)「類解書ハングル轉寫表記再考『方言集釋』と他の類解書の外國語音轉寫表記の比較を中心に」『日本語文學』7/1:19-41.

大井秀明(2007) 18世紀 朝鮮朝 蒙譯官들의 文法意識水準과 蒙語類解 語錄解의 形成過程에 대한 考察『口訣研究』18:359-408.

4. 倭學
4.1. 總論

鄭光(1988)『司譯院倭學研究：倭學書와 그 變遷을 中心으로』國民大學校博士論文.

鄭光(1988)『司譯院倭學研究』서울：太學社

鄭光(1988)「譯科의 倭學과 倭學書-朝鮮朝英祖丁卯式年試譯科倭學玄啓根試卷를 中心으로」『韓國學報』50:1200-1265.

鄭光(1988)「日本薩摩苗代川에 定着한 壬辰倭亂韓國被虜人의 母國語教育」『二重言語學會誌』4:5-20.

鄭光(1988)「薩摩苗代川傳來의 朝鮮歌謠について」『國語國文』57/6:1-28.

鄭光(1990)「司譯院倭學研究」『蘭汀南廣祐博士古稀紀念國語學關係博士學位論文要約

集』786-796. 韓國語文敎育硏究會.

鄭光(1990) 「壬辰倭亂被拉人들의 國語學習資料」『基谷姜信沆敎授回甲記念國語學論文 集』187-208. 서울 : 太學社.

權仁瀚(1990) 「倭學書類의 音節末ㅅ,'ㄷ'表記法硏究」『震壇學報』70 : 125-149.

裵錫柱(1990) 「いわゆる朝鮮資料のハングルによる淸音化した濁音表記考」慶州大『論 文集』2 : 141-156.

鄭光(1993) 「倭學書」서울大學校大學院國語硏究會編『國語史資料와 國語學의 硏究(安 秉禧先生回甲紀念論叢)』297-308. 서울 : 文學과 知性社

李康民(1996) 「朝鮮資料의 一系譜-苗代川本의 背景-」『日本學報』36 : 89-114.

鄭光(1997) 「朝鮮朝譯官の外國語敎育と譯科-倭學譯官と日本語敎育を中心として-」『 安定社會の總合硏究(ことがおこる·つづく/なかだちをめぐって)第8回 京都國際セミナー』113.

岸田文隆(1997) 「W. G. Aston旧藏江戸期·明治初期朝鮮語學書寫本類에 對하여」第5回 朝鮮學國際學術討論會發表論文 ; (1998)『第5回朝鮮學國際學術討論會 發表論文集』2(歷史) : 101-124.

申忠均(1997) 「朝鮮資料における條件表現の一特性 : 朝鮮語對譯との關係から」『語文 硏究』83 : 1-11.

鄭丞惠(1998) 「朝鮮後期의 日本語敎育과 倭學書」『國際高麗學』4 : 94-134.

崔彰完(1998) 「韓·日對譯資料에 나타나는'見る'意味의 敬語에 對한 一考察」大邱大學校 『人文科學藝術文化硏究』17 : 165-188.

崔彰完(1999) 「韓·日對譯資料에 나타나는'いる'意味의 敬語에 對한 一考察」大邱大學校 『人文科學藝術文化硏究』19 : 165-188.

鄭光(1999) 「日本における朝鮮資料の硏究-日本駒澤大學所藏の「倭語類解」を中心と して-」日韓文化交流基金『訪日學術硏究者論文集(歷史)』1 : 651-691.

鄭光(1999) 「譯學書硏究の諸問題-朝鮮司譯院の倭學書を中心として-」『朝鮮學報』17 0 : 29-66.

趙堈熙(1999) 「朝鮮時代の日本語學習書に見られる撥音の音注表記」『日語日文學』 12/1 : 13-26.

鄭丞惠(2000) 『捷解新語硏究』高麗大學校 博士學位論文

趙堈熙(2000) 「鼻濁音の喪失過程について-朝鮮時代の日本語學習書を中心に-」『岡大 國文論稿』28 : 82-93.

趙堈熙(2000) 「朝鮮資料に現れるタ行オ段拗音子音部表記について-韓國語の口蓋音 化を中心に-」『日本學報』45/1 : 183-197.

鄭丞惠(2001) 「司譯院倭學書의 基礎的硏究」『李光鎬敎授回甲記念論文集 國語硏究의

理論과 實際』421-457. 서울 : 太學社

片茂鎭(2001)「「韓國資料」의 基礎的研究(1)-韓國人을 爲한 日語學習書를 中心으로-」『日本文化學報』11 : 1-27.

陳南澤(2001)「韓國語의 口蓋音化に關する一考察-朝鮮資料를 用いて-」『東京大學言語學論集』20 : 159-180.

裵錫柱(2001)「倭學書の四つ假名轉寫表記考」慶州大『論文集』14 : 139-152.

陳南澤(2002)「日本語における子音の變遷について-朝鮮資料の音注를 中心に-」『東京大學言語學論集』21 : 17-102.

鄭丞惠(2003)『朝鮮後期倭學書研究』서울 : 太學社

陳南澤(2003)「15-18世紀日本語의 淸音과 濁音의 音韻論的對立에 關해서-日本資料를 利用하여-」『言語學』37 : 297-320.

陳南澤(2003)「日本語濁音의 鼻音性의 變遷過程-15-18世紀의 日本語轉寫資料를 利用하여」『말소리』48 : 35-55.

陳南澤(2003)『朝鮮資料による日本語と韓國語の音韻史研究』東京大學博士論文.

성희경(2003)「類解書의 標題語漢字比較研究『倭語類解』의 標題語의 出處를 中心으로」『日本語文學』22 : 95-124.

鄭光(2004)「韓半島における日本語教育とその教材」『日本文化研究』10.

鄭丞惠(2004) The history of Japanese language education in Korea. Inquiries into Korean Linguistics 313-324. ICKL.

李東郁(2004)「司譯院の日本語學習書」『日本學研究』15 : 117-146.

陳南澤(2004)「日本資料를 通해 본 、의 變遷過程」『國語學』44 : 89-107, 306-307.

陳南澤(2004)「日本語才段子音의 變遷過程에 關해서-日本語轉寫資料를 通한 再解釋-」『言語學』40 : 213-229.

민병찬(2004)『日本韻學と韓語 : 江戶後期漢字音研究를 中心として』서울 : 不二文化.

車胤汀(2004)「近代朝鮮語學習書에 나타난 誤謬表現과 原因分析-『全一道人』, 『講話』, 『漂民對話』를 中心으로-」『韓國語教育』15/3 : 277-294.

朴眞完(2005)「朝鮮資料の四つ假名表記-韓國語音韻史の觀點から-」『國語國文』74/8 : 1-19.

朴眞完(2005)『「朝鮮資料」の新研究-中·近世日韓語の對照から-』京都大學博士論文.

鄭丞惠(2006)「日本에서의 韓語教育과 教材에 對한 槪觀」『二重言語學』30 : 335-353.

鄭丞惠(2006)「對島에서의 韓語教育」『語文研究』130 : 37-56.

鄭丞惠(2007)「韓日兩國에서의 外國語教育의 歷史에 對하여」『韓國女性教養學會誌』16 : 251-290.

車胤汀(2007)「朝鮮語學習書에 나타난 韓國語의 變化-『全一道人』, 『講話』, 『漂民對話』

를 中心으로」『日本語文學』38/1：139-164.

李東郁(2008)『近世日本語の音聲·音韻硏究』서울：J&C.

金周弼(2008)「司譯院 倭學書에 나타난 音韻變化의 過程과 特性：口蓋音化와 圓脣母音 化 現象의 擴散 過程을 중심으로」『語文硏究』140:43-71.

김영옥(2008)「왜학서 사전류의 공통 어휘에 대한 一考察」『日本文化硏究』25: 37-49

김영옥(2008)「왜학서에 나타난 일본어 문자에 대한 一考察」『日本文化硏究』28: 217-232

김영옥(2009)「한국에서의 왜학서 연구에 대하여」『일본어학연구』26:15-34

鄭丞惠(2010)「倭學書에 나타나는 日本語 注音表記에 대하여」『崔明玉先生停年退任記 念 國語學論叢』서울:태학사 632-655

조래철(2011)「朝鮮資料におけるサ行,タ行のウ列音について」『일본어교육』56: 221-233

鄭光(2013)「草創期における倭学書の資料について」『日本文化硏究』48:369-394

김영옥(2014)「왜학서에 나타나는 이단활용동사의 일단화현상」『日本文化硏究』51:61-76

호규진(2014)『조선시대 왜학서 연구: 일본어 어휘교육의 관점에서』고려대학교교육대 학원석사논문

鄭丞惠(2015)「조선후기 언어(言語). 문자(文字) 연구와 지식 교류：조선후기 조일(朝 日) 양국(兩國)의 언어 학습과 문자에 대한 인식」『한국실학연구』 29:81-118

4.2. 通事·譯學者

宋敏(1986)「朝鮮通信使의 日本語接觸」國民大『語文學論叢』5：37-52.

松原孝俊·趙眞璟(1997)「雨森芳洲と對馬藩「韓語司」の設立經緯をめぐって」中央大學 校日本學硏究所『日本論集』9：31-55.

松原孝俊·趙眞璟(1997)「雨森芳洲と對馬藩「韓語司」での敎育評價について」『言語科學 』32：105-122.

오바타 미치히로【小幡倫裕】(1999)「韓國과 日本의 近代化와 通譯科의 關係에 關한 考察-朝鮮後期通信使行에 隨行한 譯官과 日本의 通詞를 中心으로-」平 澤大學校『論文集』13：425-437；『朝鮮通信使·使行錄硏究叢書』5. 서 울：學古房.

오바타 미치히로【小幡倫裕】(1999)「對馬通事小田幾五郎의 朝鮮文化認識-"通譯酬 酉作"를 中心으로」『社會科學硏究』6：175-190.

若木太一(2002)「雨森芳洲の語學書」『雅俗』9：123-136.

오바타 미치히로【小幡倫裕】(2002)「近世日本人의 朝鮮認識의 한 側面-雨森芳洲와 新井白石를 中心으로」平澤大學校『論文集』16：477-488.

梅田博之(2003)「雨森芳洲의 韓國語敎育論」『日語日文學硏究』46/1：49-68.

鄭丞惠(2005)「雨森芳洲와 日本에서의 韓語敎育」『文獻과 解釋』32：89-102.

洪性德(2005)「朝鮮後期對日外交使行과 倭學譯官」『韓日歷史共同硏究報告書』2：221-263.

김동철(2005)「17~19세기 東萊府 小通事의 編制와 對日活動」『지역과 역사』17: 205-227

福井玲(2006)「나카무라 쇼지로가 남긴 韓國語學習書에 對하여」『李秉根先生退任紀念 國語學論叢』1595-1610. 서울：太學社

오바타 미치히로【小幡倫裕】(2006)「雨森芳洲와 新井白石의 言語觀-言語硏究에 對한 두 사람의 態度比較」平澤大學校『論文集』20：115-128.

허지은(2008)『近世對馬朝鮮語通詞의 情報收集과 流通』西江大學校博士論文.

鄭丞惠(2008)「小倉文庫所藏 나카무라쇼지로 資料의 國語學的考察」『日本文化硏究』 26：101-130.

김정호(2008)「근세 일본 사츠마번(薩摩藩) 조선통사(朝鮮通詞)의 제도화 요인과 의의」『대한정치학보』16-2:45-68 대한정치학회.

오미영(2010)「雨森芳州著『交隣提醒』의 候文에 대하여」『일본연구』51: 257-274

한문종(2014)「조선초기 向化倭人 皮尙宜의 대일교섭 활동」『한일관계사연구』51: 71-94

鄭丞惠(2015)「『捷解新語』의 編纂者들」『역학과 역학서』6: 69-102

4.3. 伊路波

李基文(1965)「成宗版『伊路波』에 對하여」『圖書』8.

鄭光(1991)「倭學書『伊路波』에 對하여」서울大學校大學院國語硏究會編『國語學의 새로운 認識과 展開』142-161. 서울：民音社；(1991)『國語學新硏究』서울：東亞出版社

趙南德(1998)「連字考(上)-『伊路波』를 中心으로-」『日語日文學』9：27-42.

宋敏(2001)「『龍飛御天歌』에 引用된 '以路波'」梅田博之敎授古稀記念『韓日語文學論叢』447-464. 서울：太學社

金英玉(2008)「倭學書에 나타난 日本語文字에 對한 一考察」『日本文化硏究』28： 217-232.

4.4. 語音飜譯

김사엽(1982)「韓國佛敎와 日本：資料紹介；琉球國語<『海東諸國記』所載>의 語音飜譯과 釋義에 對하여」『日本學』2：101-103.

崔範勳(1984)「『海東諸國記』素材 "語音飜譯"에 對하여」『새결朴泰權先生回甲紀念論叢』第一文化社

姜信沆(1993)「<海東諸國記>內의 漢字音」『韓中音韻學論叢』1：75-112. 서울：書光學

術資料社.
崔起鎬(2002) 「申叔舟의 『海東諸國記』에 對한 考察」 한글學會 『한힌샘 周時經研究』 14·15.
高東昊(2002) 「『語音飜譯』의 言語學的研究 成果와 問題點」 한글學會 『한힌샘 周時經研究』 14·15.
이병훈(2011) 「류큐어의 고모음화와 모음융합」 『일본어학연구』 32:225-239
권경애(2015) 「『海東諸國紀』 對馬島 지명 연구에 대한 재고찰」 『일본어문학』 68: 1-24.

4.5. 捷解新語
4.5.1. 譯註·解題
李太永(1997) 『(譯註)捷解新語』 서울 : 太學社.
鄭丞惠(2007) 「捷解新語解題」 『捷解新語』(奎章閣資料叢書語學篇9)1-38. 서울 : 서울大學校奎章閣韓國學研究院.

4.5.2. 研究
金完鎭(1956) 「捷解新語에서의 日本語轉寫에 對하여-特히 鼻母音을 中心으로」 『文理大學報』 9.
金根洙(1962) 「捷解新語」 『國語國文學雜録』.
文璇奎(1963) 「兩日語書略攷-特히 子音에 關心을 가지고-」 『韓日言語文學』 1 : 92-121.
黄希榮(1977) 「原刊捷解新語의 韓國말 造語考」 中央大 『韓國學』 15·16.
王汶鎔(1981) 「捷解新語의 國語資料에 對하여」 江原大 『語文學報』 5.
鄭光(1984) 「捷解新語의 成立時期에 關한 몇가지 問題」 『牧泉兪昌均博士還甲紀念論文集』 623-639. 大邱 : 啓明大學校出版部.
鄭光(1984) 「捷解新語의 成立과 改修 및 重刊」 『書誌學報』 12 : 27-59.
金正市(1984) 「捷解新語와 改修捷解新語의 比較研究-文獻檢討, 表記, 音韻을 中心으로-」 『嶺南語文學』 11 : 239-263.
李元植(1984) 「朝鮮通信使に隨行した倭學譯官について-捷解新語の成立時期に關する確證を中心に-」 『朝鮮學報』 111 : 53-117
鄭光(1985) 「『捷解新語』의 伊呂波와 『倭漢名數』」 『德成語文學』 2 : 36-54.
韓美卿(1985) 「『捷解新語』의 敬語接頭辭「御」에 對하여」 『日本文化研究』 1 : 73-100.
古田和子(1985) 『捷解新語における漢語の研究』 韓國外國語大學校碩士論文.
片茂鎭(1987) 「捷解新語の格助詞(1)-ガとノ-」 『日本學報』 18 : 87-116.
李德培(1987) 「捷解新語卷10の用語について-原刊本と改修本との對照を通じて-」 『日本學報』 18 : 55-78.

片茂鎭(1987)「捷解新語の格助詞(2)-へとニ-」『日本學報』19:139-163.

韓美卿(1987)「日本語의 敬語研究」『日本文化研究』3:67-90.

이윤규(1987)『捷解新語와 改修捷解新語의 比較研究』大邱大學校碩士論文.

古田和子(1987)「『捷解新語』原刊本における漢語の研究-日本語本文と韓國語對譯文
          との對照を通して-」『駒澤國文』24:271-318.

李熙元(1988)「捷解新語終聲表記에 關한 研究」高麗大『韓國語文教育』3.

韓美卿(1988)「捷解新語における敬語用法の一考察」韓國外國語大學校『論文集』21/1:
          363-380.

李太永(1990)「捷解新語改修一次本의 國語學的考察」全北大『語學』17:35-54.

李德培(1990)「捷解新語의 改修에 對한 考察 原刊本, 改修本, 重刊改修本의 'ござる'을
          中心으로」全南大『龍鳳論叢』19:93-118.

韓美卿(1990)「捷解新語における尊敬表現」『日本文化研究』5:91-134.

鄭丞惠(1991)『捷解新語의 對譯國文研究』德成女子大學校 碩士論文.

李康民(1991)「『捷解新語』の成立と表現」『國語國文』60/12:33-57.

宋敏(1991)「捷解新語」『韓國民族文化大百科事典』22:77. 城南:韓國精神文化研究院.

鄭丞惠(1992)「『捷解新語』의 表記法에 對한 一考察」『德成語文學』7.

尹鍾和(1992)「『捷解新語』의 改修意圖에 關하여-對者敬語를 中心으로」紀全女子大學
          『論文集』12:173-186.

古田和子(1993)「『捷解新語』의 語彙와 語法에 對하여-原刊本, 改修本, 重刊改修本과의
          比較-」『日語日文學研究』22:77-111.

朴才煥(1993, 96, 97)「捷解新語の副詞小考-原刊本·改修本·重刊本の三本を對照して」
          京畿大學校韓日問題研究所 『韓日問題研究』1:157-189;4:131-16
          6;京畿大學校文大學『人文論叢』5:203-219.

李太永(1994)「『捷解新語』의 漢字研究」『國語國文學』112:21-49.

趙南德(1994)『捷解新語의 改修分析』서울:書光學術資料社

鄭光(1994)「『捷解新語』의 成立과 改修 및 重刊」『季刊書誌學報』12:27-59.

裵錫柱(1994)「鷄子·전에 關する小考 日本語學習書の語彙の地域的片寄り」慶州大學校
          『論文集』6:295-307.

차현경(1994)『捷解新語 에 있어서 助詞의 研究』中央大學校碩士論文.

李太永(1994)「<捷解新語>의 漢字語研究」『國語國文學』112:21-49.

韓美卿(1995)『「捷解新語」における敬語形式用例集』서울:博而精.

韓美卿(1995)『「捷解新語」における敬語研究』서울:博而精.

안희정(1995)「捷解新語의 研究」中央大學校碩士論文.

李康民(1996)「『捷解新語』와 日本語史」『漢陽日本學』4:13-28.

片茂鎭(1996) 「『捷解新語』의 格助詞「が, の」의 對遇表現價値에 對하여」『日本文化學報』1：5-22.

片茂鎭(1996) 「『捷解新語』의 主格表現에 對하여」『日本學報』37：421-434.

池景來(1996) 「『捷解新語』의 形式名詞「もの」「こと」考察」『日本語文學』2：149-174.

李得春(1996) 「『捷解新語』解題」『朝鮮語言學史硏究』；(2001)『朝鮮語歷史言語學硏究』335-320. 서울：圖書出版亦樂.

李太永(1997) 『(譯註)捷解新語』서울：太學社.

李太永(1997) 「『捷解新語』의 飜譯樣相과 口語的特徵」 최태영외 『韓國語文學論考』687-706. 서울：太學社.

鄭丞惠(1997) 「改修捷解新語序文譯註」『文獻과 解釋』1：118-131. 서울：太學社.

심보경(1997) 「捷解新語表記法硏究(I)」『語文硏究』96：106-118.

小西敏夫(1997) 「『捷解新語』의 韓國語對譯文에 나타나는 語彙에 對하여」『外國語·外國文學硏究』18：79-93.

趙南德(1997) 「『捷解新語』의 「가나」使用에 對한 考察-『伊路波』와의 關聯을 中心으로」建國大學校敎育硏究所『論文集』21：67-90.

朴才煥(1997) 「『捷解新語』の 副詞小考(3)」京畿大學校人文科學硏究所『人文論叢』5：203-219.

李道潤(1997) 「捷解新語에 있어서의 飜譯語에 對한 一考察」韓國外國語大學校通譯飜譯硏究所『論文集』1：23-42.

鄭丞惠(1998) 「重刊捷解新語序文譯註」『文獻과 解釋』2：73-83. 서울：太學社.

林昌奎(1998) 「『捷解新語』의 自動詞「あう」와 共起하는 助詞「を」에 對하여-韓日對照言語의 觀點으로-」『日語日文學硏究』32：37-66.

池景來·森下喜一(1998) 「日本語의 事物代名詞硏究-『捷解新語』를 中心으로」『日本語文學』4：87-129.

趙堈熙(1998) 「朝鮮時代の日本語學習書に見られる淸音表記について-『捷解新語』を中心に」『日語日文學』10/1：57-82.

車嶇京(1998) 「『捷解新語』原刊本의 異表記에 關한 硏究」『古岩黃聖圭博士定年記念論文集』191-203.

李東郁(1998) 『17·18世紀朝鮮資料에 나타난 日本語工段音一考察-『捷解新語』·『倭語類解』의 한글表記를 中心으로』韓國外國語大學校碩士論文.

安昭貞(1998) 「『捷解新語』의 表記와 漢字語調査」慶南大學校人文科學硏究所『人文論叢』10：265-279.

李康民(1998) 「『捷解新語』의 推量表現」『漢陽日本學』6：1-14.

韓美卿(1998) 「捷解新語의 「の, が」의 用法-待遇表現의 觀點에서」韓國外國語大學校

外國學綜合研究센터日本研究所『日本研究』13：347-374.

丁鋼徹(1999)「『捷解新語』의 受給表現에 對한 考察-受給動詞「ヤル」를 中心으로-」『日本語文學』6：45-71.

鄭丞惠(1999)「『捷解新語』에 나타나는 韓·日兩語의 相互語彙借用」『國語學』33：265-294.

池景來(1999)「『存ずる』對譯相關에 對하여 -『捷解新語』를 中心으로-」『日本語文學』6：11-44.

池景來(1999)「『捷解新語』改修의 經緯에 對하여」『日本語文學』7：57-95.

韓美卿(1999)「捷解新語의「の、が」의 用法」『日本研究』13：347-374.

安昭貞(1999)「『捷解新語』日本語의 文法的特性研究-指示語와 文末構造를 中心으로」漢陽大學校博士論文.

安昭貞(1999)「『捷解新語』指示語考2-現代語와의 比較를 中心으로-」『教育理論과 實踐』9：149-164.

朴才煥(1999)「近世日本語研究資料としての捷解新語-副詞研究における資料性の考察」『京畿大學校研究交流處論文集』43/1：45-56.

趙南德(1999, 2001, 02)「『捷解新語』의 冠註에 對한 考察」建國大學校教育研究所『論文集』23：47-68；25：1-21；26：91-121.

梅田博之·林昌奎(2000)「『捷解新語』의 使役構文」『21世紀國語學의 課題(솔미鄭光先生華甲記念論文集)』39-60. 서울：月印.

朴眞完(2000)「『捷解新語』의 場面性과 相對敬語法—格式性과의 關聯을 中心으로」『21世紀國語學의 課題(솔미鄭光先生華甲記念論文集)』99-122. 서울：月印.

朴眞完(2000)「『捷解新語』敬語法의 對照言語學的考察-原刊本을 對象으로-」『韓國語學』12：119-146.

鄭丞惠(2000)『捷解新語研究』高麗大學校博士論文.

鄭丞惠(2000)「『捷解新語』의 刊本 對照」『21世紀國語學의 課題(솔미鄭光先生華甲記念論文集)』147-172. 서울：月印.

鄭丞惠(2000)「17世紀朝鮮通信使와 捷解新語」『文獻과 解釋』11：51-71.

安昭貞(2000)「近世資料를 通해 본 文末語研究(1)-『捷解新語』의 構造를 中心으로 -」『教育理論과 實踐』10：259-271.

安昭貞(2000)「『捷解新語』에 使用된 指示語의 變遷」『21世紀國語學의 課題(솔미鄭光先生華甲記念論文集)』123-146. 서울：月印.

김유정(2000)「『捷解新語』에 나타난 言語教育의 樣相」『21世紀國語學의 課題』(솔미鄭光先生華甲記念論文集)81-122. 서울：月印.

홍자영(2000)『捷解新語의 接續助詞에 關한 考察-原刊本·改修本·重刊本의 用例分析을 中心으로』京畿大學校 碩士論文.

池景來(2000) 『捷解新語』日本語語彙의 計量的考察』全州大學校 博士論文.

金殷愛(2001) 「『捷解新語』에 나타나는 2人稱代名詞에 對하여-「이쪽(こなた)」와 「그쪽 (そなた)」를 中心으로-」『日語日文學研究』38：63-79.

成喜慶(2001) 「『捷解新語』의 「이대(いで)」의 表記와 發音 및 用法에 關하여-原刊本, 改修本, 重刊本의 比較를 中心으로-」『日本學報』46：31-53.

이태욱(2001) 「『捷解新語』類에 나타난 17, 18世紀國語否定法考察」『人文科學』31： 89-116.

丁鋼徹(2001) 「『捷解新語』의 授與動詞에 對한 考察-「原刊本」「改修本」「重刊本」의 比 較를 中心으로-」『日語日文學』15：157-176.

鄭丞惠(2001) 「텍스트言語學의 理論과 應用：『捷解新語』의 場面分析을 通한 近代國語 敬語法의 再考」『텍스트 言語學』10：231-267.

趙堈熙(2001) 「打消表現とズ終止形の衰退過程について-捷解新語を中心に-」『日本文 化學報』11：1-14.

韓美卿(2001) 「捷解新語의 文末表現-勸誘, 禁止表現을 中心으로-」梅田博之教授古稀 記念『韓日語文學論叢』913-928. 서울：太學社

고이즈미 가즈오【小泉和生】(2001) 「『捷解新語』에 나타난 地域性에 對하여-韓國語 對譯文의 音韻現象을 中心으로」안암語文學會『語文論集』43/1：45-64.

고이즈미 가즈오【小泉和生】(2001) 「「捷解新語」地名考」中央大學校 外國語文學研究 所『外國學研究』5：85-107.

池景來(2002) 『捷解新語』의 日本語語彙研究』全南大學校出版部.

朴眞完(2002) 「『捷解新語』對譯文을 通해 본 近代韓國語 變遷의 特性」『韓國語學』16： 285-305.

安昭貞(2002) 「文末部構成의 特性-『捷解新語』附屬語를 中心으로-」『日本學報』53： 121-132.

韓美卿(2002) 「日本語教育의 觀點에서 보는『捷解新語』」『日本研究』19：273-292.

古田和子(2003) 「『捷解新語』原刊本の對譯文における漢字表記の語について」『日本言 語文化』2：193-221.

朴才煥(2003) 『捷解新語』の副詞研究』서울：J&C.

鄭丞惠(2003) 『朝鮮後期倭學書研究』서울：太學社

趙南德(2003) 『捷解新語의 邊欄上部内容考察：全同表示·彼音同表示·我音同表示의 境 遇를 中心으로』서울：博而精.

趙南德(2003) 『捷解新語의 行中内容例分析：無表示의 境遇를 中心으로』서울：博而精.

權董顯(2003) 「『捷解新語』의 方向指示代名詞에 對해서」『日本研究』20：363-380.

林昌奎(2003) 「『捷解新語』에 의한 二重「を」構文에 關하여」『日語日文學研究』44：145-163.

林昌奎(2003) 「『捷解新語』における状態述語と共起する「を」について」『日本文化學報』 16：1-16.

安昭貞(2003) 「近世語의 述語部構成에 關한 研究-『捷解新語』의 文末形式對照를 中心 으로-」『日本學報』55：91-104.

李鍾姬(2003) 「『捷解新語』副詞의 形態的考察-韓日對照研究의 觀點에서-」『日語日文 學研究』45：199-217.

趙來喆(2003) 「日本語學/日本語教育：『捷解新語』에서 特殊音素에 到達한 要音에 對한 音注配置에 關하여-日本語學習에 有益하기 爲한 音注, 音注配置-」『日 本學報』56：89-100.

朴眞完(2003) 「『捷解新語』の語彙改訂の方向性-語種改訂を中心に-」京都大學『國文學 論叢』10：17-33.

金基民(2003) 『捷解新語』의 語彙研究. 慶熙大學校 博士論文.

李東郁(2004) 「司譯院の日本語學習書」『日本學研究』15：117-146.

李東郁(2004) 「朝鮮時代의 日本語學習書의 タ行オ段拗長音表記について」『日本研究』 22：383-403.

金基民(2004) 『捷解新語의 改修過程과 語彙研究』서울：博而精.

權董顯(2004) 「『捷解新語』의 人稱代名詞에 對해서」『日本研究』22：405-422.

權董顯(2004) 「『捷解新語』의 場所의 指示詞에 對해서」『日本研究』23：463-483.

權董顯(2004) 『『捷解新語』의 指示體系에 關한 研究-「コ・ソ・ア(カ)・ド」를 中心으로』韓 國外國語大學校 博士論文.

林昌奎(2004) 「『捷解新語』のハングル飜譯について」『日本文化研究』12：273-292.

趙來喆(2004) 「『捷解新語』における日本語本文の性質」『日本學報』60：239-250.

朴眞完(2004) 「近代韓國語資料『捷解新語』對譯文の資料性-日本語的表現の變化を中 心に-」『朝鮮學報』193：53-92.

金英玉(2004) 「捷解新語의 韓國語對譯文에 나타나는 日本語單語에 對하여」『韓國日本 語文學會學術發表大會論文集』483-486.

林昌奎(2004) 「『捷解新語』の助詞「を」について」『韓國日本語文學會學術發表大會論文 集』459-463.

權董顯(2005) 「『捷解新語』에 있어서 誤謬의 可能性에 對해서-「コ」「ソ」「ア(カ)」「ド」를 中心으로-」『日語日文學研究』52：77-98.

김남숙(2005) 「『捷解新語』에서의 人稱代名詞에 關한 研究-時代的推移와 자본간의 變 化頻度를 中心으로-」『文明연지』6：211-229.

金英玉(2005) 「捷解新語의 韓國語對譯文에 나타나는 日本語單語에 對하여」『日語日文 學研究』53：37-56.

朴才煥(2005) 「『捷解新語』の副詞研究-「いちえん」「いつせつ」を中心に-」『日語日文學研究』53：163-176.

李鍾姬(2005) 「『捷解新語』における「呼應副詞」について-命令·依賴要素と呼應する副詞を中心に-」『日本文化研究』13：395-414.

趙堈熙(2005) 「朝鮮資料의 한글 音注에 나타나는 硬音表記와 文악센트와의 關係에 對하여」『日本語文學』24：115-140.

趙來喆(2005) 「『捷解新語』における長音-才段長音表記を中心に-」『日本語文學』25：131-148.

韓美卿(2005) 「日本語의 重層敬語에 關한 考察」『日本研究』24：503-523.

趙堈熙(2005) 「朝鮮通信使隨行譯官と『捷解新語』の改修-日本語の改修を中心に-」『朝鮮通信使研究』創刊號：243-254.

鄭丞惠(2005) 「朝鮮通信使隨行譯官과「捷解新語」의 改修」『朝鮮通信使研究』創刊號：255-259.

李鍾姬(2005) 『『捷解新語』における副詞の研究』麗澤大學博士論文.

李錫順(2005) 「『捷解新語』副詞考-「ゑんてい·かねて·まえかど·まえかた·もはや」를 中心으로-」『漢陽日本學』14：71-91.

古田和子(2006) 「『捷解新語』の慣用的表現」『日本研究』27：243-261.

權董顯(2006) 「『捷解新語』에 있어서 指示體系에 對해서-「ド」系列을 中心으로-」『日本語文學』31：19-34.

金英玉(2006) 「捷解新語의 韓國語對譯文에 나타나는 漢字語에 對한 一考察」『日本學報』66：15-26.

이상규(2006) 「17世紀前半倭學譯官康遇聖의 活動」『韓日關係史研究』24：101-141.

李鍾姬(2006) 「『假定條件要素와 呼應하는 副詞』에 對하여 -『捷解新語』의 用例를 中心으로-」『日本學報』67：91-101.

李鍾姬(2006) 「『捷解新語』副詞의 改修樣相」『日本研究』28：365-385.

李鍾姬(2006) 「推量要素와 呼應하는 副詞」에 對하여-『捷解新語』의 用例를 中心으로-」『日本言語文化』8：17-34.

趙南德(2006) 「倭學書『捷解新語』의 構成考察」『日本語文學』31：309-332.

趙南德(2006) 「『捷解新語』의 大字表示分析」『日本文化學報』30：23-44.

趙南德(2006) 「倭學書『捷解新語』의 構成考察-行呺音의 觀點으로-」『日本語文學』31：1-20.

古田和子(2006) 『「捷解新語」の研究：資料性と漢字漢語について』韓國外國語大學博士論文.

김유정(2006) 「『捷解新語』의 言語教材로서의 特徵과 言語機能分析」『譯學書와 國語史

研究』145-182. 서울：太學社.

權菫顯(2007) 「『捷解新語』에 있어서 形容詞에 對한 考察」『日語日文學研究』63：1-15.

李東郁(2007) 「『捷解新語』に現れるウ段とオ段との交替表記」『日本語文學』39：165-186.

李英兒(2007) 「近世の日本語における語用論的接續の発生」『日本研究』34：235-252.

李東郁(2007) 「『捷解新語』・『倭語類解』に表れた四つ仮名について」『日本研究』31：203-225.

李鍾姬(2007) 「『捷解新語』의 「順序副詞」에 對하여-「時間副詞」의 範疇안에서-」『日語日文學研究』63：449-465.

林昌奎(2007) 「『捷解新語』の他動詞について-「於」と共起する他動詞を中心に日韓對照の觀点から-」『日本學報』70：141-153.

林昌奎(2007) 「言語研究資料としての『捷解新語』」『언어학연구』12 한국언어연구학회：1-16

鄭光(2007) 「韓國における日本語教育の歷史」『日本文化研究』21：315-333.

鄭丞惠(2007) 「『捷解新語』第2次改修本의 刊行年代에 對하여」『日本文化研究』21：167-188.

趙南德(2007) 「倭學書『捷解新語』의 別途表示에 對하여 --簇本을 中心으로」『日語日文學研究』60：191-216.

趙來喆(2007) 「『捷解新語』における長音-日本語學習書としての性格解明-」『日本語文學』35：361-375.

趙來喆(2007) 「日本語學習書としての『捷解新語』の性格解明」『日語教育』40：105-122.

이훈선(2007) 「『捷解新語』의 人稱代名詞改修에 關한 考察」釜山大學校 碩士論文.

조수현(2007) 「『捷解新語』タ行オ段拗長音子音部의 音注表記에對한 考察」釜山大學校 碩士論文.

權菫顯(2008) 『捷解新語의 コ・ソ・ア(カ)・ド에 關한 研究』서울：韓國學術情報.

權菫顯(2008) 「『捷解新語』에 나타난 條件表現에 對한 一考察(1)」『日本研究』36：203-216.

權菫顯(2008) 「『捷解新語』의 形容詞 및 形容動詞에 對한 考察」『日本語文學』37：3-19.

김은숙(2008) 「『捷解新語』譯文의 漢字語에 對해-韓日共通의 漢字語中 意味가 다른 漢字語檢討-」『日語日文學研究』65：45-60

權菫顯(2008) 『첩해신어의 コ ソ ア(カ) ド에 관한 연구』파주：한국학술정보

강태규(2009) 「현대적 교재론의 관점에서 본 『捷解新語』」고려대교육대학원석사논문

權菫顯(2009) 「『첩해신어』에 나타난 오단장음에 대해서」『일본연구』40: 311-330

權菫顯(2009) 「『첩해신어』에 나타난 조건표현에 대한 일고찰(2)」『일본학연구』27：429-443

東ヶ崎祐一(2009) 「『重刊改修捷解新語』における假名の使用狀況」『일본어학연구』

24:155-177.

趙堈熙(2009) 「『捷解新語』의 對譯韓國語에 대하여-한자표기와 한글표기의 倂用를 중심으로」『日語日文學』41:79-96

趙堈熙(2009) 「『捷解新語』의 對譯 韓國語 改修에 대하여:漢字表記의 改修를 중심으로」『일어일문학』42: 81-103

林昌奎(2009) 「『捷解新語 卷十』의 文面解讀」『일본어학연구』25: 195-211

林昌奎(2009) 「『捷解新語 卷十』의 文面解讀(Ⅱ)」『日本文化學報』42: 5-23

정강철(2010) 「授受動詞「つかわす」의 一考察 -『捷解新語』를 中心으로」『일본연구』46: 433-449

小泉和生(2010) 「의태부사(擬態副詞) 'するすると'와 '술술이' :『捷解新語』자료를 통하여」『일본연구』29:7-21

鄭丞惠(2010) 「捷解新語 諸本의 編纂과 改修」『역학과 역학서』1 :113-153

權董顯(2010) 「『첨해신어』의 「ソ」系列에 대해서」『일본연구』43: 331-352

權董顯(2010) 「『첨해신어』의 「コ」系列에 대해서」『日本語文學』44:3-26.

송경주(2011) 「『첨해신어』원간본에 있어서 "は"와 "が" -"は"와 "が"의 한국어대역을 중심으로-」『일어일문학연구』77(1):135-150

林昌奎(2011) 『捷解新語』卷十의 文面解讀(Ⅲ) 日本文化學報 第 50輯, 2011. 8, 61-76

한미경(2011) 「일본어 경어의 청자배려에 대한 사적고찰-『첨해신어(捷解新語)』의 문말형식을 중심으로」『일본언어문화』17:291-313

韓鐸哲·趙堈熙(2011) 「『捷解新語』に用いられた「いかう」について」『동북아 문화연구』28: 421-434

權董顯(2012) 「『첨해신어』의 コソアド에 대해서」『일본연구』54: 269-282

趙堈熙(2012) 「『捷解新語』に見られる『道理』『通』について」『일본어학연구』35:385-400

趙堈熙(2013) 「異文化の<境界>に見られる言語表象 -捷解新語に現れる語彙を中心に」『일본학연구』39: 379-404.

李仙喜(2013) 「『捷解新語』原刊本 5種의 先後關係」『奎章閣』42:43-96

趙來喆(2014) 「『捷解新語』における清音と濁音のハングル音注-単子音と重ね子音の用例を中心に」『일본학연구』42:321-337

丁鋼徹(2015) 「捷解新語의 資料性에 대한 一考察 : 韓日 兩言語의 方言을 중심으로」『日本文化學報』67:105-122

호규진(2015) 「『捷解新語』의 학습어휘의 성격」한국일본학회 학술대회논문발표집

호규진(2015) 『조선시대 왜학서 연구 : 일본어 어휘교육의 관점에서』고려대교육대학원석사논문

趙堈熙(2015) 「『捷解新語』に見られる「やう(様)」の用法と對譯について」『일본근대학

연구』47: 27-41

호규진(2016) 「첩해신어(捷解新語)의 수록어휘」『일본언어문화』34:255-79

4.6. 方言集釋【方言類釋】

4.6.1. 硏究

宋敏(1968) 「方言集釋의 日本語「ハ」行音轉寫法과 倭語類解의 刊行時期」『李崇寧博士
頌壽紀念論叢』295-310. 서울 : 乙酉文化社

李鎭煥(1984) 『十八世紀國語의 造語法研究-「方言類釋」을 中心으로-』檀國大學校碩士
論文.

이근규(1985) 「方言集釋研究」『國語學論叢』서울 : 語文研究會.

延圭東(1987) 『<方言集釋>의 우리말풀이 硏究』서울大學校碩士論文.

研究所資料(1987) 「附錄 : 方言輯釋保晩齋剩簡」東國大學校日本學研究所『日本學』6 :
221-293.

裵錫柱(1989) 「『方言集釋』の九州方言」『日本學報』23 : 83-110.

古田和子(1989) 「『方言集釋』と『倭語類解』との比較研究」『日語日文學研究』14/1 : 41-67.

古田和子(1991) 「『方言集釋』と『倭語類解』との比較研究-倭語を中心として-」『德成女
大論文集』20 : 171-197.

裵錫柱(1995) 「『方言集釋』再考-原刊本『倭語類解』との關係をめぐって-」慶州大『論文
集』7 : 313-326.

泉文明(1996) 「ソウル大学校藏『방언유석』왜어휘의 제문제」『일본어교육』12:103-121

裵錫柱(1997) 「朝鮮資料の性格-各資料間の連關性を中心に-」慶州大『論文集』9 : 347-361.

裵錫柱(1998) 「朝鮮時代の『類解書』語彙部類の比較 『方言集釋』と『倭語類解』の連關性
を中心に」『日語日文學』10/1 : 37-55.

裵錫柱(1999) 「倭學書ザ行音轉寫表記の淸音化の傾向」慶州大學校『論文集』12/1 : 309-323.

裵錫柱(1999) 「類解書ハングル轉寫表記再考-『方言集釋』と他の類解書の外國語音轉
寫表記の比較を中心に」『日本語文學』7/1 : 19-41.

裵錫柱(2000) 「『方言集釋』諸外國語音轉寫表記の獨自性」『日本語文學』10 : 111-126.

裵錫柱(2000) 「『方言集釋』의 國語語彙에 對하여」慶州大學校『論文集』13 : 209-222.

趙堈熙(2004) 「倭學書에 보이는 日本音의 比較研究-『倭語類解』『方言集釋』『三學釋
語』를 中心으로-」『日語日文學』21 : 115 135.

裵錫柱(2006) 『「方言集釋」의 倭語研究』서울 : J&C.

趙堈熙(2006) 「倭學書의 促音에 表記되어 있는 한글 音注의 特徵과 問題點」『日語日文
學』30 : 93-109.

姜恩枝(2007) 「『方言類釋』의 "中州鄕語"에 나타나 있는 言語資料研究」서울大『言語研

究』26：65-82【書評：愼鏞權(2007)『言語研究』26：83-86】.

金英玉(2008) 「倭學書辭典類의 共通語彙에 對한 一考察」『日本文化研究』25：37-49.

최병선(2009) 『『方言類釋』의 中國語語彙研究』梨花女子大學校碩士論文.

4.7. 三學譯語
4.7.1. 研究

노은주(1997) 『三學譯語研究』大邱曉星가톨릭大學校博士論文.

裵錫柱(1999) 「類解書ハングル轉寫表記再考『方言集釋』と他の類解書の外國語音轉寫
　　　　　　表記の比較を中心に」『日本語文學』7/1：19-41.

趙堈熙(2004) 「倭學書에 보이는 日本語音의 比較研究-『倭語類解』『方言集釋』『三學釋
　　　　　　語』를 中心으로-」『日語日文學』21：115-135.

趙堈熙(2005) 「『倭語類解』와 『三學譯語』의 漢字字釋과 日本語音의 比較研究」『日語日
　　　　　　文學』28：105-121.

4.8. 倭語類解
4.8.1. 研究

兪昌均(1959) 「『倭語類解』譯音考」韓國語文學會『語文學』5：135-151.

南廣祐·崔乙善(1962) 「倭語類解索引」『語文論集』2：123-139.

文璇奎(1963) 「兩日語書略攷-特히 子音에 關心을 가지고-」『韓日言語文學』1：92-121.

文璇奎(1963) 「漢字音上의 口蓋音化-特히 倭語類解에 나타난 것에 對하여」『中國學報』
　　　　　　3/1：17-28.

鄭光(1978) 「朝鮮偉國字彙」『朝鮮偉國字彙』1-2. 弘文閣.

鄭光(1978) 「類解類譯學書에 對하여」『國語學』7：159-188.

李喆鎬(1983) 『類解類譯學書의 國語學的考察』漢陽大學校碩士論文.

金正憲(1984) 「漢字音·義受容에 關한 小考-倭語類解에서 拔萃한 8字를 中心으로-」『語
　　　　　　文論集』17：35-52.

片茂鎭(1984) 「「倭語類解」と「交隣須知」について」岡山大學碩士論文.

片茂鎭(1986) 「『倭語類解』と『交隣須知』の相互交渉について-原『交隣須知』復元への
　　　　　　試みから-」『岡大國文論稿』14：22-32.

안종복(1986) 『類解類書에 나타난 國語의 表記法研究』檀國大學校碩士論文.

鄭光(1987) 「『倭語類解』의 成立과 問題點-國立圖書館本과 金澤舊藏本과의 比較를 通
　　　　　　하여」『德成語文學』4：31-51.

임경순(1990) 「倭語類解에 나타난 韓日漢字音釋比較研究(2)」『日本學報』24：147-180.

權仁瀚(1991) 「類解類譯學書의 音節末ㅅ', 'ㄷ'表記法一考察」『國語學의 새로운 認識과

展開 金完鎭先生回甲紀念論叢』162-173. 서울 : 民音社

李康民(1992) 「「方言集釋」と「倭語類解」」『國語國文』61/9 : 35-50.

蔡京希(1993) 「韓·日漢字音に於ける<氣と聲>の一考察-「六祖壇經」「六言集釋」「倭語類解」を中心に-」『培花論叢』11·12 : 85-100.

홍사만(1994) 「字釋語의 變遷研究-『倭語類解』와 『日語類解』의 比較-」『權在善博士還甲紀念論文集』우골탑.

郭在鏞(1994) 『類解類譯學書의 '身體'部語彙研究』慶南大學校博士論文.

郭在鏞(1995) 「類解類譯學書의 '身體'部語彙研究」『한글』228 : 31-64.

裵錫柱(1995) 「『方言集釋』再考-原刊本『倭語類解』との關係をめぐって-」慶州大『論文集』7 : 313-326.

延圭東(1996) 『近代國語語彙集研究 : 類解類譯學書를 中心으로』서울大學校博士論文.

鄭光(1996) 「日本駒澤大學所藏의『倭語類解』-落張의 補寫와 版本의 脫字·脫劃에 依한 誤記 및 誤讀을 中心으로-」第21次國語學會겨울研究會發表要旨.

成㻯慶(1996) 「『倭語類解』와 『小學示蒙句解』의 日本漢字音比較」『日本語文學』2/1 : 19-52.

鄭光(1997) 「日本駒澤大學所藏의 <倭語類解>-版本의 補寫와 木版의 脫字·脫劃에 依한 誤讀을 中心으로-」『淸凡陳泰夏敎授啓七頌壽紀念語文學論叢』789-813. 서울 : 太學社

成㻯慶(1998) 「『倭語類解』의 日本漢字音의 淸濁에 關하여」『日本學報』41 : 15-32.

成㻯慶(1998) 「『倭語類解』の日本語と日本漢字音に見られる一二の表記について」『日本語文學』5/1 : 157-173.

裵錫柱(1998) 「類解書諸外國語音の轉寫表記考」慶州大『論文集』10 : 561-574.

裵錫柱(1998) 「朝鮮時代の「類解書」 語彙部類の比較-『方言集釋』と『倭語類解』の連關性を中心に-」『日語日文學』10/1 : 37-55.

片茂鎭(1998) 「『倭語類解』以後의 韓日對譯語彙集에 對하여-『通學徑編』을 中心으로」『日本의 言語와 文學』2 : 91-105.

成㻯慶(1999) 「『日語類解』의 日本漢字音의 性格과 記載方法에 對하여-『倭語類解』와의 比較를 中心으로-」『日本學報』43 : 85-97.

鄭丞惠(1999) 「『倭語類解』의 口訣과 그 쓰임에 對하여」『國際高麗學』5 : 88-99.

鄭光(1999) 「日本における朝鮮資料の研究-日本駒澤大學所藏の「倭語類解」を中心として-」日韓文化交流基金『訪日學術研究者論文集(歷史)』1 : 651-691.

裵錫柱(1999) 「類解書ハングル轉寫表記再考『方言集釋』と他の類解書の外國語音轉寫表記の比較を中心に」『日本語文學』7/1 : 19-41.

延圭東(2001) 「近代國語의 낱말밭 : 類解類譯學書의 部類配列順序를 中心으로」『言語

學』28 : 101-128.

辻星兒(2001)「「倭語類解」의 韓國語에 對하여-音韻史·表記史의 觀點에서」梅田博之敎授古稀記念『韓日語文學論叢』727-744. 서울 : 太學社

成嬉慶(2002)「『倭語類解』에 記載되어 있는 日本語와 日本漢字音의 出處에 關한 研究」『日本學報』53 : 93-120.

成嬉慶(2003)『韓日對譯辭書『倭語類解』の研究-日本漢字音の諸相を中心に』서울 : 博而精.

成嬉慶(2003)「類解書의 標題語漢字比較研究-『倭語類解』의 標題語의 出處를 中心으로」『日本語文學』22 : 95-124.

鄭光(2004)『(四本對照)倭語類解』서울 : J&C.

鄭光(2004)「韓半島における日本語敎育とその敎材-『倭語類解』を中心に-」『日本文化研究』10 : 43-68.

成嬉慶(2004)「『朝鮮偉國字彙』의 日本語와 日本漢字音의 表記에 對하여」『日本語文學』26 : 131-148.

李東郁(2004)「朝鮮時代の日本語學習書のタ行オ段拗長音表記について」『日本研究』22 : 383-403.

李東郁(2004)「ハ行四段動詞「-aウ」類の歷史的變遷について-『方言類釋』,『倭語類解』のハ行四段動詞「-aウ」類表記を中心として-」『日語日文學研究』51 : 1-21.

趙堈熙(2004)「倭學書에 보이는 日本語音의 比較研究-『倭語類解』『方言集釋』『三學釋語』를 中心으로-」『日語日文學』21 : 115-135.

Kobayashi, Tadayoshi(2004)『倭語類解의 文獻學的 研究』서울대석사논문

박찬식(2005)『類解類譯學書에 나타난 語彙의 研究』曉園大學校博士論文.

成嬉慶(2005)「倭語類解』の日本漢字音の分類」『日本語文學』30 : 125-152.

成嬉慶(2005)「刊本『倭語類解』와 寫本『和語類解』의 日本語表記比較研究」『日本語文學』29 : 131-144.

趙堈熙(2005)「『倭語類解』와『三學譯語』의 漢字字釋과 日本語音의 比較研究」『日語日文學』28 : 105-121.

홍사만(2005)「『倭語類解』의 語彙分析(1)-口蓋音化表記를 中心으로-」『語文論叢』42 : 1-38.

高明均(2005)「倭語類解의 口訣借字表記에 關한 研究」『言語와 文化』1/2 : 167-177.

李東郁(2006)「朝鮮時代の日本語學習書による日本語のエ段音研究」『日本語文學』32 : 71-90.

李東郁(2007)「『捷解新語』·『倭語類解』に表れた四つ仮名について」『日本研究』31 :

203-225.

成嘵慶(2007)「近世·近代의 한글資料에 보이는 日本漢字音의 淸濁音에 關하여-『倭語類解』·『兒學編』·『日語類解』의 比較를 中心으로』『日本語文學』39：93-112.

金英玉(2008)「倭學書辭典類의 共通語彙에 對한 一考察』『日本文化研究』25：37-49.

趙堈熙(2008)「倭學書에 表記되어 있는 한글 音注에 關한 通時的研究』『日語日文學』37：135-154.

호규진(2014)「『日葡辞書』との対比から見た『倭語類解』の語彙の性格』『일본연구』62

4.9. **隣語大方**
4.9.1. **解題·索引**
片茂鎭·岸田文隆(2005)『隣語大方(解題·索引·例文)』서울：不二文化【Aston本, 苗代川本】.

4.9.2. **研究**
南基卓(1983)「隣語大方의 國語學的研究』『語文研究』36·37：205-226.

李仁淳(1990)『「隣語大方」朝鮮刊本に於ける漢語研究-日韓兩文の對照を通して-』昌原大學校博士論文.

李仁淳(1993)「『隣語大方』における漢語-漢語の語義を中心に-』『上智大學國文學論集』26：191-212.

鄭丞惠(1995)「隣語大方의 成立과 刊行에 對하여』『德成語文學』8：1-21.

李仁淳(1995)「近世期の語彙交渉」-『隣語大方』を例として」『三郎山論集』2：45-57.

片茂鎭(1996)「朝鮮資料의 格助詞「が, の」의 待遇表現價値에 對하여-『交隣須知』와『隣語大方』을 中心으로-』『日本文化學報』2：123-144.

강희숙(1999)「'오>우'變化의 遂行과 擴散-『訂正隣語大方』과『再刊交隣須知』를 中心으로』『國語學』33：99-123.

申忠均(2000)「『隣語大方』의 假定條件表現-朝鮮資料의 흐름으로부터』『日本語文學』9：53-81.

申忠均(2000)「『隣語大方』諸本의 比較考察』『日本學報』45：103-116.

고이즈미 가즈오【小泉和生】(2000)「『隣語大方』에 나타난 複數接尾辭에 對하여』『21世紀國語學의 課題(솔미鄭光先生華甲記念論文集)』61-80. 서울：月印.

申忠均(2002)「『隣語大方』의 日本語-筑波大本加筆訂正의 性格-』『日本語文學』13：209-228.

申忠均(2002)「『隣語大方』의 異本比較-筑波大本의 加筆訂正部分에 着眼하여-』『日本語文學』14：277-297.

세이치 카도와키【門脇誠一】(2005)「東アジアの日本語學-主に通時的な觀點から」『日本語文學』27：3-13.

申忠均(2005)「筑波大本『隣語大方』의 特殊記號」『日本語文學』27：33-52.

申忠均(2006)「明治刊本『隣語大方』의 韓國語」『日本語文學』31：129-149.

申忠均(2006)「『隣語大方』の諸本閒關係再考」九州大學『語文研究』100·101：174-163.

조소은(2007)『朝鮮時代日本語學習書에 關한 考察 -明治刊本『隣語大方』의 條件表現을 中心으로-』全北大學校碩士論文.

임성택(2007)『朝鮮時代日本語學習書『隣語大方』의 副詞研究 -朝鮮刊本을 中心으로-』全北大學校碩士論文.

이형미(2007)『隣語大方의 異本에 나타난 韓國語의 變化』서울大學校碩士論文.

정승혜(2009) 와세다대학 핫토리문고 소장 「朝鮮語譯」에 대하여 『二重言語學』40:153-183

정승혜(2009)『隣語大方』朝鮮刊本의 成立과 撰者에 대하여『국어사연구』9:240-268

4.10. 交隣須知

4.10.1. 解題

片茂鎭(1999)『交隣須知：解題 및 本文(影印)篇』弘文閣；

片茂鎭·岸田文隆(2005)『交隣須知(解題·本文·索引)』弘文閣【Aston文庫本B4】；片茂鎭(2005)『(諸本對照)交隣須知』(『『交隣須知』の基礎的研究』別冊附錄資料集)서울：J&C.

片茂鎭(2000)『交隣須知：解題·本文·索引(韓日語)』【對馬歷史民俗資料館所藏】弘文閣

4.10.2. 研究

李鍾徹(1982)「沈壽官所藏本『交隣須知』에 對하여」『白影鄭炳煜先生還甲記念論叢』新丘文化社

片茂鎭(1991)「『交隣須知』의 韓國語에 對하여」『瑞松李榮九博士華甲記念論叢』249-272.

崔彰完(1994)「『交隣須知』에 나오는「말하다」「보다」「있다」意味의 敬語에 對하여」韓國外大大學院『里門論叢』14：229-243.

齊藤明美(1995)「『交隣須知』の增補本に關する一考察」『南鶴李鍾徹先生回甲記念韓日語學論叢』서울：國學資料院

沈保京(1995)「交隣須知(明治14年版)」에서의 非韓國語的表現 몇가지 考『南鶴李鍾徹先生回甲記念韓日語學論叢』서울：國學資料院

沈保京(1996)「交隣須知異本比較-沈壽官所藏과 外務省所藏本의 比較」『語文研究』92：107-124.

崔彰完(1996) 「『交隣須知』에 나오는「ゴザル」의 用法」『日語日文學』6：133-156.
片茂鎭(1996) 「朝鮮資料의 格助詞「が·の」의 待遇表現價値에 對하여-『交隣須知』와『隣語大方』을 中心으로-」『日本文化學報』2：123-144.
崔彰完(1996) 「『交隣須知』에 나오는 'しゃる'에 對하여」大邱大學校人文科學研究所『人文藝術論叢』15：227-246.
齊藤明美(1997) 「『交隣須知』의 傳本에 對하여」『人文學研究』4：132-150.
齊藤明美(1997) 「『交隣須知』の沈壽官本について」『日本文化學報』3：127-147.
崔彰完(1997) 「『交隣須知』에 나오는 輔助動詞「ゴザル」에 對하여-韓·日兩國語比較를 中心으로-」大邱大學校『人文科學藝術文化研究』16.
齊藤明美(1998) 「明治14年版『交隣須知』에 對하여 -表題目를 中心으로-」『日本語文學』4：1-20.
齊藤明美(1998) 「『交隣須知』增補本의 系譜에 對하여」『人文學研究』5：238-254.
齊藤明美(1998) 「明治16年版『交隣須知』について」『日本文化學報』5：159-177.
李康民(1998) 「アストン本『交隣須知』の日本語」『日本學報』41：111-127.
片茂鎭(1998) 「對馬本『交隣須知』에 對하여」『日本文化學報』5：139-157.
片茂鎭(1998) 「釜山市立圖書館藏『交隣須知』에 對하여」『古岩黃聖圭博士定年記念論文集』175-190. 서울：中央大學校文科大學日語日文學科.
崔彰完(1999) 「『交隣須知』에 나타나는 '말하다(言う)'意味의 敬語에 對한 一考察」『日本文化學報』6：249-276.
崔彰完(1999) 「『交隣須知』에 나타난 人稱代名詞에 關한 研究」『日語日文學』12：27-48.
齊藤明美(1999) 「『交隣須知』研究의 意義」『日本의 言語와 文學』4.
齊藤明美(1999) 「『交隣須知』の副詞語彙」『日本語學研究』1.
齊藤明美(2000) 「『交隣須知』の接續助詞-原因·理由を表わす接續助詞を中心にして-」『日本文化學報』8：53-67.
齊藤明美(2000) 『『交隣須知』の系譜と言語』漢陽大學校博士論文.
채영희(2000) 「交隣須知의 語彙와 用例研究-京都大所藏本卷1을 中心으로-」『比較韓國學』7：163-182.
이근영(2001) 「交隣須知의 音韻論的研究」『한말研究』8：107-138.
齊藤明美(2001) 「『交隣須知』の刊本三種の表記法-明治14年本、明治16年本(再刊本)、明治37年本『交隣須知』の韓國語表記法について」『漢陽日本學』9：29-30.
齊藤明美(2001) 「增補本系『交隣須知』の卷一について」『日本語學研究』3.
齊藤明美(2001) 「ソウル大學本『交隣須知』と明治14年本『交隣須知』の韓國語表記法について」『東アジア日本語教育·日本文化研究』3：215-231.

齊藤明美(2001) 「아스톤本『交隣須知』卷一과 白水本『交隣須知』의 韓國語表記」『人文
　　　　　　　學研究』8：167-194.

齊藤明美(2001) 「『交隣須知』の日本語の地域性について」『日本學報』47：31-46.

齊藤明美(2001) 『交隣須知의 系譜와 言語』서울：J&C.

片茂鎭(2001) 「東京外國語大學所藏の『交隣須知』」 梅田博之敎授古稀記念『韓日語文
　　　　　　　學論叢』877-895. 서울：太學社

오영신(2001) 『『交隣須知』の明治刊本における日本語の變化に關する研究』翰林大學
　　　　　　　校碩士論文.

片茂鎭(2002) 「東京大本『玉嬌梨』の裏打紙に用いられた初刊本「交隣須知」」『日本의
　　　　　　　言語와 文學』10：97-109.

片茂鎭(2002) 「武藤文庫本『交隣須知』について」『日本文化學報』15：139-157.

오만(2002) 『京都大學本『交隣須知』의 語彙研究』慶尙大學校博士論文.

李宰娟(2002) 『明治期「交隣須知」에 보이는 近代日本語-「日限通話」와의 對照를 中心
　　　　　　　으로』漢陽大學校碩士論文.

齊藤明美(2002) 「『交隣須知』의 漢字語研究-長崎大學武藤文庫藏『交隣須知』의 表題語
　　　　　　　의 漢字配列形式을 中心으로-」『人文學研究』9：113-129.

최경완(2003) 『『交隣須知』에 나타나는 敬語研究』慶熙大學校博士論文.

오오츠카 타다쿠라(2003) 『『交隣須知』에 나타난 韓國語研究』서울大學校碩士論文.

李明姬(2003) 「明治時代의 朝鮮語學習-「交隣須知」の寫本の背景を中心に」『日語日文
　　　　　　　學研究』47：383-402.

崔彰完(2004) 『交隣須知와 敬語』大邱大學校出版部.

齊藤明美(2004) 『『交隣須知』의 系譜와 言語(改訂版)』서울：J&C.

片茂鎭(2004) 「『象胥記聞拾遺』に見える日本語語彙と『交隣須知』」『韓國日本語文學會
　　　　　　　學術發表大會論文集』116-119.

李康民(2004) 「京都大本『交隣須知』에　보이는　異文例에　對하여」『日本學報』60：
　　　　　　　175-193.

齊藤明美(2004) 「日本語の文體の變化について-江戸時代から明治期の『交隣須知』の
　　　　　　　會話文を中心にして-」『日本言語文化』4：9-29.

李明姬(2004) 「明治時代의 朝鮮語學習-『交隣須知』가 使用된 理由에 對하여-」『日語日
　　　　　　　文學研究』49：49-66.

片茂鎭(2005) 『『交隣須知』の基礎的研究』서울：J&C.

成玧妸(2005) 「『交隣須知』の日本語の方言性について-語彙を中心として-」『日本語學
　　　　　　　論集』1：左136-115.

洪秀雅(2005) 『交隣須知の明治刊本における韓國語の表記法に關する研究』翰林大學校

碩士論文.

齊藤明美(2005)「『日韓通話』と『交隣須知』の對譯日本語について」『日本學報』63：
　　　　33-48.

沈保京(2005)「『交隣須知』의 書誌와 音韻論的特徵『韓國言語文學』54：1-22.

李明姬(2005)『『交隣須知』研究-諸異本の出現への推移を中心に-』慶熙大學校博士論文.

李明姬(2005)「『交隣須知』考察-小田本이 筆写된 背景을 中心으로-」『日本學論集』1
　　　　9：99-116.

片茂鎭(2005)『交隣須知の研究』聖德大學博士論文.

齊藤明美(2006)『明治時期日本의 韓語學習書研究-『交隣須知』의 影響을 中心으로』高
　　　　麗大學校博士論文.

崔彰完(2006)「二重敬語에 對하여」『日本研究』29：283-29.

片茂鎭(2006)「『交隣須知』日本語の特殊性」『比較文化研究』74：1-9.

김정현(2006)『「交隣須知」의 表記와 音韻現象에 對한 研究』國民大學校碩士論文.

李明姬(2006)「交隣須知와 對朝鮮貿易課의 關係 -『交隣須知』13종을 中心으로-」『日語
　　　　日文學研究』58/2：115-133.

崔彰完(2006)「『ゴザル』의 恭遜語化에 對하여-『交隣須知』를 中心으로-」『日本言語文
　　　　化』9：215-232.

조소은(2007)『朝鮮時代日本語學習書에 關한 考察-明治刊本『隣語大方』의 條件表現을
　　　　中心으로-』全北大學校碩士論文.

齊藤明美(2008)「『交隣須知』の複數形接尾辭について-人を表す複數形接尾辭を中心
　　　　にして-」『日本言語文化』13：119-138.

김수호(2009)『『交隣須知』의 日本語-1883年(明治16)刊本과 1904年(明治37)刊本의 對
　　　　照分析』漢陽大學校碩士論文.

崔彰完(2009)「『交隣須知』에 나오는 「お(ご)~동사」 형태의 존경어에 대하여」『일본연구
　　　　』40:455-475

齊藤明美(2009)『明治時期 日本의 韓語 學習書 研究：『交隣須知』와의 關係를 中心으로
　　　　』 서울 : 제이앤씨

齊藤明美(2010)「明治期43年刊『日韓韓日言語集』の日本語について -明治14年本『交
　　　　隣須知』と明治37年本 『校訂交隣須知』との關係を中心に-」『인문학연
　　　　구』16: 71-89

片茂鎭(2010)「『交隣須知』筆寫本과 刊行本의 일본어 어휘 비교 :初刊本에서의 어휘
　　　　수용 과정을 중심으로」『日本文化學報』45:47-66

崔彰完(2011)「한일대역자료에 나오는 에 나오는 「お(ご)~동사」형태의 존경어의 변천
　　　　에 대하여」『일본연구』48 : 243-261

李賢熙; 河崎啓剛(2011) 「奎章閣韓國學研究院 所藏『校訂交隣須知原稿』에 대하여 -明治三十七年(1904)本 前間恭作·藤波義貫 共訂, 『校訂交隣須知』의 원고 -」『서지학보』37: 5-26

片茂鎭(2012) 「刊本類『交隣須知』에 의한 韓日近代語의 通時的研究:日本語의 文末表現을 중심으로」『日本文化學報』55:95-116.

허재영(2012) 「한국어 학습서『교린수지』의 분류항과 어휘 선정·배열 연구」『한국어의미학』38: 193-214

허재영(2012) 「한국어 교육사의 관점에서 본 교린수지(交隣須知)와 사과지남(辭課指南) 비교 연구」『한말연구』31: 361, 23

최창완(2013) 「『交隣須知』에 나타난 인칭대명사의 변천에 대하여」『언어와 언어학』58:427-448.

片茂鎭(2013) 「근대 한일어 대역자료『交隣須知』를 통한 한일 양국어의 통시적 연구(1) : 한국어를 중심으로」『日本文化學報』58:99-122

片茂鎭(2014) 「『交隣須知』를 통한 일본어 통시적 연구(1): 副詞語를 중심으로」『日本文化學報』61:63-81.

김주필·이민아(2014) 「일본 外務省藏版 19세기 말 조선어 교재의 언어 사용 양상과 특징 :『교린수지』와『인어대방』을 중심으로『언어학』70: 45-69

최창완(2014) 「『交隣須知』의 겸양어에 대하여」『일본연구』36:141-157.

片茂鎭(2015) 『交隣須知』를 통한 일본어 통시적 연구(2):尊敬表現을 중심으로『日本文化學報』66:63-82.

沈保京(2012) 「開化期 韓國語學習書 『交隣須知』表記 研究:明治14年本 『交隣須知(1881)』와『校訂交隣須知(1904)』 比較」『語文研究』154:59-89.

최창완(2016) 「한일대역자료에 나타나는 ゴザル에 대하여」『일어일문학연구』96: 265-282

4.11. 全一道人

宋敏(1986) 『前期近代國語音韻論研究』서울 : 塔出版社

高橋誠司(1999) 「『全一道人』의 假名轉寫研究」高麗大學校碩士論文.

閔丙燦(2003) 「『全一道人』에 있어서 「-에」의 假名轉寫에 對한 考察」『日本學報』57 : 109-122.

車胤汀(2004) 「近代朝鮮語學習書에 나타난 誤謬表現과 原因分析-『全一道人』,『講話』, 『漂民對話』를 中心으로-」『韓國語教育』15 : 277-294.

車胤汀(2007) 「朝鮮語學習書에 나타난 韓國語의 變化」『日本語文學』38 : 139-164.

허인영(2014) 『全一道人의 한국어 복원과 음운론적 연구』고려대학교 석사논문

허인영(2015) 「『전일도인(全一道人)』 가나 전사의 교정에 대하여」『민족문화연구』
67:167-215
허인영(2015) 「『全一道人』과『朝鮮語譯』의 한글 표기에 대하여」『한국어학』69:395-426.

4.12. 漂民對話
4.12.1. 解題
片茂鎭·岸田文隆(2006)『漂民對話』(解題·本文·索引·例文)서울:不二文化【Aston文庫本】.

4.12.2. 研究
진태하(1973) 「漂民對話」『한글』151:227-237.
김영신(1981) 「漂民對話研究」『語文學敎育』4:15-53;釜山國語敎育學會編『죽헌 이
진호 敎授華甲記念論文集』釜山:타화出版社
金永佑(1987) 「韓日兩國語における表現形態の比較研究-漂民對話を中心にして-」新
羅大學校『論文集』22:95-160.
柳東碩(1998) 「『漂民對話』研究」『韓國民族文化』11/1:241-277.
柳東碩(2000) 「『漂民對話』의 韓國語 資料에對한 研究」『韓國民族文化』15/1:368-372.

李康民(2004) 「近世日本의 韓國語學習書-言語史研究資料書의 系譜와 性格-」『日本學
報』58:175-192.
柳東碩·車胤汀(2004) 「朝鮮語學習書에 나타난 國語史的特徵과 日本語干涉現象」『우리
말研究』14:47-83.
車胤汀(2004) 「近代朝鮮語學習書에 나타난 誤謬表現과 原因分析-『全一道人』,『講話』,
『漂民對話』를 中心으로-」『韓國語敎育』15:277-294.
車胤汀(2007) 「朝鮮語學習書에 나타난 韓國語의 變化」『日本語文學』38:139-164.
許芝銀(2009) 「근세 쵸슈(長州)·사츠마(薩摩)의 朝鮮語通詞와 조선정보수집」『동양
사학연구』109:311-358.

4.13. 其他資料
4.13.1. 研究
李基文(1988) 「陰德記의 高麗詞之事에 對하여」『國語學』17:3-32.
鄭光(1996) 「日本對馬島宗家文庫所藏의 '物名'에 對하여」『李基文敎授停年退任紀念論
叢』704-737. 서울:新丘文化社.
岸田文隆(2000) 「漂流民이 傳하는 韓國語」『21世紀國語學의 課題(솔미鄭光敎授回甲紀
念論叢)』545-592. 서울:月印.

辻星兒(2000)「「二中歷」「世俗字類抄」의 韓國語數詞에 對하여」『21世紀國語學의 課題 (솔미鄭光敎授回甲紀念論叢)』527-544. 서울 : 月印.
姜憲圭(2000)「"허멜 漂流記"애 나타난 固有名詞表記 및 몇 言語現象에 對하여」『凡山 姜憲圭敎授華甲紀念國語學論文集』36-45. 公州 : 公州大學校出版部.
李康民(2005)「1904年刊 [韓語會話] 에 對하여」『日語日文學』27 : 221-225.
朴眞完(2005)「『海行摠載』から見た中·近世日本語の硏究」『國語國文』74/2 : 1-19.
鄭丞惠(2006)「東京大小倉文庫所藏「諺文」에 對하여」『譯學書와 國語史硏究』89-119. 서울 : 太學社.
鄭丞惠(2008)「소창문고 소장 나카무라쇼지로 자료의 국어학적 고찰」『日本文化硏究』 26 : 101-130
鄭丞惠(2009)「와세다대학 핫토리문고 소장 「朝鮮語譯」에 대하여」『二重言語學』 40:153-183
鄭丞惠(2009)「近代 韓國語敎材『酉年工夫』에 나타나는 '그녀'에 대한 고찰」『어문연구 』143:31-56
오미영(2010)「雨森芳州著『交隣提醒』의 候文에 대하여」『일본연구』51 : 257-274
閔丙燦(2012)「조선총독부관보의 '조선역문'에 대하여」『일본학보』93:31-41
박진완(2012)「나에시로가와(苗代川) 조선어 학습서의 계통 재고」『한국어학』54:171-207
윤영민(2015)「개화기 한일 양국어 학습서의 특징 연구 -문법 관련 기술 양상을 중심으로-」『일본연구』23:171-201

5. 淸學
5.1. 總論
李基文(1958)「中世女眞語音韻論硏究」『震檀學報』36 : 99-132.
朴恩用(1969, 73)『滿洲語文語硏究(一)(二)』大邱 : 螢雪出版社
崔鶴根(1970)「所謂『三田渡碑』의 滿文碑文註譯」『國語國文學』49·50 : 325-354.
김영일(1981)「滿洲文語에 對하여」釜山國語敎育學會編『죽헌 이진호 敎授華甲記念論文集』釜山 : 타화出版社
成百仁(1984)「譯學書에 나타난 訓民正音使用-司譯院淸學書의 滿洲語 한글 表記에 對하여-」서울大學校『韓國文化』5 : 21-63 ; (1999)『滿洲語와 알타이語學硏究』367-422. 서울 : 太學社
成百仁(1986)「初期滿洲語辭典들에 對하여」延世大學校『東方學志』52 : 219-258 ; (1999)『滿洲語와 알타이語學硏究』191-235. 서울 : 太學社.
鄭光(1986)「譯科初試淸學答案紙」『德成語文學』3 : 5-20.
金東昭(1987)「Sino-Mantshurica」『于亭朴恩用博士回甲紀念論叢 : 韓國語學과 알타이

語學』107-132. 河陽：曉星女子大學校出版部

鄭光(1987)「朝鮮朝譯科淸學初試答案紙에 對하여」『于亭朴恩用博士回甲紀念論叢：韓國語學과 알타이語學』471-493. 河陽：曉星女子大學校出版部.

鄭光(1988)「李朝後期的譯科試卷考-譯科漢學, 淸學試卷-」『第五屆韓國語硏究任務前景會議論文集』韓國硏究學會.

成百仁(1988-91)「朝鮮朝淸學書解題」『韓國民族文化大百科事典』9：258, 11：260-361, 12：746, 22：201-202. 城南：韓國精神文化硏究院；(1999)『滿洲語와 알타이語學硏究』125-140. 서울：太學社

金周源(1990)「滿洲語와 餘他 南퉁구스諸語의 相異點의 한 側面 -「淸學音」의 語彙를 中心으로-」『愼翼晟敎授停年退任紀念論文集』41-56. 서울：韓佛文化社

成百仁(1990)「初期滿洲語辭典들에 對한 言語學的硏究」『알타이學報』2：27-69；(1999)『滿洲語와 알타이語學硏究』305-365. 서울：太學社

朴相圭(1993)『朝鮮時代淸學書硏究』(알타이言語民俗學叢書6)서울：民昌文化社

成百仁(1994)「現存司譯院淸學書와 그 硏究」『알타이學報』4：1-20；(1999)『滿洲語와 알타이語學硏究』97-124. 서울：太學社

鄭光(1998)「淸學四書의 新釋과 重刊」『方言學과 國語學：靑巖金英泰博士華甲紀念論文集』753-788. 서울：太學社

成百仁(1999)『滿洲語와 알타이語學硏究』서울：太學社

河內良弘(2000)「朝鮮王國の女眞通事」『東方學』99：1-15.

菅野裕臣(2001)「司譯院淸學書의 原文과 對譯의 對應關係에 對하여」『알타이學報』11：15-26.

鄭光(2002)「譯科淸學과 淸學書」『譯學書硏究』523-550. 서울：J&C.

宋基中·李賢淑(2004)「朝鮮時代的女眞學與淸學」『滿語硏究』2004/2：87-92.

延圭東(2006)「滿洲語의 親族名稱硏究」『알타이學報』16：24-53.

朴相圭(2007)『朝鮮時代의 淸學書에 對한 新硏究-特히 八歲兒·三譯總解를 中心으로-』(韓國學과 우랄 알타이學關聯資料硏究叢書1)서울：圖書出版亦樂.

關辛秋(2008)「滿文元音의 淸代讀音」『民族語文』2008/3：68-71.

김양진·신상현(2015)「조선 지식인들의 淸代 滿洲語 수용 연구」『한국실학연구』30:381-440

송강호(2015)『청대만주어문헌연구』고려대학교민족문화연구원만주학총서4 서울:박문사

5.2. 同文類解

5.2.1. 硏究

閔泳珪(1956)「解題」『八歲兒·小兒論·三譯總解·同文類解』(國故叢刊9)1-10. 서울：延

禧大學校東方學研究所.

朴恩用(1968-69)「同文類解語錄解研究-李朝時代의 滿洲語文法書에 對하여-(上下)」『曉星女子大學校研究論文集』1：185-224, 2；(1973)『滿洲語文語研究(二)』大邱：螢雪出版社.

趙健相(1968, 71)「同文類解의 國語史的研究(1)(2)」『忠北大論文集』2：11-24；5：11-22.

成百仁(1970)「影印本同文類解에 對하여」明知大學校『明知語文學』4：95-104；(1999)『滿洲語와 알타이語學研究』63-71. 서울：太學社.

朴恩用(1970)「同文類解語錄解의 出典에 對하여」曉星女子大學校『國文學研究』3：39-73.

金東昭(1977)『同文類解滿洲文語語彙』大邱：曉星女子大學校出版部；(1982)改訂版.

李喆鎬(1983)『類解類譯學書의 國語學的考察』漢陽大學校碩士論文.

안종복(1986)『類解類書에 나타난 國語의 表記法研究』檀國大學校碩士論文.

趙東元(1986)『順治年間檔研究』서울：亞細亞文化社.

成百仁(1988)「同文類解와 '漢淸文鑑'」『韓國學의 課題와 展望』710-726. 城南：韓國精神文化研究院；(1999)『滿洲語와 알타이語學研究』73-95. 서울：太學社.

김성혜(1993)『『同文類解』와『蒙語類解』의 國語語彙比較研究』德成女子大學校碩士論文.

郭在鏞(1994)『類解類譯學書의 '身體'部語彙研究』慶南大學校博士論文.

郭在鏞(1995)「類解類譯學書의 '身體'部語彙研究」『한글』228：31-64.

洪允杓(1995)「同文類解解題」『同文類解』1-5. 弘文閣.

延圭東(1995)「同文類解와 蒙古類解의 比較-表題를 中心으로-」『言語學』17/1：183-202.

延圭東(1996)『近代國語語彙集研究：類解類譯學書를 中心으로』서울大學校博士論文.

延圭東(1999)「同文類解와 方言類釋對譯滿洲語의 比較」『言語의 歷史』381-423. 서울：太學社.

裵錫柱(1999)「類解書ハングル轉寫表記再考『方言集釋』と他の類解書の外國語音轉寫表記の比較を中心に」『日本語文學』7/1：19-41.

延圭東(2001)「近代國語의 낱말밭：類解類譯學書의 部類配列順序를 中心으로」『言語學』28：101-128.

곽정애(2001)『『同文類解』의 韓國語語彙研究』大邱가톨릭大學校碩士論文.

박찬식(2005)『類解類譯學書에 나타난 語彙의 研究』暎園大學校博士論文.

金哲俊·조광범·박진하(2009)「『同文類解』와『華語類抄』에서 보여지는 表記法의 變化에 對한 考察」『中國朝鮮語文』2009/2：22-26.

5.3. 淸語老乞大

5.3.1. 索引

徐尙揆(1997)『淸語老乞大語彙索引』(古語資料研究叢書5)서울：博而精

洪允杓(1998)『清語老乞大韓國語用例索引』弘文閣

鄭光(1998)「<清語老乞大新釋>國語索引」『清語老乞大新釋』서울：太學社

최동권·김양진·김유범·황국정·신상현(2012)『譯註清語老乞大新釋』고려대학교민족문
　　　화연구원　만주학총서1 서울:박문사

5.3.2. 研究
閔泳珪(1964)「引言」延世大學校『人文科學』11：113-114.

閔泳珪(1964)「老乞大辯疑」延世大學校『人文科學』12：201-209.

金東昭(1972, 74)「清語老乞大의 滿洲文語形態音素記述(一)(二)」『語文學』27：42-57；
　　　　　　30：29-52；黃有福譯(1992)「『清語老乞大』滿語書面語形態音素的記述
　　　　　　(一)(二)」『女眞語·滿語研究』1-63. 北京：新世界出版社

金正洙(1973)『清語老乞大의 한글 轉寫法과 그 混亂에 對하여』서울大學校碩士論文.

崔東權(1987)「清語老乞大研究」成均館大學校『首善論集』11：29-47.

鄭光(1998)「解題」『清語老乞大新釋』7-73. 서울：太學社

鄭光(2002)「<清語老乞大新釋>과 清學四書」『譯學書研究』595-638. 서울：J&C.

오민석(2013)「18세기 국어의 시제체계에 관한 쟁점 연구 :『清語老乞大新釋』에 나타난
　　　한국어와 만주어의 대역관계를 중심으로」高麗大學校碩士論文

최계영(2015)「외국어 학습서로서의『청어노걸대』」한국언어학회 2015년 여름학술대
　　　회 발표논문집: 75-91

5.4. 三譯總解
5.4.1. 索引
최동권·강성춘·T. otgontuul(2008)『滿文三國志三譯總解』附索引. 서울：韓國學術情報

全在昊(1977)「三譯總解語彙索引(1/2卷)」慶北大學校『語文論叢』11：199-210.

5.4.2. 研究
閔泳珪(1956)「解題」『八歲兒·小兒論·三譯總解·同文類解』(國故叢刊9)1-10. 서울：延
　　　禧大學校東方學研究所.

曺圭泰(1984)「三譯總解滿洲語文語研究(1)」『牧泉兪昌均博士還甲紀念論文集』697-742.
　　　大邱：啓明大學校出版部.

김영근(1993)「三譯總解第二의 對譯 및 語法分析」『韓國語文研究』8：7-57.

朴相圭(1993)「滿洲敎科書"三譯總解"의 比較言語學的인 한 側面」『人文論叢』2：101-13
　　　6；(2007)『朝鮮時代의 清學書에 對한 新研究-特히 八歲兒·三譯總解를
　　　中心으로-』581-616. 서울：圖書出版亦樂.

洪允杓(1995)「三譯總解解題」『八歲兒·小兒論·三譯總解(三種合本)』1-7. 弘文閣.

박상규(2006)「朝鮮時代 淸學書 三譯總解의 音譯과 語學的인 側面考」『亞細亞文化硏究』10: 233-247

원순옥(2011)「『삼역총해』의 어휘 연구」『우리말글』51: 73-94

송강호(2012)「『삼역총해』의 한글 번역과 판본학적 고찰 : '사람을 인정하미 되느냐' 어구를 중심으로」『奎章閣』40: 83-102

5.5. 小兒論·八歲兒

金敏洙(1956)「八歲兒」안암語文學會『語文論集』1/1 : 85-110.

金敏洙(1956)「八歲兒(解題)」『한글』118 : 44-47.

閔泳珪(1956)「解題」『八歲兒·小兒論·三譯總解·同文類解』(國故叢刊9)1-10. 서울 : 延禧大學校東方學硏究所.

K. M. S. 【金敏洙】(1962)P'alsea八歲兒and Soaron小兒論(Bibliographical note). Asiatic Research Bulletin 5/1 : 11-14.

閔泳珪(1964)「滿洲字小兒論과 敦煌의 項託變文」『李相伯博士回甲紀念論叢』321-332. 서울 : 乙酉文化社.

曺圭泰(1981)「'八歲兒'滿洲語文語硏究」慶北大學校『國語敎育硏究』13 : 27-53.

曺圭泰(1982)「'小兒論'滿洲語文語硏究」曉星女子大學『國文學硏究』6 : 63-84.

洪允杓(1995)「八歲兒解題」「小兒論解題」『八歲兒·小兒論·三譯總解(三種合本)』1-5. 弘文閣.

朴相圭「朝鮮時代의 淸學書에 對한 語學的觀點 -八歲兒를 中心으로-」;(2007)『朝鮮時代의 淸學書에 對한 新硏究-特히 八歲兒·三譯總解를 中心으로-』553-580. 서울 : 圖書出版亦樂.

鄭光(2001)「淸學書<小兒論>攷」梅田博之敎授古稀記念『韓日語文學論叢』509-532. 서울 : 太學社 ;(2002)「淸學書<小兒論>」『譯學書硏究』575-594. 서울 : J&C.

윤주필(2006)「한국에서의 '공자동자문답' 전승의 분포와 그 특징」『열상고전연구』23:239-276

문영준(2014)『淸學書 小兒論의 出處에 관한 연구』서울대학교박사논문

5.6. 漢淸文鑑

5.6.1. 索引

朴昌海·劉昌惇(1960)『韓漢淸文鑑索引』서울 : 延世大學校東方學硏究所

朴恩用(1989-90)「韓漢淸文鑑語彙索引(滿韓篇)」曉星女子大學校『韓國傳統文化硏究』

5：293-432 ; 6：125-275

崔宰宇(1993)『漢淸文鑑分類辭典』서울：圖書出版리울

安相炳(1997)「漢淸文鑑國語索引」『『漢淸文鑑』의 國語에 對하한 表記法·音韻研究』檀
國大學校碩士論文附錄

延世大學校國學研究院(1998)「韓國語索引」『漢淸文鑑』6,「漢語·淸語索引」『漢淸文鑑』
7. 弘文閣.

5.6.2. 研究

閔泳珪(1956)「解題」『韓漢淸文鑑』(國故叢刊10)1-13. 서울：延禧大學校東方學研究所.

劉昌惇(1957)「漢淸文鑑語彙考-文獻語와의 對比-」『國語國文學』17：3-14.

閔泳珪(1969)「韓漢淸文鑑」『韓國의 名著』799-807. 서울：玄岩社.

崔鶴根(1969)「影印本韓漢淸文鑑」에 對하여」建國大學校『文湖』5：53-64.

朴恩用(1971)「初刊漢淸文鑑에 對하여』『曉星女子大學研究論文集』8·9：145-156.

鄭光(1978)「類解類譯學書에 對하여」『國語學』7：159-188.

成百仁(1983)「<韓文文鑑>에 對하여」『金哲埈博士華甲紀念史學論叢』867-887. 서울：
知識産業社 ; (1999)『滿洲語와 알타이 語學研究』31-62. 서울：太學社

黃俊泰(1985)「漢淸文鑑의 漢語 한글 轉寫에 對한 音韻論的研究」成均館大學校碩士論文.

成百仁(1988)「'同文類解'와 '漢淸文鑑'」『韓國學의 課題와 展望』710-726. 城南：韓國精
神文化研究院 ; (1999)『滿洲語와 알타이語學研究』73-95. 서울：太學社

崔宰宇(1990)「<漢淸文鑑>의 文獻的價値에 對하여」『朝鮮語文』1990/2：43-49.

황선봉(1993)『韓漢淸文鑑語彙研究』曉星女子大學校博士論文.

연규동(1994)「滿洲語의 計量言語學的研究-漢淸文鑑을 中心으로」『알타이學報』4：
67-96.

安相炳(1997)『『漢淸文鑑』의 國語에 對하한 表記法·音韻研究』檀國大學校碩士論文.

李得春(1997)「『漢淸文鑑』에 對하여」『朝鮮語言學史研究』; (2001)『朝鮮語歷史言語學
研究』349-360. 서울：圖書出版亦樂.

成百仁(1998)「『漢淸文鑑』解題」『漢淸文鑑』1：1-17. 弘文閣 ; (1999)『滿洲語와 알타이
語學研究』11-30. 서울：太學社

李得春(1999)「『漢淸文鑑』凡例考察」『한글』245：21-48.

高東昊(2000)「漢淸文鑑-云滿洲語語句의 通時音韻論的特徵」『알타이學報』10·51-79.

김영일(2001)「<漢淸文鑑>속의 우리말 表記問題」『韓國學論集』28/1：26-87.

김영일(2001)「漢淸文鑑 속의 우리말 難解語(句)研究」『語文學』73：21-45.

崔宰宇(2003)「『漢淸文鑑』與『御製增訂淸文鑑』的比較」『民族語文』2003/2：65-69.

愼鏞權(2003)「『漢淸文鑑』의 漢語音表記에 對하여-『朴通事新釋諺解』와의 比較를 中

心으로」『言語研究』10/12 : 57-79.

김양진(2014) 「만주어사전『어제청문감』(1708)의 사전학적, 언어학적 의의」『한국사전학』24: 33-66

최계영(2015) 「『漢淸文鑑』滿文 詮釋의 변개 양상」『언어학』73: 81-110

최계영(2016) 「『漢淸文鑑』의 뜻풀이 유형」『한국사전학회 학술대회 발표논문집』: 105-118

5.7. 其他
5.7.1. 硏究
李基文(1973) 「十八世紀의 滿州語方言資料」『震檀學報』36 : 101-132.

洪允杓(1995) 「漢語抄解題」『漢語抄』1-3. 弘文閣.

鄭光(1995) 「파리 國立圖書館所藏의 滿·漢<千字文>-滿文의 訓民正音轉寫를 中心으로-」『國語國文學硏究 : 燕居齋申東益博士停年紀念論叢』1055-1083. 서울 : 景仁文化社 ; (2002) 「淸學書<千字文>」『譯學書硏究』551-574. 서울 : J&C.

조숙정(2008) 「『漢語抄』中國語譯音과 普通話의 音韻對應規律硏究」韓國外國語大學校 碩士論文.

정제문, 김주원(2008) 「만주어 사전『御製淸文鑑』(1708년 序)의 뜻풀이에 주목하여」『언어학』52:117-143

김동소(2011) 『만주어 마태오 복음 연구』 서울 : 지식과교양

정제문(2015) 「만주어와 몽골어 어휘의 유사성에 대하여 :《御製滿珠蒙古漢字三合切音淸文鑑》수록 어휘를 중심으로」『언어학』71 :261-280.

최형섭(2016) 「청대 만주어로 번역된 중국소설」『중국학(구중국어문론집)』54: 85-114

□ 성명 : 정승혜(鄭丞惠)
　　주소 : 경기도 수원시 권선구 온정로 72 수원여자대학교 인제관 406호
　　전화 : 031-290-8315
　　전자우편 : cshblue@chol.com

□ 이 논문은 2016년 11월 10일 투고되어
　　　　　　2016년 11월 15일부터 11월 30일까지 심사하고
　　　　　　2016년 12월 10일 편집회의에서 게재 결정되었음.

2016年 國際譯學書學會 第8回 國際學術會議

○ 主題: 譯學書 研究의 現況과 課題
○ 日時: 2016年 7月 30日(土) ~ 7月 31日(日)
○ 場所: 日本, 鶴見大學記念館講堂

7月 30日(土)	第1日次
9:00 ~ 9:10	**開會式**　司會: 장향실(張香實, 韓國 尙志大) 스기야마 유타카(杉山豊, 日本 京都産業大)
◦ **開會辭**	김문경(金文京, 譯學書學會 會長)
09:10 ~ 10:10	**基調特講**　司會: 후지모토 유키오(藤本幸夫, 日本 鶴見大)
◦ 정 광(鄭光, 韓國 高麗大 名譽敎授) "反切考"	
10:10 ~ 10:20	**休息**
10:20 ~ 12:00	**企劃 發表**　司會: 이토 히데토(伊藤英人, 日本 東洋文庫)
◦ 다케코시 다카시(竹越 孝, 日本 神戶市外国語大) 　　　　　　　"日本の 譯學書 研究 回顧と 展望"	
◦ 정승혜(鄭丞惠, 韓國 水原女大) "韓國의 譯學書 研究 回顧와 展望"	
12:00 ~ 14:00	**點心 食事 / 鶴見大学貴重書展示見學**
14:00 ~ 16:00	**午後 發表 1 - 漢學, 蒙學**　座長: 권인한(權仁瀚, 韓國 成均館大)
◦ 김문경(金文京, 日本 鶴見大學) "朴通事の時代背景"	
◦ 장 민(張 敏, 中國 北京大) "朝鮮译学特征研究"	
◦ 권일우(權一又, 몽골國立師範大) "『蒙語老乞大』 改訂에 依한 蒙文表記變化 考察"	
16:00 ~ 16:10	**休 息**
16:10 ~ 18:10	**午後 發表 2 - 淸學**　座長: 정승혜(鄭丞惠, 韓國 水原女大)
◦ 김양진(金亮鎭, 韓國 慶熙大) "『同文類解』 語錄解 研究"	
◦ 이택선(李宅善, 韓國 成均館大) "言語標準과 外交標準의 變化를 통해 본 傳統的 　　　　　　　外交의 再構成 朝鮮과 淸의 關係를 中心으로-"	
18:10	**晩 餐** [鶴見大学記念館]

7月 31日(日)　　　第2日次
9:00 ~ 10:20　　午前 發表 1 - 譯學書와 外國語敎育 　　　　　　　　　　　　座長: 현행자(玄幸子, 日本 関西大) ◦ 오격비(吳格非, 中國 北京鑛業大) "以国际汉学为依托的汉语国际教育研究摘要" ◦ 사이토 아케미(齊藤明美, 韓國 翰林大) 　　　　　　　　　　"島井浩の日本語と韓国語の学習書について"
10:20 ~ 10:30　　休息
10:30 ~ 11:50　　午前 發表 2 - 韓國語史 　　　　　　　　　　　　座長: 후쿠이 레이(福井玲, 日本 東京大) ◦ 권인한(權仁瀚, 韓國 成均館大)　"古代 韓國漢字音의 研究(I) - 최근 발굴된 角 　　　　　　　　　　　　　　　筆 聲點 資料를 중심으로-" ◦ 황선엽(黃善燁, 韓國 서울大)　"主格助詞 '가'의 起源에 대하여"
11:50 ~ 12:30　　國際譯學書學會 總會 및 閉會式 　　　　　　　　　　社會: 張香實(韓國 尙志大), 杉山豊(日本 京都産業大)

■ 폐회 후 일정

　(1) 점심 [総持寺 사찰 음식]

　(2) 総持寺 관람 / 座禅(希望者)

　(3) 요코하마 차이나타운 견학

　(4) 저녁 식사

국제역학서학회 임원 현황(학회 조직)

顧　問：姜信沆(韓國 成均館大 名譽教授), 鄭光(韓國 高麗大 名譽教授), 藤本幸夫(日本 富山大 名譽教授), 金文京(日本 鶴見大), 梁伍鎭(韓國 德成女大)

會　長：權仁瀚(韓國 成均館大)

副會長：鄭丞惠(韓國 水原女大), 岸田文隆(日本 大阪大)

監　事：金亮鎭(韓國 慶熙大)

總務理事：李準煥(韓國 昌原大), 杉山豊(日本 京都産業大)

硏究理事：張香實(韓國 尙志大), 伊藤英人(日本 東洋文庫)

出版理事：李承妍(韓國 서울市立大), 許秀美(日本 龍谷大)

財務理事：黄善燁(韓國 서울大), 竹越孝(日本 神戸市外大)

涉外理事：曲曉雲(韓國 光云大), 蕭悅寧(韓國 水源大)

情報理事：朴鎭浩(韓國 서울大), 黄雲(日本 麗澤大)

地域理事：王丹(中國 北京大), 李安九(日本 岡山大), 權一又(몽골 몽골國立師範大)

■ 編輯委員會

編輯委員長：金文京(日本 鶴見大)

編輯委員：中國語 - 金文京(日本 鶴見大), 朴在淵(韓國 鮮文大)

　　　　　日本語 - 藤本幸夫(日本 京都大), 福井玲(日本 東京大)

　　　　　韓國語 - 李賢熙(韓國 서울大), 金亮鎭(韓國 慶熙大)

　　　　　英語 - Ross King(Canada, UBC)

國際譯學書學會 會則

제1장 總 則

제1조(名稱) 本會는 '國際譯學書學會'라 稱한다.

제2조(目的) 本會는 譯學書 硏究를 통하여 韓國語, 中國語, 日本語, 滿洲語, 몽골語의 歷史와 言語를 통한 東아시아의 歷史·文化의 제반 교류 과정을 밝힘으로써 東아시아학의 發達에 寄與하는 것을 目的으로 한다.

제3조(事務所) 本會의 事務所는 會長의 勤務處에 두는 것을 原則으로 하되, 會長의 有故時 總務理事의 勤務處에 둘 수 있다.

제2장 事 業

제4조(事業) 本會의 目的을 達成하기 위해 다음의 事業을 한다.

1. 學會誌 <譯學과 譯學書>의 刊行
2. 每年 國際學術大會 開催
3. 譯學 資料의 發掘, 調査, 整理, 影印, 出版과 情報化하는 일과 譯學書을 통한 言語史 및 言語·文化 交流史를 연구하는 일을 수행한다.
4. 其他 本會의 目的 達成에 필요한 사업을 수행한다.

제3장 會 員

제5조(會員) 本會의 會員은 다음과 같다.

1. 顧問 : 본회와 譯學書 관련 학문의 발전에 功이 뚜렷하여 총회의 추대를 받은 분.

2. 正會員 : 本會의 目的에 찬동하는 석사 이상의 학력과 경력을 갖춘
   사람.

3. 準會員 : 本會의 目的에 찬동하는 사람.

4. 機關會員 : 本會의 目的에 찬동하는 각급 기관이나 단체.

5. 名譽會員 : 本會의 目的에 찬동하여 발전을 도운 사람으로 運營委
   員會의 推戴를 받은 분.

제6조(加入 節次) 本會의 會員이 되고자 하는 者는 所定의 會費와 함께 入會
願書를 本會에 提出하여 總會의 同意를 받아야 한다.

제7조(資格 喪失) 會員이 정당한 사유 없이 소정회비를 3년 이상 납입하지
않을 때에는 그 자격을 상실한다.

제8조(脫退) 회원은 본인의 의사에 따라 자유로이 본회를 탈퇴할 수 있다.

제9조(除名) 본회의 명예를 훼손하거나 본회의 목적에 위배된 행위를 한
사람은 운영위원회의 의결로 제명할 수 있다.

제10조(權限과 義務) 본회의 회원은 다음 각 호에 해당하는 權限과 義務를
갖는다.

1. 任員 選出 및 被選擧權 : 正會員 및 準會員, 名譽會員은 總會의 構成
   員이 되며, 임원 선출 및 피선거권을 갖는다.

2. 회비 납입의 의무 : 顧問과 名譽會員을 제외한 모든 회원은 소정의
   회비를 납입하여야 한다.

제4장 任 員

제11조(任員) 本會는 다음의 任員을 둘 수 있다.

1. 會長 1인

2. 副會長 2인

3. 總務理事 2인

4. 硏究理事 2인

5. 出版理事 2인

6. 財務理事 2인

7. 涉外理事 2인

8. 情報理事 2인

9. 地域理事 若干名

제12조(任務)

1. 會長은 學會를 代表하고 會務를 總括하며 運營委員會와 總會를 소집하여 그 議長이 된다.

2. 副會長은 會長과 함께 學會를 代表하고 會長의 有故時 會長의 役割을 代理한다.

3. 總務理事는 회원의 연락 및 서무에 관한 사항을 주관한다.

4. 硏究理事는 연구발표회를 비롯하여 연구에 관한 사항을 주관한다.

5. 出版理事는 학회지 편집 및 출판 업무와 기타 학회 도서 출판과 관련한 사항을 주관한다.

6. 財務理事는 재정에 관한 사항을 주관한다.

7. 涉外理事는 본회의 섭외 활동을 주관한다.

8. 情報理事는 본회의 홈페이지 관리 및 홍보 업무를 주관한다.

9. 地域理事는 각국에서의 학회 홍보를 담당하고 해당국에서 진행되는 학술대회를 총무이사와 공동으로 추진한다.

제13조(選出 및 任命) 회장은 정기총회에서 선출하며, 이사는 회장이 임명한다.

제14조(任期) 임원의 임기는 선출 및 선임된 해의 10월 1일부터 2년으로 하되 동일 직위에 대한 연임은 1차에 한한다.

제5장 監 事

제15조(監事) 本會의 활동 및 업무 전반에 관한 監査를 위하여 2인 이내의 監事를 둔다.

제16조(權限과 義務) 監事는 다음 각 호의 권한과 의무를 갖는다.

1. 운영위원회 및 편집위원회에 대해 본회의 활동 및 업무 전반에 대해 감사하기 위한 자료의 제출을 요구할 권한을 갖는다.
2. 운영위원회 및 본회의 각종 위원회에 참석할 권한을 갖는다.
3. 연1회 이상 회계를 감사하여 그 결과를 정기총회에 보고한다.

제17조(選出) 감사는 정기총회에서 선출한다.

제18조(任期) 감사의 임기는 2년으로 한다.

제6장 會 議

제1절 總會

제19조(總會) 본회는 회무에 관한 중요한 사항을 의결하기 위하여 총회를 둔다.

제20조(種類) 총회는 정기총회와 임시총회로 나눈다.

제21조(召集) 정기총회는 定期學術大會 시 召集하는 것을 原則으로 하며 임시총회는 회장 또는 운영위원 과반수, 또는 회원 5분의 1 이상의 요구에 의하여 소집한다.

제22조(成立과 議決) 총회는 참석인원으로 성립되며 참석인원 과반수의 승인으로 의결한다.

제23조(權限) 총회에서는 다음 사항을 의결, 승인 또는 동의한다.

1. 회칙의 개정 및 보완, 내규의 제정과 개정
2. 고문 추대에 대한 동의
3. 회장, 부회장, 감사의 선출
4. 회원의 입회 및 제명처분에 대한 동의
5. 입회비 및 연회비의 책정과 재정에 관한 사항 승인
6. 기타 회무에 관한 중요사항

제2절 運營委員會

제24조(設置) 본회의 중요한 업무 및 방침 등에 관하여 심의, 의결하기 위하

여 운영위원회를 둔다.

제25조(構成) 운영위원회는 임원 전원, 고문, 감사 및 본회의 업무 추진을 위하여 필요하다고 판단되는 회원을 포함한다.

제26조(召集) 운영위원회는 회장 또는 운영위원 3분의 1 이상의 요구에 의하여 소집한다.

제27조(權限) 운영위원회에서는 다음 사항을 심의 또는 의결한다.

1. 회칙의 변경 및 내규의 제정에 관한 사항
2. 고문 추대에 관한 사항
3. 회원의 입회 및 제명에 관한 사항
4. 입회비 및 연회비의 책정과 재정에 관한 사항
5. 학회지의 편집 및 발행과 출판에 관한 제반 사항
6. 회원의 연구윤리 위반 및 그에 따른 징계에 관한 사항
7. 기타 필요한 사항

제7장 財 政

제28조(財政) 본회의 재정은 入會費, 年會費, 寄附金과 각종 수입금으로 충당한다.

제29조(會費의 策定) 입회비 및 연회비 책정에 관한 사항은 운영위원회의 의결과 총회의 승인에 따라 시행한다.

제30조(會計年度) 본회의 회계연도는 10월 1일부터 다음해 9월 말일까지로 한다.

제8장 學會誌 發行 및 論文의 投稿와 審査

제31조(學會誌 名稱) 본회의 학회지는 『역학과 역학서』로 칭한다. 본 학회지의 한자 표기는 『譯學과 譯學書』로 하고 영문 표기는 *Journal of the Study of Pre-modern Multilingual Textbooks(JSPMT)*로 한다.

제32조(학회지 발행 횟수 및 발행일자) 학회지는 연1회 3월 31일에 발행한
다. 단, 회칙의 개정을 통해 연 2회 이상의 발행을 결정할 수 있다.

제33조(학회지 논문의 투고·심사·편집) 본 학회에서 발행하는 학회지에
게재하는 논문의 투고 및 심사와 편집 등에 관한 제반 사항은 "학회지
논문의 투고와 심사에 관한 규정"에 따른다.

제34조(편집위원회)

1. 편집위원회는 한·중·일·영어 언어권별로 각 2인 이하로 구성하
며, 연구이사와 편집이사는 당연직으로 한다.

2. 편집위원장은 학회 회장이 학계의 권위자를 위촉한다.

3. 편집위원은 편집위원장의 제청으로 회장이 위촉한다.

4. 편집위원은 해당 학문 분야에 대해 연구 업적이 충실하고 연구 활동
이 활발한 사람으로 하며, 대학의 부교수급 이상으로 한다.

5. 편집위원회의 임무는 편집방침에 따른다.

6. 정기 편집위원회는 학회지 발간 30일 전에 소집한다. 단, 필요에 따
라 편집위원장이 임시 편집위원회를 소집할 수 있다.

부칙 제1호 제1조 본 회칙은 2009년 11월 13일부터 시행한다.
　　　제2호 제1조 본 회칙은 2013년 10월 1일부터 시행한다.

학회지 논문의 편집 방침

국제역학서학회 학술지 <역학과 역학서>의
출판 방안과 편집 세부 방침

2013년 8월 3일에 개최된 역학서 학회의 총회에서 학회 명칭을 '國際譯學書學會(Association for the Study of Premodern Multilingual Textbooks (ASPMT)로 하고 이곳에서 발간하는 학회지는 Journal of the Study of Premodern Multilingual Textbooks(JSPMT)로 정하면서 이 학회에서 간행하는 학술지에 대하여 다음과 같은 사항을 논의하였다.

현재 한국에서는 모든 학술지 가운데 등재(후보)지를 따로 선정하여 韓國學術振興財團(현재 韓國研究財團의 前身)에 등록하게 하고 각종 지원의 기준으로 삼는 제도를 운영 중이다.

초창기에는 亂麻와 같이 얼크러진 각종 학술지를 체계적으로 정리하고 여기저기 亂立한 학회를 정비하기 위한 것이었다. 따라서 어느 정도 규모의 학회지가 아니면 재단 등재지로 신청할 수 없었으므로 초기에는 효과적이었다는 평가를 받았다. 그러나 날이 갈수록 학회는 늘어가고 그에 따라 제도는 심화되었으며 각종 규제가 누적되어 이제는 도저히 걷잡을 수 없는 비대한 恐龍의 조직과 같이 되어 버렸다.

학회를 정비하기 위해서는 그 학회에서 간행하는 학술지에 대한 평가가 중요한 잣대가 되었다. 이에 따라 학회지를 규제하는 여러 가지 제도가 계속해서 마련되었는데 그로 인해 많은 부작용을 낳게 되었다. 이 가운데 가장 폐해가 큰 것은 논문의 사전심사라고 할 수 있다.

현재 한국연구재단의 등재 및 등재후보지의 간행에서는 학술지에 투고된 논문을 반드시 동일분야, 또는 유사분야의 권위자에게 3인 이상의 심사를 거치는 것을 의무화하고 있다. 물론 취지는 해당 분야의 권위자에게 논문의 질과 정확성, 신뢰성을 검증하자는 것이었으나 이러한 제약은 실제로는 심사자들의 주장에 위배되는 논문이나 기존의 이론과 상반되는 주장을 사전에 걸러내는 역할도 없었다고 하기 어렵다. 이것은 학문의 자유와 새로운 학술연구의 발전에 상당한 장애가 되었다.

자신의 이름으로 게재하는 논문은 그 내용에 대하여 필자가 무한 책임을 지게 되는 것이므로 본 학회의 편집위원회에서는 이러한 논문심사는 사전 검열의 성격 이외에는 별다른 의미가 없다고 보아 다음과 같은 방침으로 게재논문의 투고 및 심사 규정을 개정한다.

1. 투고 및 발행일:
   1) 논문의 투고 기한은 매년 12월 말로 한다.
   2) 논문은 한국어, 중국어, 일본어, 영어 중 하나의 언어로 작성할 수 있다.
   3) 투고된 논문은 편집위원회의 심의를 거쳐 3월 31일에 발행하는 학회지에 수록하는 것을 원칙으로 한다.

2. 심사: 해당 분야 전문가의 사전 심사는 생략한다. 다만 편집위원회 전체회의에서 1) 투고자격, 2) 논문 분량, 3) 학회지와의 관련성 항목만 심사한다.
   1) 투고자격은 석사학위자 이상으로 한다.
   2) 논문 분량은 A4 20매, 원고지 200매 내외로 하고 지나치게 많은 경우 조절한다.
   3) <역학서(Premodern Multilingual Textbooks)>에 관련된 주제를 다룬 논문으로 제한한다.
   4) 많은 논문이 투고되었을 경우 투고자격과 역학서와의 관련성에 의거하여 편집위원회에서 선정한다.
   5) 편집위원장은 원고 마감일 이후 1개월 이내에 편집위원회를 소집하고 투고자에게 논문 게재 여부를 통고한다.

3. 원고형식:

1) 전체 형식은 다음의 배열을 따른다.

제목-필자명(소속)-요약-핵심어-본문-참고문헌-필자사항

2) 요약은 A4 한 장 내외의 요약으로 본문의 언어와 다른 세 언어 중 한 가지의 언어로 작성하면 된다.(예: 한국어 논문-영어, 일본어, 중국어 요약문 중 택1 / 영어 논문-한국어, 일본어, 중국어 요약문 중 택1)

3) 원고는 자신의 논문을 가장 잘 표현할 수 있는 논문작성법으로 작성하고 원고형식에 특별한 제한을 두지 않는다. 다만 출판사에서 최종적으로 학술지를 편집할 때에 가장 일반적인 작성법을 사용할 수 있다.

The publication plan and specific editing methods
of *Journal of the Study of Premodern Multilingual Textbooks*
of The Association for the Study
of Premodern Multilingual Textbooks

In the general assembly of the Association for the Study of Premodern Multilingual Textbooks, held on August 3rd 2013, the name of the association was decided as Association for the Study of Premodern Multilingual Textbooks(ASPMT) and the name of the journal was decided as Journal of the Study of Premodern Multilingual Textbooks(JSPMT), and the following was discussed about the journal issued by the association.

Currently in Korea, the articles for publication or for candidacy for any research journals are to be selected and registered in Korea Research Foundation(which is the former form of the current National Research Foundation of Korea), and there are systems prepared for providing various support. This was initially designed to systematically organize chaotic journals and random associations.

Therefore, associations that did not reach certain scale could not apply their journals to be registered in the Foundation, and it was considered effective in the beginning. However, the number of journals increased as days went by while the systems intensified and regulations accumulated accordingly, and now it has become an uncontrollably large organization as a Leviathan.

To organize associations, the research journals issued by the associations have become the most important standard for evaluation. Thus, more and more systems have been created to regulate journal issues which led to more side effects. Among these, the biggest problem has been the preliminary review of the articles.

The preliminary review of articles, mandated for all journal publications, require the articles submitted to journals to be reviewed by three or more experts in the same or similar filed of research. Of course, the purpose of this is for the experts to verify the quality, accuracy, and reliability of the articles, but in reality, there have been cases in which the articles that conflicted with the arguments of the experts or that contradicted the existing theories were filtered out in the process. This has become a great obstacle to the freedom of learning and the development of new academic research.

Since the authors have unlimited liability for the articles issued under their names, the Editing Committee of this Association has decided that preliminary review has no value other than the function of pre-censorship, and so the articles will be selected by the following policy.

1. Evaluation: Preliminary review of the experts of the related fields of study will be omitted.

   However, in the general meeting of the Editing Committee, 1) qualification of the submission 2) quantity of the articles, and 3) relationship with the journal will be evaluated.

   1) Those with Master's degree or above qualify for the submission.
   2) The article should be around 20 A4 size pages or 200 pages of manuscript paper, and should be adjusted if exceeds the limit.
   3) The submissions are limited to the topics related to *Old Multilingual Textbooks*.
   4) When there are many submissions, the Editing Committee will make selections based on the qualification of submission and the relevancy to the *Old Multilingual Textbooks*.
   5) Within one month after the application process, the Editing Committee will convene, and the result of the submission will be notified to the

applicants.

2. Acceptable languages for the articles: Korean, Japanese, Chinese, English

3. Format of the Articles
   1) The overall format should follow the following arrangement.
      Title - Name of the author(Affiliation) - Abstract - Key words - Main text - References - Notes/Contact Information about the author
   2) The abstract should be around 1 A4 page, written in any one of the three acceptable languages other than the language used in the main text.(e.g. Korean article - 1 choice of English, Japanese, or Chinese abstract / English article - 1 choice of Korean, Japanese, or Chinese abstract)
   3) The article should be written in any article style that demonstrates the best qualities of the article, and there are no specific limits. However, the publisher may use the most general style when making final editions to the journal.

〈The Editorial Staffs of JSPMT〉

Editor-in Chief - Prof. Kin, Bunkyo(Tsurumi Univ.)
Chinese Language - Prof. Kin, Bunkyo(Tsurumi Univ.)
Prof. Park, Jae Yeon(Sunmoon Univ.)
Japanese Language- Prof. Fujimoto, Yukio(Kyoto Univ.)
                   Prof. Fukui, Rei(Tokyo Univ.)
Korean Language- Prof. Lee, Hyun-hee(Seoul National Univ.)
                  Prof. Kim, Ryang-jin(Kyunghee Univ.)
English - Prof. Ross King(UBC, Canada)

訳学書学会の学術誌『訳学書研究』の
出版及び具体的な編集方針について

　2013年8月3日に開催された訳学書学会の総会で、学会の名称を「国際訳学
書学会」(Association for the Study of Premodern Multilingual Textbooks:
ASPMT)とし、この学会から発刊される　学会誌『訳学と訳学書』を『訳学書研
究』(Journal of the Study of Premodern Multilingual Textbooks:JSPMT)へ
と改名することが決められ、その際にこの学術誌について、次のような論議
が行われた。

　現在、韓国では、すべての学術誌の中から「登載誌」、または「登載候補誌」
を選定し、韓国学術振興財団(現在の韓国研究財団の前身)に登録させ、各種
支援に当たるという制度が設けられている。創始期においては、乱麻のごと
く絡まっていた各種学術誌を体系的に整理し、乱立していた学会を整備する
という趣旨のものであった。
　これは、ある程度の規模のある学会誌でなければ、財団に登載誌として申
し込むことができなかったので、当初においては効果的だったという評価を
受けていた。しかし、日増しに学会は増えていき、それに伴って制度による
各種の規制が累積し、今はもう到底取り留めようもない、恐竜のような肥大
化した組職になってしまったのである。
　学会を整備する際、それぞれの学会を評価するための最も重要な物差しと
なったのはその学会から刊行される学術誌であった。そのために、現在、学
会誌を規制する様々な制度が設けられており、またそれによる多くの副作用
も生じている。その中でも最も大きな弊害は論文の事前審査だと言える。
　現在、すべての学術誌はその刊行において掲載論文への選定審査が義務付
けられており、学術誌に投稿された論文は必ず同一分野、または類似分野の
権威者で構成された三名以上の審査委員による審査を通さなければならない
と規定されている。もちろん、その趣旨は各分野の権威者に論文の質や正確

性、信頼性を検証してもらうところにあるが、実際は自分と反対の主張を展開する論文や既存の理論と相反する主張を事前に取り除く機能をしていることも完全には否定できない。これが学問の自由と新しい学術研究の発展において大きな障害となっているのである。

　自分の名前で掲載する論文はその内容に対して筆者自身が無限責任を負うことになっているので、本学会の編集委員会では、このような従来における論文審査を事前検閲の性格以外は特別な意味を持たないものとして見なし、下記のような方針によって掲載論文を選定する。

1. **審査**: 該当分野の専門家による事前審査は省略する。

　ただし、1)投稿資格、2)論文の分量、3)学会誌との関連性については編集委員会の全体会議で審　査を行う。

1) 投稿資格は原則として修士以上の学位を有する者とする。
2) 論文の分量はA4用紙20枚・400字づめ原稿用紙100枚前後とし、多すぎる場合は調整する。
3) 「訳学書」(Premodern Multilingual Textbooks)関係の主題を扱った論文に制限する。
4) 投稿された論文が多い場合、投稿資格や訳学書との関連性に基づいて編集委員会で選定する。
5) 投稿の締め切り日から1ヶ月以内に編集委員会を召集し、投稿者に掲載の可否を通知する。

2. **論文作成の言語**: 韓国語、日本語、中国語、英語

3. **原稿形式**

1) 全体的形式は次の順序に従うこと。

　題目→筆者名(所属)→要約→キーワード→本文→参考文献→筆者に関する事項
2) 要約はA4用紙1枚程度にまとめる。要約を作成する際は、上記の言語の

中で本文の言語と異なる一つ　の言語を選んで作成すること。(例: 韓国語論文の場合は英語、日本語、中国語の中から一つを選ん　で要約文を作成する。英語論文の場合は韓国語、日本語、中国語の中から一つを選んで要約文を作成する。)

3) 論文作成法に関しては制限を設けないので、自分の論文に最もふさわしい方法で作成すれば良いだろう。ただし、最終的に出版社によって学術誌が編集される際に、最も一般的な作成法が取られ　ることはある。

对译学书学会学术刊物≪译学书研究≫的
出版方案与具体编辑方针

在2013年8月3日举办的译学书学会总会中指定名称为"国际译学书学会 (Association for the Study of Premodern Multilingual Textbooks(ASPMT))", 并将在此发行的学会刊物指定名称为"Journal of the Study of Premodern Multilingual Textbooks(JSPMT)"。对本协会发行的学术刊物相关如下事项 进行讨论。

现今在韩国, 将所有学术刊物均选定为刊登或刊登候补, 在韩国学术振兴财 团(现今韩国研究财团的前身)进行登记, 并成立各种相关支援制度。这是为了 将过去错综复杂的各种学术刊物进行体系化的整理, 并将四处胡乱设立的学会 进行整合。

因此如果不是有一定规模的学会刊物, 就不能申请财团刊物。这种方法在初 期得到好评。但随着时间推移学会增加, 其制度也因此变得更加深化。各种制 约积累下来到现在已经成为无法控制的庞大如恐龙般的组织。

为了整理学会, 各学会中发行的学术刊物成为最重要的评价尺度。还有持续 形成诸多制约及由此引发了很多副作用。可以说其中问题最大的就是论文的事 前审查。

在所有学术刊物发行中, 对刊登论文的事前审查事项上, 规定投稿到学术刊 物的论文必须经过同一领域及类似领域的3名以上权威人士的审查。当然这是 为了各领域权威者保证论文的质量与正确性及信赖性的过程, 但实际上也有可 能起到权威者预先筛除违背自己主张的论文或与原有理论相异的主张的作用。 这对学问的自由与新学术研究的发展成为相当严重的阻碍。

对于以自己的名字刊登的论文, 笔者须对其内容负无限责任。因此本学会的 编辑委员会判断这种对论文审查除了事前检阅的性质之外毫无任何意义, 所以 选定如下方针:

1. **審查**：省略各领域专家的事前审查。

但在编辑委员会总会上只对1)投稿资格2)论文分量3)对与学会刊物的关联性项目进行审查。

1) 投稿资格上需要硕士以上学位。

2) 论文分量为A4纸 20张、原稿纸200张左右，过多时进行调整。

3) 只限于与≪译学书(Old Multilingual Textbooks)≫相关主题的论文。

4) 投稿论文较多时，根据投稿资格和与译学书的关联性由编辑委员会选定。

5) 论文征集期间之后在一个月以内应召集编辑委员会，给投稿者下达论文刊登与否的通知。

2. **论文制作语言**：韩国语、日本语、中国语、英语

3. **论文形式**

1) 整体形式上按照如下排列顺序：

题目-作者名称(所属单位)-摘要-关键词-正文-参考文献-作者事项

2) 摘要在一张A4纸左右范围内进行，并使用与正文不同的上述三个语言中的任何一个语言撰写即可。(例如：韩国语论文；可在英语、日语、中国语中选一，英语论文；可在韩国语、日语、中国语中选一种语言撰写摘要。)

3) 选择最能表现自己论文的方法撰写论文，不设特别的限制。但最终在出版社编辑学术刊物时，可使用最普遍的编辑法。

譯學과 譯學書 第7號

發行日 2016年 12月 31日

發行處 **國際譯學書學會**
(우) 51140
경남 창원시 의창구 창원대학로 20(사림동 9)
창원대학교 국어국문학과
Tel. (055) 213-3102
Fax. (055) 213-3109
e-mail: yijunhwan@naver.com

製作處 **圖書出版 博文社**
Tel.(02) 992 | 3253
e-mail: bakmunsa@hanmail.net
http://www.jnc.jncbms.co.kr

ISBN 979-11-87425-24-3 94710   **정가** 17,000원